El libro de la vida
de Jesús, Santa Teresa

Publicado: 1565
Categoría(s): No Ficción, Biografía y autobiografía

Acerca de Jesús:

Fue una religiosa, doctora de la Iglesia Católica, mística y escritora española, fundadora de las carmelitas descalzas, rama de la Orden de Nuestra Señora del Monte Carmelo (o carmelitas).

Prólogo

JHS

1. Quisiera yo que, como me han mandado y dado larga licencia para que escriba el modo de oración y las mercedes que el Señor me ha hecho, me la dieran para que muy por menudo y con claridad dijera mis grandes pecados y ruin vida. Diérame gran consuelo. Mas no han querido, antes atádome mucho en este caso. Y por esto pido, por amor del Señor, tenga delante de los ojos quien este discurso de mi vida leyere, que ha sido tan ruin que no he hallado santo de los que se tornaron a Dios con quien me consolar. Porque considero que, después que el Señor los llamaba, no le tornaban a ofender. Yo no sólo tornaba a ser peor, sino que parece traía estudio a resistir las mercedes que Su Majestad me hacía, como quien se veía obligada a servir más y entendía de sí no podía pagar lo menos de lo que debía.

2. Sea bendito por siempre, que tanto me esperó, a quien con todo mi corazón suplico me dé gracia para que con toda claridad y verdad yo haga esta relación que mis confesores me mandan (y aun el Señor sé yo lo quiere muchos días ha, sino que yo no me he atrevido) y que sea para gloria y alabanza suya y para quede aquí adelante, conociéndome ellos mejor, ayuden a mi flaqueza para que pueda servir algo de lo que debo al Señor, a quien siempre alaben todas las cosas, amén.

Capítulo 1

En que trata cómo comenzó el Señor a despertar esta alma en su niñez a cosas virtuosas, y la ayuda que es para esto serlo los padres.

1. El tener padres virtuosos y temerosos de Dios me bastara, si yo no fuera tan ruin, con lo que el Señor me favorecía, para ser buena. Era mi padre aficionado a leer buenos libros y así los tenía de romance para que leyesen sus hijos. Esto, con el cuidado que mi madre tenía de hacernos rezar y ponernos en ser devotos de nuestra Señora y de algunos santos, comenzó a despertarme de edad, a mi parecer, de seis o siete años. Ayudábame no ver en mis padres favor sino para la virtud. Tenían muchas.

Era mi padre hombre de mucha caridad con los pobres y piedad con los enfermos y aun con los criados; tanta, que jamás se pudo acabar con él tuviese esclavos, porque los había gran piedad, y estando una vez en casa una de un su hermano, la regalaba como a sus hijos. Decía que, de que no era libre, no lo podía sufrir de piedad. Era de gran verdad. Jamás nadie le vio jurar ni murmurar. Muy honesto en gran manera.

2. Mi madre también tenía muchas virtudes y pasó la vida con grandes enfermedades. Grandísima honestidad. Con ser de harta hermosura, jamás se entendió que diese ocasión a que ella hacía caso de ella, porque con morir de treinta y tres años, ya su traje era como de persona de mucha edad. Muy apacible y de harto entendimiento. Fueron grandes los trabajos que pasaron el tiempo que vivió. Murió muy cristianamente.

3. Eramos tres hermanas y nueve hermanos. Todos parecieron a sus padres, por la bondad de Dios, en ser virtuosos, si no fui yo, aunque era la más querida de mi padre. Y antes que comenzase a ofender a Dios, parece tenía alguna razón; porque yo he lástima cuando me acuerdo las buenas inclinaciones que

el Señor me había dado y cuán mal me supe aprovechar de ellas.

4. Pues mis hermanos ninguna cosa me desayudaban a servir a Dios. Tenía uno casi de mi edad, juntábamonos entrambos a leer vidas de Santos, que era el que yo más quería, aunque a todos tenía gran amor y ellos a mí. Como veía los martirios que por Dios las santas pasaban, parecíame compraban muy barato el ir a gozar de Dios y deseaba yo mucho morir así, no por amor que yo entendiese tenerle, sino por gozar tan en breve de los grandes bienes que leía haber en el cielo, y juntábame con este mi hermano a tratar qué medio habría para esto. Concertábamos irnos a tierra de moros, pidiendo por amor de Dios, para que allá nos descabezasen. Y paréceme que nos daba el Señor ánimo en tan tierna edad, si viéramos algún medio, sino que el tener padres nos parecía el mayor embarazo.

Espantábanos mucho el decir que pena y gloria era para siempre, en lo que leíamos. Acaecíanos estar muchos ratos tratando de esto y gustábamos de decir muchas veces: ¡para siempre, siempre, siempre! En pronunciar esto mucho rato era el Señor servido me quedase en esta niñez imprimido el camino de la verdad.

5. De que vi que era imposible ir a donde me matasen por Dios, ordenábamos ser ermitaños; y en una huerta que había en casa procurábamos, como podíamos, hacer ermitas, poniendo unas pedrecillas que luego se nos caían, y así no hallábamos remedio en nada para nuestro deseo; que ahora me pone devoción ver cómo me daba Dios tan presto lo que yo perdí por mi culpa.

6. Hacía limosna como podía, y podía poco. Procuraba soledad para rezar mis devociones, que eran hartas, en especial el rosario, de que mi madre era muy devota, y así nos hacía serlo. Gustaba mucho, cuando jugaba con otras niñas, hacer monasterios, como que éramos monjas, y yo me parece deseaba serlo, aunque no tanto como las cosas que he dicho.

7. Acuérdome que cuando murió mi madre quedé yo de edad de doce años, poco menos. Como yo comencé a entender lo que había perdido, afligida fuime a una imagen de nuestra Señora y supliquéla fuese mi madre, con muchas lágrimas. Paréceme que, aunque se hizo con simpleza, que me ha valido; porque

conocidamente he hallado a esta Virgen soberana en cuanto me he encomendado a ella y, en fin, me ha tornado a sí.

Fatígame ahora ver y pensar en qué estuvo el no haber yo estado entera en los buenos deseos que comencé.

8. ¡Oh Señor mío!, pues parece tenéis determinado que me salve, plega a Vuestra Majestad sea así; y de hacerme tantas mercedes como me habéis hecho, ¿no tuvierais por bien -no por mi ganancia, sino por vuestro acatamiento- que no se ensuciara tanto posada adonde tan continuo habíais de morar? Fatígame, Señor, aun decir esto, porque sé que fue mía toda la culpa; porque no me parece os quedó a Vos nada por hacer para que desde esta edad no fuera toda vuestra.

Cuando voy a quejarme de mis padres, tampoco puedo, porque no veía en ellos sino todo bien y cuidado de mi bien. Pues pasando de esta edad, que comencé a entender las gracias de naturaleza que el Señor me había dado, que según decían eran.muchas, cuando por ellas le había de dar gracias, de todas me comencé a ayudar para ofenderle, como ahora diré.

Capítulo 2

Trata cómo fue perdiendo estas virtudes y lo que importa en la niñez tratar con personas virtuosas.

1. Paréceme que comenzó a hacerme mucho daño lo que ahora diré. Considero algunas veces cuán mal lo hacen los padres que no procuran que vean sus hijos siempre cosas de virtud de todas maneras; porque, con serlo tanto mi madre como he dicho, de lo bueno no tomé tanto en llegando a uso de razón, ni casi nada, y lo malo me dañó mucho. Era aficionada a libros de caballerías y no tan mal tomaba este pasatiempo como yo le tomé para mí, porque no perdía su labor, sino desenvolvíamonos para leer en ellos, y por ventura lo hacía para no pensar en grandes trabajos que tenía, y ocupar sus hijos, que no anduviesen en otras cosas perdidos. De esto le pesaba tanto a mi padre, que se había de tener aviso a que no lo viese. Yo comencé a quedarme en costumbre de leerlos; y aquella pequeña falta que en ella vi, me comenzó a enfriar los deseos y comenzar a faltar en lo demás; y parecíame no era malo, con gastar muchas horas del día y de la noche en tan vano ejercicio, aunque escondida de mi padre. Era tan en extremo lo que en esto me embebía que, si no tenía libro nuevo, no me parece tenía contento.

2. Comencé a traer galas y a desear contentar en parecer bien, con mucho cuidado de manos y cabello y olores y todas las vanidades que en esto podía tener, que eran hartas, por ser muy curiosa. No tenía mala intención, porque no quisiera yo que nadie ofendiera a Dios por mí. Duróme mucha curiosidad de limpieza demasiada y cosas que me parecía a mí no eran ningún pecado, muchos años. Ahora veo cuán malo debía ser.

Tenía primos hermanos algunos, que en casa de mi padre no tenían otros cabida para entrar, que era muy recatado, y pluguiera a Dios que lo fuera de éstos también. Porque ahora veo el peligro que es tratar en la edad que se han de comenzar a criar virtudes con personas que no conocen la vanidad del mundo, sino que antes.despiertan para meterse en él. Eran casi de mi edad, poco mayores que yo. Andábamos siempre juntos. Teníanme gran amor, y en todas las cosas que les daba contento los sustentaba plática y oía sucesos de sus aficiones y niñerías nonada buenas; y lo que peor fue, mostrarse el alma a lo que fue causa de todo su mal.

3. Si yo hubiera de aconsejar, dijera a los padres que en esta edad tuviesen gran cuenta con las personas que tratan sus hijos, porque aquí está mucho mal, que se va nuestro natural antes a lo peor que a lo mejor.

Así me acaeció a mí, que tenía una hermana de mucha más edad que yo, de cuya honestidad y bondad -que tenía mucha- de ésta no tomaba nada, y tomé todo el daño de una parienta que trataba mucho en casa. Era de tan livianos tratos, que mi madre la había mucho procurado desviar que tratase en casa; parece adivinaba el mal que por ella me había de venir, y era tanta la ocasión que había para entrar, que no había podido. A ésta que digo, me aficioné a tratar. Con ella era mi conversación y pláticas, porque me ayudaba a todas las cosas de pasatiempos que yo quería, y aun me ponía en ellas y daba parte de sus conversaciones y vanidades.

Hasta que traté con ella, que fue de edad de catorce años, y creo que más (para tener amistad conmigo -digo- y darme parte de sus cosas), no me parece había dejado a Dios por culpa mortal ni perdido el temor de Dios, aunque le tenía mayor de la honra. Este tuvo fuerza para no la perder del todo, ni me parece por ninguna cosa del mundo en esto me podía mudar, ni había amor de persona de él que a esto me hiciese rendir. ¡Así tuviera fortaleza en no ir contra la honra de Dios, como me la daba mi natural para no perder en lo que me parecía a mí está la honra del mundo! ¡Y no miraba que la perdía por otras muchas vías!

4. En querer ésta vanamente tenía extremo. Los medios que eran menester para guardarla, no ponía ninguno. Sólo para no perderme del todo tenía gran miramiento.

Mi padre y hermana sentían mucho esta amistad. Reprendíanmela muchas veces. Como no podían quitar la ocasión de entrar ella en casa, no les aprovechaban sus diligencias, porque mi sagacidad para cualquier cosa mala era mucha. Espántame algunas veces el daño que hace una mala compañía, y si no hubiera pasado por ello, no lo pudiera creer. En especial en tiempo de mocedad debe ser.mayor el mal que hace. Querría escarmentasen en mí los padres para mirar mucho en esto. Y es así que de tal manera me mudó esta conversación, que de natural y alma virtuoso no me dejó casi ninguna, y me parece me imprimía sus condiciones ella y otra que tenía la misma manera de pasatiempos.

5. Por aquí entiendo el gran provecho que hace la buena compañía, y tengo por cierto que, si tratara en aquella edad con personas virtuosas, que estuviera entera en la virtud. Porque si en esta edad tuviera quien me enseñara a temer a Dios, fuera tomando fuerzas el alma para no caer. Después, quitado este temor del todo, quedóme sólo el de la honra, que en todo lo que hacía me traía atormentada. Con pensar que no se había de saber, me atrevía a muchas cosas bien contra ella y contra Dios.

6. Al principio dañáronme las cosas dichas, a lo que me parece, y no debía ser suya la culpa, sino mía. Porque después mi malicia para el mal bastaba, junto con tener criadas, que para todo mal hallaba en ellas buen aparejo; que si alguna fuera en aconsejarme bien, por ventura me aprovechara; mas el interés las cegaba, como a mí la afición. Y pues nunca era inclinada a mucho mal –porque cosas deshonestas naturalmente las aborrecía-, sino a pasatiempos de buena conversación, mas puesta en la ocasión, estaba en la mano el peligro, y ponía en él a mi padre y hermanos. De los cuales me libró Dios de manera que se parece bien procuraba contra mi voluntad que del todo no me perdiese, aunque no pudo ser tan secreto que no hubiese harta quiebra de mi honra y sospecha en mi padre.

Porque no me parece había tres meses que andaba en estas vanidades, cuando me llevaron a un monasterio que había en este lugar, adonde se criaban personas semejantes, aunque no tan ruines en costumbres como yo; y esto con tan gran disimulación, que sola yo y algún deudo lo supo; porque aguardaron a coyuntura que no pareciese novedad: porque, haberse mi hermana casado y quedar sola sin madre, no era bien.

7. Era tan demasiado el amor que mi padre me tenía y la mucha disimulación mía, que no había creer tanto mal de mí, y así no quedó en desgracia conmigo. Como fue breve el tiempo, aunque se entendiese algo, no debía ser dicho con certinidad. Porque como yo temía tanto la honra, todas mis diligencias eran en que fuese secreto, y no miraba que no podía serlo a quien todo lo ve..¡Oh Dios mío! ¡Qué daño hace en el mundo tener esto en poco y pensar que ha de haber cosa secreta que sea contra Vos! Tengo por cierto que se excusarían grandes males si entendiésemos que no está el negocio en guardarnos de los hombres, sino en no nos guardar de descontentaros a Vos.

8. Los primeros ocho días sentí mucho, y más la sospecha que tuve se había entendido la vanidad mía, que no de estar allí. Porque ya yo andaba cansada y no dejaba de tener gran temor de Dios cuando le ofendía, y procuraba confesarme con brevedad. Traía un desasosiego, que en ocho días -y aun creo menos- estaba muy más contenta que en casa de mi padre. Todas lo estaban conmigo, porque en esto me daba el Señor gracia, en dar contento adondequiera que estuviese, y así era muy querida. Y puesto que yo estaba entonces ya enemiguísima de ser monja, holgábame de ver tan buenas monjas, que lo eran mucho las de aquella casa, y de gran honestidad y religión y recatamiento.

Aun con todo esto no me dejaba el demonio de tentar, y buscar los de fuera cómo me desasosegar con recaudos. Como no había lugar, presto se acabó, y comenzó mi alma a tornarse a acostumbrar en el bien de mi primera edad y vi la gran merced que hace Dios a quien pone en compañía de buenos.

Paréceme andaba Su Majestad mirando y remirando por dónde me podía tornar a sí. ¡Bendito seáis Vos, Señor, que tanto me habéis sufrido! Amén.

9. Una cosa tenía que parece me podía ser alguna disculpa, si no tuviera tantas culpas; y es que era el trato con quien por vía de casamiento me parecía podía acabar en bien; e informada de con quien me confesaba y de otras personas, en muchas cosas me decían no iba contra Dios.

10. Dormía una monja con las que estábamos seglares, que por medio suyo parece quiso el Señor comenzar a darme luz, como ahora diré.

Capítulo 3

En que trata cómo fue parte la buena compañía para tornar a despertar sus deseos, y por qué manera comenzó el Señor a darla alguna luz del engaño que había traído.

1. Pues comenzando a gustar de la buena y santa conversación de esta monja, holgábame de oírla cuán bien hablaba de Dios, porque era muy discreta y santa. Esto, a mi parecer, en ningún tiempo dejé de holgarme de oírlo. Comenzóme a contar cómo ella había venido a ser monja por sólo leer lo que dice el evangelio: Muchos son los llamados y pocos los escogidos. Decíame el premio que daba el Señor a los que todo lo dejan por El.

Comenzó esta buena compañía a desterrar las costumbres que había hecho la mala y a tornar a poner en mi pensamiento deseos de las cosas eternas y a quitar algo la gran enemistad que tenía con ser monja, que se me había puesto grandísima. Y si veía alguna tener lágrimas cuando rezaba, u otras virtudes, habíala mucha envidia; porque era tan recio mi corazón en este caso que, si leyera toda la Pasión, no llorara una lágrima. Esto me causaba pena.

2. Estuve año y medio en este mnnasterio harto mejorada. Comencé a rezar muchas oraciones vocales y a procurar con todas me encomendasen a Dios, que me diese el estado en que le había de servir. Mas todavía deseaba no fuese monja, que éste no fuese Dios servido de dármele, aunque también temía el casarme.

A cabo de este tiempo que estuve aquí, ya tenía más amistad de ser monja, aunque no en aquella casa, por las cosas más virtuosas que despúes entendí tenían, que me parecían extremos demasiados; y había algunas de las más mozas que me ayudaban en esto, que si todas fueran de un parecer, mucho me aprovechara.

También tenía yo una grande amiga en otro monasterio, y esto me era parte para no ser monja, si lo hubiese de ser, sino adonde ella estaba. Miraba más el gusto de mi sensualidad y vanidad que lo bien que me estaba a mi alma. Estos buenos pensamientos de ser monja me venían algunas veces y luego se quitaban, y no podía persuadirme a serlo.

3. En este tiempo, aunque yo no estaba descuidada de mi remedio, andaba más ganoso el Señor de disponerme para el estado que me estaba mejor. Diome una gran enfermedad, que hube de tornar en casa de mi padre. En estando buena, lleváronme en casa de mi hermana -que residía en una aldea- para verla, que era extremo el amor que me tenía y, a su querer, no saliera yo de con ella; y su marido también me amaba mucho, al menos mostrábame todo regalo, que aun esto debo más al Señor, que en todas partes siempre le he tenido, y todo se lo servía como la que soy.

4. Estaba en el camino un hermano de mi padre, muy avisado y de grandes virtudes, viudo, a quien también andaba el Señor disponiendo para sí, que en su mayor edad dejó todo lo que tenía y fue fraile y acabó de suerte que creo goza de Dios. Quiso que me estuviese con él unos días. Su ejercicio era buenos libros de romance, y su hablar era -lo más ordinario- de Dios y de la vanidad del mundo. Hacíame le leyese y, aunque no era amiga de ellos, mostraba que sí. Porque en esto de dar contento a otros he tenido extremo, aunque a mí me hiciese pesar; tanto, que en otras fuera virtud y en mí ha sido gran falta, porque iba muchas veces muy sin discreción.

¡Oh, válgame Dios, por qué términos me andaba Su Majestad disponiendo para el estado en que se quiso servir de mí, que, sin quererlo yo, me forzó a que me hiciese fuerza! Sea bendito por siempre, amén.

5. Aunque fueron los días que estuve pocos, con la fuerza que hacían en mi corazón las palabras de Dios, así leídas como oídas, y la buena compañía, vine a ir entendiendo la verdad de cuando niña, de que no era todo nada, y la vanidad del mundo, y cómo acababa en breve, y a temer, si me hubiera muerto, cómo me iba al infierno. Y aunque no acababa mi voluntad de inclinarse a ser monja, vi era el mejor y más seguro estado. Y así poco a poco me determiné a forzarme para tomarle.

6. En esta batalla estuve tres meses, forzándome a mí misma con esta razón: que los trabajos y pena de ser monja no podía ser mayor que la del purgatorio, y que yo había bien merecido el infierno; que no era mucho estar lo que viviese como en purgatorio, y que después me iría derecha al cielo, que éste era mi deseo.

Y en este movimiento de tomar estado, más me parece me movía un temor servil que amor. Poníame el demonio que no podría sufrir los trabajos de la religión, por ser tan regalada. A esto me defendía con los trabajos que pasó Cristo, porque no era mucho yo pasase.algunos por El; que El me ayudaría a llevarlos -debía pensar-, que esto postrero no me acuerdo. Pasé hartas tentaciones estos días.

7. Habíanme dado, con unas calenturas, unos grandes desmayos, que siempre tenía bien poca salud. Diome la vida haber quedado ya amiga de buenos libros. Leía en las Epístolas de San Jerónimo, que me animaban de suerte que me determiné a decirlo a mi padre, que casi era como a tomar el hábito, porque era tan honrosa que me parece no tornara atrás por ninguna manera, habiéndolo dicho una vez. Era tanto lo que me quería, que en ninguna manera lo pude acabar con él, ni bastaron ruegos de personas que procuré le hablasen. Lo que más se pudo acabar con él fue que después de sus días haría lo que quisiese. Yo ya me temía a mí y a mi flaqueza no tornase atrás, y así no me pareció me convenía esto, y procurélo por otra vía, como ahora diré.

Capítulo 4

Dice cómo la ayudó el Señor para forzarse a sí misma para tomar hábito, y las muchas enfermedades que Su Majestad la comenzó a dar

1. En estos días que andaba con estas determinaciones, había persuadido a un hermano mío a que se metiese fraile diciéndole la vanidad del mundo. Y concertamos entrambos de irnos un día muy de mañana al monasterio adonde estaba aquella mi amiga, que era al que yo tenía mucha afición, puesto que ya en esta postrera determinación ya yo estaba de suerte, que a cualquiera que pensara servir más a Dios o mi padre quisiera, fuera; que más miraba ya el remedio de mi alma, que del descanso ningún caso hacía de él.

Acuérdaseme, a todo mi parecer y con verdad, que cuando salí de casa de mi padre no creo será más el sentimiento cuando me muera. Porque me parece cada hueso se me apartaba por sí, que, como no había amor de Dios que quitase el amor del padre y parientes, era todo haciéndome una fuerza tan grande que, si el Señor no me ayudara, no bastaran mis consideraciones para ir adelante. Aquí me dio ánimo contra mí, de manera que lo puse por obra.

2. En tomando el hábito, luego me dio el Señor a entender cómo favorece a los que se hacen fuerza para servirle, la cual nadie no entendía de mí, sino grandísima voluntad. A la hora me dio un tan gran contento de tener aquel estado, que nunca jamás me faltó hasta hoy, y mudó Dios la sequedad que tenía mi alma en grandísima ternura. Dábanme deleite todas las cosas de la religión, y es verdad que andaba algunas veces barriendo en horas que yo solía ocupar en mi regalo y gala, y acordándoseme que estaba libre de aquello, me daba un nuevo gozo, que yo me espantaba y no podía entender por dónde venía.

Cuando de esto me acuerdo, no hay cosa que delante se me pusiese, por grave que fuese, que dudase de acometerla. Porque ya tengo experiencia en muchas que, si me ayudo al principio a determinarme a hacerlo, que, siendo sólo por Dios, hasta comenzarlo quiere -para que más merezcamos- que el alma sienta aquel espanto, y mientras mayor, si sale con ello, mayor premio y más sabroso se hace después. Aun en esta vida lo paga Su Majestad por unas vías que sólo quien goza de ello lo entiende.

Esto tengo por experiencia, como he dicho, en muchas cosas harto graves. Y así jamás aconsejaría -si fuera persona que hubiera de dar parecer- que, cuando una buena inspiración acomete muchas veces, se deje, por miedo, de poner por obra; que si va desnudamente por solo Dios, no hay que temer sucederá mal, que poderoso es para todo. Sea bendito por siempre, amén.

3. Bastara, ¡oh sumo Bien y descanso mío!, las mercedes que me habíais hecho hasta aquí, de traerme por tantos rodeos vuestra piedad y grandeza a estado tan seguro y a casa adonde había muchas siervas de Dios, de quien yo pudiera tomar, para ir creciendo en su servicio. No sé cómo he de pasar de aquí, cuando me acuerdo la manera de mi profesión y la gran determinación y contento con que la hice y el desposorio que hice con Vos. Esto no lo puedo decir sin lágrimas, y habían de ser de sangre y quebrárseme el corazón, y no era mucho sentimiento para lo que después os ofendí.

Paréceme ahora que tenía razón de no querer tan gran dignidad, pues tan mal había de usar de ella. Mas Vos, Señor mío, quisisteis ser -casi veinte años que usé mal de esta merced- ser el agraviado, porque yo fuese mejorada. No parece, Dios mío, sino que prometí no guardar cosa de lo que os había prometido, aunque entonces no era esa mi intención. Mas veo tales mis obras después, que no sé qué intención tenía, para que más se vea quién Vos sois, Esposo mío, y quién soy yo. Que es verdad, cierto, que muchas veces me templa el sentimiento de mis grandes culpas el contento que me da que se entienda la muchedumbre de vuestras misericordias.

4. ¿En quién, Señor, pueden así resplandecer como en mí, que tanto he oscurecido con mis malas obras las grandes mercedes que me comenzasteis a hacer? ¡Ay de mí, Criador mío,

que si quiero dar disculpa, ¡ninguna tengo! Ni tiene nadie la culpa sino yo. Porque si os pagara algo del amor que me comenzasteis a mostrar, no le pudiera yo emplear en nadie sino en Vos, y con esto se remediaba todo. Pues no lo merecí ni tuve tanta ventura, válgame ahora, Señor, vuestra misericordia.

5. La mudanza de la vida y de los manjares me hizo daño a la salud, que, aunque el contento era mucho, no bastó. Comenzáronme a crecer los desmayos y diome un mal de corazón tan grandísimo, que ponía espanto a quien le veía, y otros muchos males juntos, y así pasé el primer año con harta mala salud, aunque no me parece ofendí a Dios en él mucho. Y como era el mal tan grave que casi me privaba el sentido siempre y algunas veces del todo quedaba sin él, era grande la diligencia que traía mi padre para buscar remedio; y como no le dieron los médicos de aquí, procuró llevarme a un lugar adonde había mucha fama de que sanaban allí otras enfermedades, y así dijeron harían la mía. Fue conmigo esta amiga que he dicho que tenía en casa, que era antigua. En la casa que era monja no se prometía clausura.

6. Estuve casi un año por allá, y los tres meses de él padeciendo tan grandísimo tormento en las curas que me hicieron tan recias, que yo no sé cómo las pude sufrir; y en fin, aunque las sufrí, no las pudo sufrir mi sujeto, como diré.

Había de comenzarse la cura en el principio del verano, y yo fui en el principio del invierno. Todo este tiempo estuve en casa de la hermana que he dicho que estaba en la aldea, esperando el mes de abril, porque estaba cerca, y no andar yendo y viniendo.

7. Cuando iba, me dio aquel tío mío que tengo dicho que estaba en el camino, un libro: llámase Tercer Abecedario, que trata de enseñar oración de recogimiento; y puesto que este primer año había leído buenos libros (que no quise más usar de otros, porque.ya entendía el daño que me habían hecho), no sabía cómo proceder en oración ni cómo recogerme, y así holguéme mucho con él y determinéme a seguir aquel camino con todas mis fuerzas. Y como ya el Señor me había dado don de lágrimas y gustaba de leer, comencé a tener ratos de soledad y a confesarme a menudo y comenzar aquel camino, teniendo a aquel libro por maestro. Porque yo no hallé maestro, digo confesor, que me entendiese, aunque le busqué, en veinte años

después de esto que digo, que me hizo harto daño para tornar muchas veces atrás y aun para del todo perderme; porque todavía me ayudara a salir de las ocasiones que tuve para ofender a Dios.

Comenzóme Su Majestad a hacer tantas mercedes en los principios, que al fin de este tiempo que estuve aquí (que era casi nueve meses en esta soledad, aunque no tan libre de ofender a Dios como el libro me decía, mas por esto pasaba yo; parecíame casi imposible tanta guarda; teníala de no hacer pecado mortal, y pluguiera a Dios la tuviera siempre; de los veniales hacía poco caso, y esto fue lo que me destruyó...), comenzó el Señor a regalarme tanto por este camino, que me hacía merced de darme oración de quietud, y alguna vez llegaba a unión, aunque yo no entendía qué era lo uno ni lo otro y lo mucho que era de preciar, que creo me fuera gran bien entenderlo. Verdad es que duraba tan poco esto de unión, que no sé si era Avemaría; mas quedaba con unos efectos tan grandes que, con no haber en este tiempo veinte años, me parece traía el mundo debajo de los pies, y así me acuerdo que había lástima a los que le seguían, aunque fuese en cosas lícitas.

Procuraba lo más que podía traer a Jesucristo, nuestro bien y Señor, dentro de mí presente, y ésta era mi manera de oración. Si pensaba en algún paso, le representaba en lo interior; aunque lo más gastaba en leer buenos libros, que era toda mi recreación; porque no me dio Dios talento de discurrir con el entendimiento ni de aprovecharme con la imaginación, que la tengo tan torpe, que aun para pensar y representar en mí -como lo procuraba traer- la Humanidad del Señor, nunca acababa. Y aunque por esta vía de no poder obrar con el entendimiento llegan más presto a la contemplación si perseveran, es muy trabajoso y penoso. Porque si falta la ocupación de la voluntad y el haber en qué se ocupe en cosa presente el amor, queda el alma como sin arrimo ni ejercicio, y da gran pena la soledad y sequedad, y grandísimo combate los pensamientos.

8. A personas que tienen esta disposición les conviene más pureza de conciencia que a las que con el entendimiento pueden obrar. Porque quien va discurriendo en lo que es el mundo y en lo que debe a Dios y en lo mucho que sufrió y lo poco que le sirve y lo que da a quien le ama, saca doctrina para defenderse de los pensamientos y de las ocasiones y peligros. Pero

quien no se puede aprovechar de esto, tiénele mayor y conviénele ocuparse mucho en lección, pues de su parte no puede sacar ninguna.

Es tan penosísima esta manera de proceder, que si el maestro que enseña aprieta en que sin lección, que ayuda mucho para recoger (a quien de esta manera procede le es necesario, aunque sea poco lo que lea, sino en lugar de la oración mental que no puede tener); digo que si sin esta ayuda le hacen estar mucho rato en la oración, que será imposible durar mucho en ella y le hará daño a la salud si porfía, porque es muy penosa cosa.

9. Ahora me parece que proveyó el Señor que yo no hallase quien me enseñase, porque fuera imposible, -me parece-, perseverar dieciocho años que pasé este trabajo, y en éstos grandes sequedades, por no poder, como digo, discurrir. En todos éstos, si no era acabando de comulgar, jamás osaba comenzar a tener oración sin un libro; que tanto temía mi alma estar sin él en oración, como si con mucha gente fuera a pelear. Con este remedio, que era como una compañía o escudo en que había de recibir los golpes de los muchos pensamientos, andaba consolada. Porque la sequedad no era lo ordinario, mas era siempre cuando me faltaba libro, que era luego desbaratada el alma, y los pensamientos perdidos; con esto los comenzaba a recoger y como por halago llevaba el alma. Y muchas veces, en abriendo el libro, no era menester más. Otras leía poco, otras mucho, conforme a la merced que el Señor me hacía. Parecíame a mí, en este principio que digo, que teniendo yo libros y cómo tener soledad, que no habría peligro que me sacase de tanto bien; y creo con el favor de Dios fuera así, si tuviera maestro o persona que me avisara de huir las ocasiones en los principios y me hiciera salir de ellas, si entrara, con brevedad. Y si el demonio me acometiera entonces descubiertamente, parecíame en ninguna manera tornara gravemente a pecar; mas fue tan sutil y yo tan ruin, que todas mis determinaciones me aprovecharon poco, aunque muy mucho los días que serví a Dios, para poder sufrir las terribles.enfermedades que tuve, con tan gran paciencia como Su Majestad me dio.

10. Muchas veces he pensado espantada de la gran bondad de Dios, y regaládose mi alma de ver su gran magnificencia y misericordia. Sea bendito por todo, que he visto claro no dejar

sin pagarme, aun en esta vida, ningún deseo bueno. Por ruines e imperfectas que fuesen mis obras, este Señor mío las iba mejorando y perfeccionando y dando valor, y los males y pecados luego los escondía. Aun en los ojos de quien los ha visto, permite Su Majestad se cieguen y los quita de su memoria. Dora las culpas. Hace que resplandezca una virtud que el mismo Señor pone en mí casi haciéndome fuerza para que la tenga.

11. Quiero tornar a lo que me han mandado. Digo que, si hubiera de decir por menudo de la manera que el Señor se había conmigo en estos principios, que fuera menester otro entendimiento que el mío para saber encarecer lo que en este caso le debo y mi gran ingratitud y maldad, pues todo esto olvidé. Sea por siempre bendito, que tanto me ha sufrido. Amén.

Capítulo 5

Prosigue en las grandes enfermedades que tuvo y la paciencia que el eñor le dio en ellas, y cómo saca de los males bienes, según se verá en una cosa que le acaeció en este lugar que se fue a curar.

1. Olvidé de decir cómo en el año del noviciado pasé grandes esasosiegos con cosas que en sí tenían poco tomo; mas culpábanme sin tener culpa hartas veces. Yo lo llevaba con harta pena e imperfección, aunque con el gran contento que tenía de ser monja todo lo pasaba. Como me veían procurar soledad y me veían llorar por mis pecados algunas veces, pensaban era descontento, y así lo decían.

Era aficionada a todas las cosas de religión, mas no a sufrir ninguna que pareciese menosprecio. Holgábame de ser estimada. Era curiosa en cuanto hacía. Todo me parecía virtud, aunque esto no me será disculpa, porque para todo sabía lo que era procurar mi contento, y así la ignorancia no quita la culpa. Alguna tiene no estar fundado el monasterio en mucha perfección; yo, como ruin, íbame a lo que veía falta y dejaba lo bueno.

2. Estaba una monja entonces enferma de grandísima enfermedad y muy penosa, porque eran unas bocas en el vientre, que se le habían hecho de opilaciones, por donde echaba lo que comía. Murió presto de ello. Yo veía a todas temer aquel mal. A mí hacíame gran envidia su paciencia. Pedía a Dios que, dándomela así a mí, me diese las enfermedades que fuese servido. Ninguna me parece temía, porque estaba tan puesta en ganar bienes eternos, que por cualquier medio me determinaba a ganarlos. Y espántome, porque aún no tenía -a mi parecer- amor de Dios, como después que comencé a tener oración me parecía a mí le he tenido, sino una luz de parecerme todo de poca

estima lo que se acaba y de mucho precio los bienes que se pueden ganar con ello, pues son eternos.

Tan bien me oyó en esto Su Majestad, que antes de dos años estaba tal, que aunque no el mal de aquella suerte, creo no fue menos penoso y trabajoso el que tres años tuve, como ahora diré.

3. Venido el tiempo que estaba aguardando en el lugar que digo que estaba con mi hermana para curarme, lleváronme con harto cuidado de mi regalo mi padre y hermana y aquella monja mi amiga que había salido conmigo, que era muy mucho lo que me quería. Aquí comenzó el demonio a descomponer mi alma, aunque Dios sacó de ello harto bien. Estaba una persona de la iglesia, que residía en aquel lugar adonde me fui a curar, de harto buena calidad y entendimiento. Tenía letras, aunque no muchas. Yo comencéme a confesar con él, que siempre fui amiga de letras, aunque gran daño hicieron a mi alma confesores medio letrados, porque no los tenía de tan buenas letras como quisiera.

He visto por experiencia que es mejor, siendo virtuosos y de santas costumbres, no tener ningunas; porque ni ellos se fían de sí sin preguntar a quien las tenga buenas, ni yo me fiara. Y buen letrado nunca me engañó. Estotros tampoco me debían de querer engañar, sino no sabían más. Yo pensaba que sí y que no era obligada a más de creerlos, como era cosa ancha lo que me decían y de más libertad; que si fuera apretada, yo soy tan ruin que buscara otros. Lo que era pecado venial decíanme que no era ninguno; lo que era gravísimo mortal, que era venial. Esto me hizo tanto daño que no es mucho lo diga aquí para aviso de otras de tan gran mal; que para delante de Dios bien veo no me es disculpa, que bastaban ser las cosas de su natural no buenas para que yo me guardara de ellas. Creo permitió Dios, por mis pecados, ellos se engañasen y me engañasen a mí. Yo engañé a otras hartas con decirles lo mismo que a mí me habían dicho.

Duré en esta ceguedad creo más de diecisiete años, hasta que un Padre dominico, gran letrado, me desengañó en cosas, y los de la Compañía de Jesús del todo me hicieron tanto temer, agraviándome tan malos principios, como después diré.

4. Pues comenzándome a confesar con este que digo, él se aficionó en extremo a mí, porque entonces tenía poco que

confesar para lo que después tuve, ni lo había tenido después de monja. No fue la afición de éste mala; mas de demasiada afición venía a no ser buena. Tenía entendido de mí que no me determinaría a hacer cosa contra Dios que fuese grave por ninguna cosa, y él también me aseguraba lo mismo, y así era mucha la conversación. Mas mis tratos entonces, con el embebecimiento de Dios que traía, lo que más gusto me daba era tratar cosas de El; y como era tan niña, hacíale confusión ver esto, y con la gran voluntad que me tenía, comenzó a declararme su perdición. Y no era poca, porque había casi siete años que estaba en muy peligroso estado, con afición y trato con una mujer del mismo lugar, y con esto decía misa. Era cosa tan pública, que tenía perdida la honra y la fama, y nadie le osaba hablar contra esto.

A mí hízoseme gran lástima, porque le quería mucho; que esto tenía yo de gran liviandad y ceguedad, que me parecía virtud ser agradecida y tener ley a quien me quería. ¡Maldita sea tal ley, que se extiende hasta ser contra la de Dios! Es un desatino que se usa en el mundo, que me desatina; que debemos todo el bien que nos hacen a Dios, y tenemos por virtud, aunque sea ir contra El, no quebrantar esta amistad. ¡Oh ceguedad del mundo! ¡Fuerais Vos servido, Señor, que yo fuera ingratísima contra todo él, y contra Vos no lo fuera un punto! Mas ha sido todo al revés, por mis pecados.

5. Procuré saber e informarme más de personas de su casa. Supe más la perdición, y vi que el pobre no tenía tanta culpa; porque la desventurada de la mujer le tenía puestos hechizos en un idolillo de cobre que le había rogado le trajese por amor de ella al cuello, y éste nadie había sido poderoso de podérsele quitar..Yo no creo es verdad esto de hechizos determinadamente; mas diré esto que yo vi, para aviso de que se guarden los hombres de mujeres que este trato quieren tener, y crean que, pues pierden la vergüenza a Dios (que ellas más que los hombres son obligadas a tener honestidad), que ninguna cosa de ellas pueden confiar; que a trueco de llevar adelante su voluntad y aquella afición que el demonio les pone, no miran nada. Aunque yo he sido tan ruin, en ninguna de esta suerte yo no caí, ni jamás pretendí hacer mal ni, aunque pudiera, quisiera forzar la voluntad para que me la tuvieran, porque me guardó

el Señor de esto; mas si me dejara, hiciera el mal que hacía en lo demás, que de mí ninguna cosa hay que fiar.

6. Pues como supe esto, comencé a mostrarle más amor. Mi intención buena era, la obra mala, pues por hacer bien, por grande que sea, no había de hacer un pequeño mal. Tratábale muy ordinario de Dios. Esto debía aprovecharle, aunque más creo le hizo al caso el quererme mucho; porque, por hacerme placer, me vino a dar el idolillo, el cual hice echar luego en un río. Quitado éste, comenzó -como quien despierta de un gran sueño- a irse acordando de todo lo que había hecho aquellos años; y espantándose de sí, doliéndose de su perdición, vino a comenzar a aborrecerla. Nuestra Señora le debía ayudar mucho, que era muy devoto de su Concepción, y en aquel día hacía gran fiesta. En fin, dejó del todo de verla y no se hartaba de dar gracias a Dios por haberle dado luz.

A cabo de un año en punto desde el primer día que yo le vi, murió. Y había estado muy en servicio de Dios, porque aquella afición grande que me tenía nunca entendí ser mala, aunque pudiera ser con más puridad; mas también hubo ocasiones para que, si no se tuviera muy delante a Dios, hubiera ofensas suyas más graves. Como he dicho, cosa que yo entendiera era pecado mortal no la hiciera entonces. Y paréceme que le ayudaba a tenerme amor ver esto en mí; que creo todos los hombres deben ser más amigos de mujeres que ven inclinadas a virtud; y aun para lo que acá pretenden deben de ganar con ellos más por aquí, según después diré.

Tengo por cierto está en carrera de salvación. Murió muy bien y muy quitado de aquella ocasión. Parece quiso el Señor que por estos medios se salvase.

7. Estuve en aquel lugar tres meses con grandísimos trabajos, porque la cura fue más recia que pedía mi complexión. A los dos meses, a poder de medicinas, me tenía casi acabada la vida, y el rigor del mal de corazón de que me fui a curar era mucho más recio, que algunas veces me parecía con dientes agudos me asían de él, tanto que se temió era rabia. Con la falta grande de virtud (porque ninguna cosa podía comer, si no era bebida, de grande hastío) calentura muy continua, y tan gastada, porque casi un mes me había dado una purga cada día, estaba tan abrasada, que se me comenzaron a encoger los

nervios con dolores tan incomportables, que día ni noche ningún sosiego podía tener. Una tristeza muy profunda.

8. Con esta ganancia me tornó a traer mi padre adonde tornaron a verme médicos. Todos me desahuciaron, que decían sobre todo este mal, decían estaba hética. De esto se me daba a mí poco. Los dolores eran los que me fatigaban, porque eran en un ser desde los pies hasta la cabeza; porque de nervios son intolerables, según decían los médicos, y como todos se encogían, cierto -si yo no lo hubiera por mi culpa perdido- era recio tormento.

En esta reciedumbre no estaría más de tres meses, que parecía imposible poderse sufrir tantos males juntos. Ahora me espanto, y tengo por gran merced del Señor la paciencia que Su Majestad me dio, que se veía claro venir de El. Mucho me aprovechó para tenerla haber leído la historia de Job en los Morales de San Gregorio, que parece previno el Señor con esto, y con haber comenzado a tener oración, para que yo lo pudiese llevar con tanta conformidad. Todas mis pláticas eran con El. Traía muy ordinario estas palabras de Job en el pensamiento y decíalas: Pues recibimos los bienes de la mano del Señor, ¿por qué no sufriremos los males? Esto parece me ponía esfuerzo.

9. Vino la fiesta de nuestra Señora de Agosto, que hasta entonces desde abril había sido el tormento, aunque los tres postreros meses mayor. Di prisa a confesarme, que siempre era muy amiga de confesarme a menudo. Pensaron que era miedo de morirme y, por no me dar pena, mi padre no me dejó. ¡Oh amor de carne demasiado, que aunque sea de tan católico padre y tan avisado –que lo era harto, que no fue ignorancia- me pudiera hacer gran daño! Diome aquella noche un paraxismo que me duró estar sin ningún sentido cuatro días, poco menos. En esto me dieron el Sacramento de la Unción y cada hora o momento pensaban.expiraba y no hacían sino decirme el Credo, como si alguna cosa entendiera. Teníanme a veces por tan muerta, que hasta la cera me hallé después en los ojos.

10. La pena de mi padre era grande de no me haber dejado confesar; clamores y oraciones a Dios, muchas. Bendito sea El que quiso oírlas, que teniendo día y medio abierta la sepultura en mi monasterio, esperando el cuerpo allá y hechas las honras en uno de nuestros frailes fuera de aquí, quiso el Señor tornase en mí.

Luego me quise confesar. Comulgué con hartas lágrimas; mas a mi parecer que no eran con el sentimiento y pena de sólo haber ofendido a Dios, que bastara para salvarme, si el engaño que traía de los que me habían dicho no eran algunas cosas pecado mortal, que cierto he visto después lo eran, no me aprovechara. Porque los dolores eran incomportables, con que quedé; el sentido poco, aunque la confesión entera, a mi parecer, de todo lo que entendí había ofendido a Dios; que esta merced me hizo Su Majestad, entre otras, que nunca, después que comencé a comulgar, dejé cosa por confesar que yo pensase era pecado, aunque fuese venial, que le dejase de confesar. Mas sin duda me parece que lo iba harto mi salvación si entonces me muriera, por ser los confesores tan poco letrados por una parte, y por otra ser yo ruin, y por muchas.

11. Es verdad, cierto, que me parece estoy con tan gran espanto llegando aquí y viendo cómo parece me resucitó el Señor, que estoy casi temblando entre mí. Paréceme fuera bien, oh ánima mía, que miraras del peligro que el Señor te había librado y, ya que por amor no le dejabas de ofender, lo dejaras por temor que pudiera otras mil veces matarte en estado más peligroso. Creo no añado muchas en decir otras mil, aunque me riña quien me mandó moderase el contar mis pecados, y harto hermoseados van.

Por amor de Dios le pido de mis culpas no quite nada, pues se ve más aquí la magnificencia de Dios y lo que sufre a un alma. Sea bendito para siempre. Plega a Su Majestad que antes me consuma que le deje yo más de querer.

Capítulo 6

Trata de lo mucho que debió al Señor en darle conformidad con tan grandes trabajos, y cómo tomó por medianero y abogado al glorioso San José, y lo mucho que le aprovechó.

1. Quedé de estos cuatro días de paroxismo de manera que sólo el Señor puede saber los incomportables tormentos que sentía en mí: la lengua hecha pedazos de mordida; la garganta, de no haber pasado nada y de la gran flaqueza que me ahogaba, que aun el agua no podía pasar; toda me parecía estaba descoyuntada; con grandísimo desatino en la cabeza; toda encogida, hecha un ovillo, porque en esto paró el tormento de aquellos días, sin poderme menear, ni brazo ni pie ni mano ni cabeza, más que si estuviera muerta, si no me meneaban; sólo un dedo me parece podía menear de la mano derecha. Pues llegar a mí no había cómo, porque todo estaba tan lastimado que no lo podía sufrir. En una sábana, una de un cabo y otra de otro, me meneaban.

Esto fue hasta Pascua Florida. Sólo tenía que, si no llegaban a mí, los dolores me cesaban muchas veces y, a cuento de descansar un poco, me contaba por buena, que traía temor me había de faltar la paciencia; y así quedé muy contenta de verme sin tan agudos y continuos dolores, aunque a los recios fríos de cuartanas dobles con que quedé, recísimas, los tenía incomportables; el hastío muy grande.

2. Di luego tan gran prisa de irme al monasterio, que me hice llevar así. A la que esperaban muerta, recibieron con alma; mas el cuerpo peor que muerto, para dar pena verle. El extremo de flaqueza no se puede decir, que solos los huesos tenía ya. Digo que estar así me duró más de ocho meses; el estar

tullida, aunque iba mejorando, casi tres años. Cuando comencé a andar a gatas, alababa a Dios. Todos los pasé con gran conformidad y, si no fue estos principios, con gran alegría; porque todo se me hacía nonada comparado con los dolores y tormentos del principio. Estaba muy conforme con la voluntad de Dios, aunque me dejase así siempre.

Paréceme era toda mi ansia de sanar por estar a solas en oración como venía mostrada, porque en la enfermería no había aparejo.

Confesábame muy a menudo. Trataba mucho de Dios, de manera que edificaba a todas, y se espantaban de la paciencia que el Señor me daba; porque, a no venir de mano de Su Majestad, parecía imposible poder sufrir tanto mal con tanto contento.

3. Gran cosa fue haberme hecho la merced en la oración que me había hecho, que ésta me hacía entender qué cosa era amarle; porque de aquel poco tiempo vi nuevas en mí esta virtudes, aunque no fuertes, pues no bastaron a sustentarme en justicia: no tratar mal de nadie por poco que fuese, sino lo ordinario era excusar toda murmuración; porque traía muy delante cómo no había de querer ni decir de otra persona lo que no quería dijesen de mí. Tomaba esto en harto extremo para las ocasiones que había, aunque no tan perfectamente que algunas veces, cuando me las daban grandes, en algo no quebrase; mas lo continuo era esto; y así, a las que estaban conmigo y me trataban persuadía tanto a esto, que se quedaron en costumbre. Vínose a entender que adonde yo estaba tenían seguras las espaldas, y en esto estaban con las que yo tenía amistad y deudo, y enseñaba; aunque en otras cosas tengo bien que dar cuenta a Dios del mal ejemplo que les daba. Plega a Su Majestad me perdone, que de muchos males fui causa, aunque no con tan dañada intención como después sucedía la obra.

4. Quedóme deseo de soledad; amiga de tratar y hablar en Dios, que si yo hallara con quién, más contento y recreación me daba que toda la policía -o grosería, por mejor decir- de la conversación del mundo; comulgar y confesar muy más a menudo, y desearlo; amiguísima de leer buenos libros; un grandísimo arrepentimiento en habiendo ofendido a Dios, que muchas veces me acuerdo que no osaba tener oración, porque temía la grandísima pena que había de sentir de haberle ofendido, como un gran castigo. Esto me fue creciendo después en

tanto extremo, que no sé yo a qué compare este tormento. Y no era poco ni mucho por temor jamás, sino como se me acordaba los regalos que el Señor me hacía en la oración y lo mucho que le debía, y veía cuán mal se lo pagaba, no lo podía sufrir, y enojábame en extremo de las muchas lágrimas que por la culpa lloraba, cuando veía mi poca enmienda, que ni bastaban determinaciones ni fatiga en que me veía para no tornar a caer en poniéndome en la ocasión. Parecíanme lágrimas engañosas y parecíame ser después mayor la culpa, porque veía la gran merced que me hacía el Señor en dármelas y tan gran arrepentimiento.

Procuraba confesarme con brevedad y, a mi parecer, hacía de mi parte lo que podía para tornar en gracia. Estaba todo el daño en no quitar de raíz las ocasiones y en los confesores, que me ayudaban poco; que, a decirme en el peligro.que andaba y que tenía obligación a no traer aquellos tratos, sin duda creo se remediara; porque en ninguna vía sufriera andar en pecado mortal sólo un día, si yo lo entendiera.

Todas estas señales de temer a Dios me vinieron con la oración, y la mayor era ir envuelto en amor, porque no se me ponía delante el castigo. Todo lo que estuve tan mala, me duró mucha guarda de mi conciencia cuanto a pecados mortales. ¡Oh, válgame Dios, que deseaba yo la salud para más servirle, y fue causa de todo mi daño!

5. Pues como me vi tan tullida y en tan poca edad y cuál me habían parado los médicos de la tierra, determiné acudir a los del cielo para que me sanasen; que todavía deseaba la salud, aunque con mucha alegría lo llevaba, y pensaba algunas veces que, si estando buena me había de condenar, que mejor estaba así; mas todavía pensaba que serviría mucho más a Dios con la salud. Este es nuestro engaño, no nos dejar del todo a lo que el Señor hace, que sabe mejor lo que nos conviene.

6. Comencé a hacer devociones de misas y cosas muy aprobadas de oraciones, que nunca fui amiga de otras devociones que hacen algunas personas, en especial mujeres, con ceremonias que yo no podía sufrir y a ellas les hacía devoción; después se ha dado a entender no convenían, que eran supersticiosas. Y tomé por abogado y señor al gloriosoSan José y encomendéme mucho a él. Vi claro que así de esta necesidad como de otras mayores de honra y pérdida de alma este padre y

señor mío me sacó con más bien que yo le sabía pedir. No me acuerdo hasta ahora haberle suplicado cosa que la haya dejado de hacer. Es cosa que espanta las grandes mercedes que me ha hecho Dios por medio de este bienaventurado Santo, de los peligros que me ha librado, así de cuerpo como de alma; que a otros santos parece les dio el Señor gracia para socorrer en una necesidad, a este glorioso Santo tengo experiencia que socorre en todas y que quiere el Señor darnos a entender que así como le fue sujeto en la tierra -que como tenía el nombre de padre, siendo ayo, le podía mandar-, así en el cielo hace cuanto le pide.

Esto han visto otras algunas personas, a quien yo decía se encomendasen a él, también por experiencia; y aun hay muchas que le son devotas de nuevo, experimentando esta verdad.

7. Procuraba yo hacer su fiesta con toda la solemnidad que podía, más llena de vanidad que de espíritu, queriendo se hiciese muy curiosamente y bien, aunque con buen intento. Mas esto tenía malo, si algún bien el Señor me daba gracia que hiciese, que era lleno de imperfecciones y con muchas faltas. Para el mal y curiosidad y vanidad tenía gran maña y diligencia. El Señor me perdone.

Querría yo persuadir a todos fuesen devotos de este glorioso Santo, por la gran experiencia que tengo de los bienes que alcanza de Dios. No he conocido persona que de veras le sea devota y haga particulares servicios, que no la vea más aprovechada en la virtud; porque aprovecha en gran manera a las almas que a él se encomiendan. Paréceme ha algunos años que cada año en su día le pido una cosa, y siempre la veo cumplida. Si va algo torcida la petición, él la endereza para más bien mío.

8. Si fuera persona que tuviera autoridad de escribir, de buena gana me alargara en decir muy por menudo las mercedes que ha hecho este glorioso Santo a mí y a otras personas; mas por no hacer más de lo que me mandaron, en muchas cosas seré corta más de lo que quisiera, en otras más larga que era menester; en fin, como quien en todo lo bueno tiene poca discreción. Sólo pido por amor de Dios que lo pruebe quien no me creyere, y verá por experiencia el gran bien que es encomendarse a este glorioso Patriarca y tenerle devoción. En especial, personas de oración siempre le habían de ser aficionadas; que

no sé cómo se puede pensar en la Reina de los ángeles en el tiempo que tanto pasó con el Niño Jesús, que no den gracias a San José por lo bien que les ayudó en ellos. Quien no hallare maestro que le enseñe oración, tome este glorioso Santo por maestro y no errará en el camino. Plega al Señor no haya yo errado en atreverme a hablar en él; porque aunque publico serle devota, en los servicios y en imitarle siempre he faltado.

Pues él hizo como quien es en hacer de manera que pudiese levantarme y andar y no estar tullida; y yo como quien soy, en usar mal de esta merced.

9. ¡Quién dijera que había tan presto de caer, después de tantos regalos de Dios, después de haber comenzado Su Majestad a darme virtudes, que ellas mismas me despertaban a servirle, después de haberme visto casi muerta y en tan gran peligro de ir condenada, después de haberme resucitado alma y cuerpo, que todos los que me vieron se espantaban de verme viva! ¡Qué es esto, Señor mío! ¿En tan peligrosa vida hemos de vivir? Que escribiendo esto estoy y me parece que con vuestro favor y por vuestra misericordia podría decir lo que San Pablo, aunque no con esa perfección, que no vivo yo ya sino que Vos, Criador mío, vivís en mí, según ha algunos años que, a lo que puedo entender, me tenéis de vuestra mano y me veo con deseos y determinaciones y en alguna manera probado por experiencia en estos años en muchas cosas, de no hacer cosa contra vuestra voluntad, por pequeña que sea, aunque debo hacer hartas ofensas a Vuestra Majestad sin entenderlo. Y también me parece que no se me ofrecerá cosa por vuestro amor, que con gran determinación me deje de poner a ella, y en algunas me habéis Vos ayudado para que salga con ellas, y no quiero mundo ni cosa de él, ni me parece me da contento cosa que salga de Vos, y lo demás me parece pesada cruz.

Bien me puedo engañar, y así será que no tengo esto que he dicho; mas bien veis Vos, mi Señor, que a lo que puedo entender no miento, y estoy temiendo -y con mucha razón- si me habéis de tornar a dejar; porque ya sé a lo que llega mi fortaleza y poca virtud en no me la estando Vos dando siempre y ayudando para que no os deje; y plega a Vuestra Majestad que aun ahora no esté dejada de Vos, pareciéndome todo esto de mí.

No sé cómo queremos vivir, pues es todo tan incierto. Parecíame a mí, Señor mío, ya imposible dejaros tan del todo a Vos; y como tantas veces os dejé, no puedo dejar de temer, porque, en apartándoos un poco de mí, daba con todo en el suelo.

Bendito seáis por siempre, que aunque os dejaba yo a Vos, no me dejasteis Vos a mí tan del todo, que no me tornase a levantar, con darme Vos siempre la mano; y muchas veces, Señor, no la quería, ni quería entender cómo muchas veces me llamabais de nuevo, como ahora diré.

Capítulo 7

Trata por los términos que fue perdiendo las mercedes que el Señor le había hecho, y cuán perdida vida comenzó a tener. - Dice los.daños que hay en no ser muy encerrados los monasterios de monjas.

1. Pues así comencé, de pasatiempo en pasatiempo, de vanidad en vanidad, de ocasión en ocasión, a meterme tanto en muy grandes ocasiones y andar tan estragada mi alma en muchas vanidades, que ya yo tenía vergüenza de en tan particular amistad como es tratar de oración tornarme a llegar a Dios. Y ayudóme a esto que, como crecieron los pecados, comenzóme a faltar el gusto y regalo en las cosas de virtud. Veía yo muy claro, Señor mío, que me faltaba esto a mí por faltaros yo a Vos.

Este fue el más terrible engaño que el demonio me podía hacer debajo de parecer humildad, que comencé a temer de tener oración, de verme tan perdida; y parecíame era mejor andar como los muchos, pues en ser ruin era de los peores, y rezar lo que estaba obligada y vocalmente, que no tener oración mental y tanto trato con Dios la que merecía estar con los demonios, y que engañaba a la gente, porque en lo exterior tenía buenas apariencias.

Y así no es de culpar a la casa adonde estaba, porque con mi maña procuraba me tuviesen en buena opinión, aunque no de advertencia fingiendo cristiandad; porque en esto de hipocresía y vanagloria, gloria a Dios, jamás me acuerdo haberle ofendido que yo entienda; que en viniéndome primer movimiento, me daba tanta pena, que el demonio iba con pérdida y yo quedaba con ganancia, y así en esto muy poco me ha tentado jamás. Por ventura si Dios permitiera me tentara en esto tan recio como en otras cosas, también cayera; mas Su Majestad hasta ahora me ha guardado en esto, sea por siempre bendito; antes me pesaba mucho de que me tuviesen en buena opinión, como yo sabía lo secreto de mí.

2. Este no me tener por tan ruin venía que, como me veían tan moza y en tantas ocasiones y apartarme muchas veces a soledad a rezar y leer, mucho hablar de Dios, amiga de hacer pintar su imagen en muchas partes y de tener oratorio y procurar en él cosas que hiciesen devoción, no decir mal, otras cosas de esta suerte que tenían apariencia de virtud, y yo que de vana me sabía estimar en las cosas que en el mundo se suelen tener por estima, con esto me daban tanta y más libertad que a las muy antiguas y tenían gran seguridad de mí. Porque tomar yo libertad ni hacer cosas sin licencia, digo por agujeros o paredes o de noche, nunca me parece.lo pudiera acabar conmigo en monasterio hablar de esta suerte, ni lo hice, porque me tuvo el Señor de su mano. Parecíame a mí –que con advertencia y de propósito miraba muchas cosas- que poner la honra de tantas en aventura, por ser yo ruin, siendo ellas buenas, que era muy mal hecho; como si fuera bien otras cosas que hacía. A la verdad, no iba el mal de tanto acuerdo como esto fuera, aunque era mucho.

3. Por esto me parece a mí me hizo harto daño no estar en monasterio encerrado; porque la libertad que las que eran buenas podían tener con bondad (porque no debían más, que no se prometía clausura), para mí, que soy ruin, hubiérame cierto llevado al infierno, si con tantos remedios y medios el Señor con muy particulares mercedes suyas no me hubiera sacado de este peligro. Y así me parece lo es grandísimo, monasterio de mujeres con libertad, y que más me parece es paso para caminar al infierno las que quisieren ser ruines, que remedio para sus flaquezas.

Esto no se tome por el mío, porque hay tantas que sirven muy de veras y con mucha perfección al Señor, que no puede Su Majestad dejar, según es bueno, de favorecerlas, y no es de los muy abiertos, y en él se guarda toda religión, sino de otros que yo sé y he visto.

4. Digo que me hace gran lástima; que ha menester el Señor hacer particulares llamamientos -y no una vez sino muchas- para que se salven, según están autorizadas las honras y recreaciones del mundo, y tan mal entendido a lo que están obligadas,

que plega a Dios no tengan por virtud lo que es pecado, como muchas veces yo lo hacía. Y hay tan gran dificultad en hacerlo entender, que es menester el Señor ponga muy de veras en ello su mano. Si los padres tomasen mi consejo, ya que no quieran mirar a poner sus hijas adonde vayan camino de salvación sino con más peligro que en el mundo, que lo miren por lo que toca a su honra; y quieran más casarlas muy bajamente, que meterlas en monasterios semejantes, si no son muy bien inclinadas -y plega a Dios aproveche-, o se las tenga en su casa. Porque, si quiere ser ruin, no se podrá encubrir sino poco tiempo, y acá muy mucho, y en fin lo descubre el Señor; y no sólo daña a sí, sino a todas; y a las veces las pobrecitas no tienen culpa, porque se van por lo que hallan; y es lástima de muchas que se quieren apartar del mundo y, pensando que se van a servir al Señor y a apartar de los peligros del mundo, se hallan en diez mundos juntos, que ni saben cómo se valer ni remediar; que la mocedad y sensualidad y demonio las convida e inclina a seguir algunas cosas que son del mismo mundo. Ve allí que lo tienen por bueno, a manera de decir. Paréceme como los desventurados de los herejes, en parte, que se quieren cegar y hacer entender que es bueno aquello que siguen, y que lo creen así sin creerlo, porque dentro de sí tienen quien les diga que es malo.

5. Oh grandísimo mal, grandísimo mal de religiosos -no digo ahora más mujeres que hombres- adonde no se guarda religión, adonde en un monasterio hay dos caminos: de virtud y religión, y falta de religión, y todos casi se andan por igual; antes mal dije, no por igual, que por nuestros pecados camínase más el más imperfecto; y como hay más de él, es más favorecido. Usase tan poco el de la verdadera religión, que más ha de temer el fraile y la monja que ha de comenzar de veras a seguir del todo su llamamiento a los mismos de su casa, que a todos los demonios; y más cautela y disimulación ha de tener para hablar en la amistad que desea tener con Dios, que en otras amistades y voluntades que el demonio ordena en los monasterios. Y no sé de qué nos espantamos haya tantos males en la Iglesia, pues los que habían de ser los dechados para que todos sacasen virtudes tienen tan borrada la labor que el espíritu de los santos pasados dejaron en las religiones.

Plega a la divina Majestad ponga remedio en ello, como ve que es menester, amén.

6. Pues comenzando yo a tratar estas conversaciones, no me pareciendo - como veía que se usaban- que había de venir a mi alma el daño y distraimiento que después entendí era semejantes tratos, pareciéndome que cosa tan general como es este visitar en muchos monasterios que no me haría a mí más mal que a las otras que yo veía eran buenas -y no miraba que eran muy mejores, y que lo que en mí fue peligro en otras no lo sería tanto, que alguno dudo yo le deja de haber, aunque no sea sino tiempo malgastado-, estando con una persona, bien al principio del conocerla, quiso el Señor darme a entender que no me convenían aquellas amistades, y avisarme y darme luz en tan gran ceguedad: representóseme Cristo delante con mucho rigor, dándome a entender lo que de aquello le pesaba. Vile con los ojos del alma más claramente que le pudiera ver con los del cuerpo, y quedóme tan imprimido, que ha esto más de veinte y seis años y me parece lo tengo presente. Yo quedé muy espantada y turbada, y no quería ver más a con quien estaba.

7. Hízome mucho daño no saber yo que era posible ver nada si no era con los ojos del cuerpo, y el demonio que me ayudó a que lo creyese así y hacerme entender era imposible y que se me había antojado y que podía ser el demonio y otras cosas de esta suerte, puesto que siempre me quedaba un parecerme era Dios y que no era antojo. Mas, como no era a mi gusto, yo me hacía a mí misma desmentir; y yo como no lo osé tratar con nadie y tornó después a haber gran importunación asegurándome que no era mal ver persona semejante ni perdía honra, antes que la ganaba, torné a la misma conversación y aun en otros tiempos a otras, porque fue muchos años los que tomaba esta recreación pestilencial; que no me parecía a mí -como estaba en ello- tan malo como era, aunque a veces claro veía no era bueno; mas ninguna no me hizo el distraimiento que ésta que digo, porque la tuve mucha afición.

8. Estando otra vez con la misma persona, vimos venir hacia nosotros -y otras personas que estaban allí también lo vieron- una cosa a manera de sapo grande, con mucha más ligereza que ellos suelen andar. De la parte que él vino no puedo yo entender pudiese haber semejante sabandija en mitad del día ni nunca la habido, y la operación que hizo en mí me parece no era sin misterio. Y tampoco esto se me olvidó jamás. ¡Oh

grandeza de Dios, y con cuánto cuidado y piedad me estábais avisando de todas maneras, y qué poco me aprovechó a mí!

9. Tenía allí una monja que era mi parienta, antigua y gran sierva de Dios y de mucha religión. Esta también me avisaba algunas veces, y no sólo no la creía, mas disgustábame con ella y parecíame se escandalizaba sin tener por qué.

He dicho esto para que se entienda mi maldad y la gran bondad de Dios y cuán merecido tenía el infierno por tan grande ingratitud; y también porque si el Señor ordenare y fuere servido en algún tiempo lea esto alguna monja, escarmienten en mí; y les pido yo por amor de nuestro Señor huyan de semejantes recreaciones. Plega a Su Majestad se desengañe alguna por mí de cuantas he engañado diciéndoles que no era mal y asegurando tan gran peligro con la ceguedad que yo tenía, que de propósito no las quería yo engañar; y por el mal ejemplo que las di -como he dicho- fui causa de hartos males, no pensando hacía tanto mal.

10. Estando yo mala en aquellos primeros días, antes que supiese valerme a mí, me daba grandísimo deseo de aprovechar a los otros; tentación muy ordinaria de los que comienzan, aunque a mí me sucedió bien.

Como quería tanto a mi padre, deseábale con el bien que yo me parecía tenía con tener oración -que me parecía que en esta vida no podía ser mayor que tener oración-, y así por rodeos, como pude, comencé a procurar con él la tuviese. Dile libros para este propósito. Como era tan virtuoso como he dicho, asentóse tan bien en él este ejercicio, que en cinco o seis años -me parece sería-estaba tan adelante, que yo alababa mucho al Señor, y dábame grandísimo consuelo. Eran grandísimos los trabajos que tuvo de muchas maneras. Todos los pasaba con grandísima conformidad. Iba muchas veces a verme, que se consolaba en tratar cosas de Dios.

11. Ya después que yo andaba tan destraída y sin tener oración, como veía pensaba que era la que solía, no lo pude sufrir sin desengañarle; porque estuve un año y más sin tener oración, pareciéndome más humildad. Y ésta, como después diré, fue la mayor tentación que tuve, que por ella me iba a acabar de perder; que con la oración un día ofendía a Dios, y tornaba otros a recogerme y apartarme más de la ocasión.

Como el bendito hombre venía con esto, hacíaseme recio ver-le tan engañado en que pensase trataba con Dios como solía, y díjele que ya yo no tenía oración, aunque no la causa. Púsele mis enfermedades por inconveniente; que, aunque sané de aquella tan grave, siempre hasta ahora las he tenido y tengo bien grandes, aunque de poco acá no con tanta reciedumbre, mas no se quitan, de muchas maneras. En especial tuve veinte años vómito por las mañanas, que hasta más de mediodía me acaecía no poder desayunarme; algunas veces, más tarde. Después acá que frecuento más a menudo las comuniones, es a la noche, antes que me acueste, con mucha más pena, que tengo yo de procurarle con plumas y otras cosas, porque si lo dejo, es mucho el mal que siento.

Y casi nunca estoy, a mi parecer, sin muchos dolores, y algunas veces bien graves, en especial en el corazón, aunque el mal que me tomaba muy continuo es muy de tarde en tarde. Perlesía recia y otras enfermedades de calenturas que solía tener muchas veces, me hallo buena ocho años ha. De estos males se me da ya tan poco, que muchas veces me huelgo, pareciéndome en algo se sirve el Señor.

12. Y mi padre me creyó que era ésta la causa, como él no decía mentira y ya, conforme a lo que yo trataba con él, no la había yo de decir. Díjele, porque mejor lo creyese (que bien veía yo que para esto no había disculpa), que harto hacía en poder servir el coro; y aunque tampoco era causa bastante para dejar cosa que no son menester fuerzas corporales para ella, sino sólo amar y costumbre; que el Señor da siempre oportunidad, si queremos.

Digo «siempre,» que, aunque con ocasiones y aun enfermedad algunos ratos impida para muchos ratos de soledad, no deja de haber otros que hay salud para esto; y en la misma enfermedad y ocasiones es la verdadera oración, cuando es alma que ama, en ofrecer aquello y acordarse por quién lo pasa y conformarse con ello y mil cosas que se ofrecen. Aquí ejercita el amor, que no es por fuerza que ha de haberla cuando hay tiempo de soledad, y lo demás no ser oración. Con un poquito de cuidado, grandes bienes se hallan en el tiempo que con trabajos el Señor nos quita el tiempo de la oración, y así los había yo hallado cuando tenía buena conciencia.

13. Mas él, con la opinión que tenía de mí y el amor que me tenía, todo me lo creyó; antes me hubo lástima. Mas como él estaba ya en tan subido estado, no estaba después tanto conmigo, sino como me había visto, íbase, que decía era tiempo perdido. Como yo le gastaba en otras vanidades, dábaseme poco.

No fue sólo a él, sino a otras algunas personas las que procuré tuviesen oración. Aun andando yo en estas vanidades, como las veía amigas de rezar, las decía cómo tendrían meditación, y les aprovechaba, y dábales libros. Porque este deseo de que otros sirviesen a Dios, desde que comencé oración, como he dicho, le tenía. Parecíame a mí que, ya que yo no servía al Señor como lo entendía, que no se perdiese lo que me había dado Su Majestad a entender, y que le sirviesen otros por mí. Digo esto para que se vea la gran ceguedad en que estaba, que me dejaba perder a mí y procuraba ganar a otros.

14. En este tiempo dio a mi padre la enfermedad de que murió, que duró algunos días. Fuile yo a curar, estando más enferma en el alma que él en el cuerpo, en muchas vanidades, aunque no de manera que -a cuanto entendía- estuviese en pecado mortal en todo este tiempo más perdido que digo; porque entendiéndolo yo, en ninguna manera lo estuviera.

Pasé harto trabajo en su enfermedad. Creo le serví algo de los que él había pasado en las mías. Con estar yo harto mala, me esforzaba, y con que en faltarme él me faltaba todo el bien y regalo, porque en un ser me le hacía, tuve tan gran ánimo para no le mostrar pena y estar hasta que murió como si ninguna cosa sintiera, pareciéndome se arrancaba mi alma cuando veía acabar su vida, porque le quería mucho.

15. Fue cosa para alabar al Señor la muerte que murió y la gana que tenía de morirse, los consejos que nos daba después de haber recibido la Extremaunción, el encargarnos le encomendásemos a Dios y le pidiésemos misericordia para él y que siempre le sirviésemos, que mirásemos se acababa todo. Y con lágrimas nos decía la pena grande que tenía de no haberle él servido, que quisiera ser un fraile, digo, haber sido de los más estrechos que hubiera.

Tengo por muy cierto que quince días antes le dio el Señor a entender no había de vivir; porque antes de éstos, aunque estaba malo, no lo pensaba; después, con tener mucha mejoría y decirlo los médicos, ningún caso hacía de ello, sino entendía en ordenar su alma.

16. Fue su principal mal de un dolor grandísimo de espaldas que jamás se le quitaba. Algunas veces le apretaba tanto, que le congojaba mucho. Díjele yo que, pues era tan devoto de cuando el Señor llevaba la cruz a cuestas, que pensase Su Majestad le quería dar a sentir algo de lo que había pasado con aquel dolor. Consolóse tanto, que me parece nunca más le oí quejar.

Estuvo tres días muy falto el sentido. El día que murió se le tornó el Señor tan entero, que nos espantábamos, y le tuvo hasta que a la mitad del Credo, diciéndole él mismo, expiró. Quedó como un ángel. Así me parecía a mí lo era él -a manera de decir- en alma y disposición, que la tenía muy buena.

No sé para qué he dicho esto, si no es para culpar más mi ruin vida después de haber visto tal muerte y entender tal vida,que por parecerme en algo a tal padre la había yo de mejorar. Decía su confesor -que era dominico, muy gran letrado- que no dudaba de que se iba derecho al cielo, porque había algunos años que le confesaba, y loaba su limpieza de conciencia.

17. Este padre dominico, que era muy bueno y temeroso de Dios, me hizo harto provecho; porque me confesé con él, y tomó a hacer bien a mi alma con cuidado y hacerme entender la perdición que traía. Hacíame comulgar de quince a quince días. Y poco a poco, comenzándole a tratar, tratéle de mi oración. Díjome que no la dejase, que en ninguna manera me podía hacer sino provecho.

Comencé a tornar a ella, aunque no a quitarme de las ocasiones, y nunca más la dejé. Pasaba una vida trabajosísima, porque en la oración entendía más mis faltas. Por una parte me llamaba Dios; por otra, yo seguía al mundo. Dábanme gran contento todas las cosas de Dios; teníanme atada las del mundo. Parece que quería concertar estos dos contrarios -tan enemigo uno de otro- como es vida espiritual y contentos y gustos y pasatiempos sensuales. En la oración pasaba gran trabajo, porque no andaba el espíritu señor sino esclavo; y así no me podía encerrar dentro de mí (que era todo el modo de proceder que llevaba en la oración) sin encerrar conmigo mil vanidades.

Pasé así muchos años, que ahora me espanto qué sujeto bastó a sufrir que no dejase lo uno o lo otro. Bien sé que dejar la oración no era ya en mi mano, porque me tenía con las suyas el que me quería para hacerme mayores mercedes.

18. ¡Oh, válgame Dios, si hubiera de decir las ocasiones que en estos años Dios me quitaba, y cómo me tornaba yo a meter en ellas, y de los peligros de perder del todo el crédito que me libró! Yo a hacer obras para descubrir la que era, y el Señor encubrir los males y descubrir alguna pequeña virtud, si tenía, y hacerla grande en los ojos de todos, de manera que siempre me tenían en mucho.

Porque aunque algunas veces se traslucían mis vanidades, como veían otras cosas que les parecían buenas, no lo creían. Y era que había ya visto el Sabedor de todas las cosas que era menester así, para que en las que después he hablado de su servicio me diesen algún crédito, y miraba su soberana largueza, no los grandes pecados, sino los deseos que muchas veces tenía de servirle y la pena por no tener fortaleza en mí para ponerlo por obra.

19. ¡Oh Señor de mi alma! ¡Cómo podré encarecer las mercedes que en estos años me hicisteis! ¡Y cómo en el tiempo que yo más os ofendía, en breve me disponíais con un grandísimo arrepentimiento para que gustase de vuestros regalos y mercedes! A la verdad, tomabais, Rey mío, el más delicado y penoso castigo por medio que para mí podía ser, como quien bien entendía lo que me había de ser más penoso. Con regalos grandes castigábais mis delitos.

Y no creo digo desatino, aunque sería bien que estuviese desatinada tornando a la memoria ahora de nuevo mi ingratitud y maldad.

Era tan más penoso para mi condición recibir mercedes, cuando había caído en graves culpas, que recibir castigos, que una de ellas me parece, cierto, me deshacía y confundía más y fatigaba, que muchas enfermedades con otros trabajos hartos, juntas. Porque lo postrero veía lo merecía y parecíame pagaba algo de mis pecados, aunque todo era poco, según ellos eran muchos; mas verme recibir de nuevo mercedes, pagando tan mal las recibidas, es un género de tormento para mí terrible, y creo para todos los que tuvieren algún conocimiento o amor de Dios, y esto por una condición virtuosa lo podemos acá sacar.

Aquí eran mis lágrimas y mi enojo de ver lo que sentía, viéndome de suerte que estaba en víspera de tornar a caer, aunque mis determinaciones y deseos entonces –por aquel rato, digo- estaban firmes.

20. Gran mal es un alma sola entre tantos peligros. Paréceme a mí que si yo tuviera con quién tratar todo esto, que me ayudara a no tornar a caer, siquiera por vergüenza, ya que no la tenía de Dios. Por eso, aconsejaría yo a los que tienen oración, en especial al principio, procuren amistad y trato con otras personas que traten de lo mismo. Es cosa importantísima, aunque no sea sino ayudarse unos a otros con sus oraciones, ¡cuánto más que hay muchas más ganancias! Y no sé yo por qué (pues de conversaciones y voluntades humanas, aunque no sean muy buenas se procuran amigos con quien descansar, y para más gozar de contar aquellos placeres vanos) no se ha de permitir que quien comenzare de veras a amar a Dios y a servirle, deje de tratar con algunas personas sus placeres y trabajos, que de todo tienen los que tienen oración.

Porque si es de verdad la amistad que quiere tener con Su Majestad, no haya miedo de vanagloria; y cuando el primer movimiento le acometa, salga de ello con mérito. Y creo que el que tratando con esta intención lo tratare, que aprovechará a sí y a los que le oyeren y saldrá más enseñado; aun sin entender cómo, enseñará a sus amigos.

21. El que de hablar en esto tuviere vanagloria, también la tendrá en oír misa con devoción, si le ven, y en hacer otras cosas que, so pena de no ser cristiano, las ha de hacer y no se han de dejar por miedo de vanagloria.

Pues es tan importantísimo esto para almas que no están fortalecidas en virtud -como tienen tantos contrarios, y amigos para incitar al mal- que no sé cómo lo encarecer. Paréceme que el demonio ha usado de este ardid como cosa que muy mucho le importa: que se escondan tanto de que se entienda que de veras quieren procurar amar y contentar a Dios, como ha incitado se descubran otras voluntades malhonestas, con ser tan usadas, que ya parece se toma por gala y se publican las ofensas que en este caso se hacen a Dios.

22. No sé si digo desatinos. Si lo son, vuestra merced los rompa; y si no lo son, le suplico ayude a mi simpleza con añadir aquí mucho. Porque andan ya las cosas del servicio de Dios tan

flacas, que es menester hacerse espaldas unos a otros los que le sirven para ir adelante, según se tiene por bueno andar en las vanidades y contentos del mundo. Y para estos hay pocos ojos; y si uno comienza a darse a Dios, hay tantos que murmuren, que es menester buscar compañía para defenderse, hasta que ya estén fuertes en no les pesar de padecer; y si no, veránse en mucho aprieto.

Paréceme que por esto debían usar algunos santos irse a los desiertos; y es un género de humildad no fiar de sí, sino creer que para aquellos con quien conversa le ayudará Dios, y crece la caridad con ser comunicada, y hay mil bienes que no los osaría decir, si no tuviese gran experiencia de lo mucho que va en esto. Verdad es que yo soy más flaca y ruin que todos los nacidos; mas creo no perderá quien, humillándose, aunque sea fuerte, no lo crea de sí, y creyere en esto a quien tiene experiencia. De mí sé decir que, si el Señor no me descubriera esta verdad y diera medios para que yo muy ordinario tratara con personas que tienen oración, que cayendo y levantando iba a dar de ojos en el infierno. Porque para caer había muchos amigos que me ayudasen; para levantarme hallábame tan sola, que ahora me espanto cómo no me estaba siempre caída, y alabo la misericordia de Dios, que era sólo el que me daba la mano.

Sea bendito por siempre jamás, amén.

Capítulo 8

Trata del gran bien que le hizo no se apartar del todo de la oración para no perder el alma, y cuán excelente remedio es para ganar lo perdido. - Persuade a que todos la tengan. - Dice cómo es tan gran ganancia y que, aunque la tornen a dejar, es gran bien usar algún tiempo de tan gran bien.

1. No sin causa he ponderado tanto este tiempo de mi vida, que bien veo no dará a nadie gusto ver cosa tan ruin; que, cierto, querría me aborreciesen los que esto leyesen, de ver un alma tan pertinaz e ingrata con quien tantas mercedes le ha hecho. Y quisiera tener licencia para decir las muchas veces que en este tiempo falté a Dios.

2. Por estar arrimada a esta fuerte columna de la oración, pasé este mar tempestuoso casi veinte años, con estas caídas y con levantarme y mal -pues tornaba a caer- y en vida tan baja de perfección, que ningún caso casi hacía de pecados veniales, y los mortales, aunque los temía, no como había de ser, pues no me apartaba de los peligros. Sé decir que es una de las vidas penosas que me parece se puede imaginar; porque ni yo gozaba de Dios ni traía contento en el mundo. Cuando estaba en los contentos del mundo, en acordarme lo que debía a Dios era con pena; cuando estaba con Dios, las aficiones del mundo me desasosegaban. Ello es una guerra tan penosa, que no sé cómo un mes la pude sufrir, cuánto más tantos años.

Con todo, veo claro la gran misericordia que el Señor hizo conmigo: ya que había de tratar en el mundo, que tuviese ánimo para tener oración. Digo ánimo, porque no sé yo para qué cosa de cuantas hay en él es menester mayor, que tratar traición al rey y saber que lo sabe y nunca se le quitar de delante.

Porque, puesto que siempre estamos delante de Dios, paréceme a mí es de otra manera los que tratan de oración, porque están viendo que los mira; que los demás podrá ser estén algunos días que aun no se acuerden que los ve Dios.

3. Verdad es que en estos años hubo muchos meses, y creo alguna vez año, que me guardaba de ofender al Señor y me daba mucho a la oración y hacía algunas y hartas diligencias para no le venir a ofender. Porque va todo lo que escribo dicho con toda verdad, trato ahora esto. Mas acuérdaseme poco de estos días buenos, y así debían ser pocos, y mucho de los ruines. Ratos grandes de oración pocos días se pasaban sin tenerlos, si no era estar muy mala o muy ocupada. Cuando estaba mala, estaba mejor con Dios; procuraba que las personas que trataban conmigo lo estuviesen, y suplicábalo al Señor; hablaba muchas veces en El.

Así que, si no fue el año que tengo dicho, en veinte y ocho que ha que comencé oración, más de los dieciocho pasé esta batalla y contienda de tratar con Dios y con el mundo. Los demás que ahora me quedan por decir, mudóse la causa de la guerra, aunque no ha sido pequeña; mas con estar, a lo que pienso, en servicio de Dios y con conocimiento de la vanidad que es el mundo, todo ha sido suave, como diré después.

4. Pues para lo que he tanto contado esto es, como he ya dicho, para que se vea la misericordia de Dios y mi ingratitud; lo otro, para que se entienda el gran bien que hace Dios a un alma que la dispone para tener oración con voluntad, aunque no esté tan dispuesta como es menester, y cómo si en ella persevera, por pecados y tentaciones y caídas de mil manera que ponga el demonio, en fin tengo por cierto la saca el Señor a puerto de salvación, como -a lo que ahora parece- me ha sacado a mí. Plega a Su Majestad no me torne yo a perder.

5. El bien que tiene quien se ejercita en oración hay muchos santos y buenos que lo han escrito, digo oración mental: ¡gloria sea a Dios por ello! Y cuando no fuera esto, aunque soy poco humilde, no tan soberbia que en esto osara hablar. De lo que yo tengo experiencia puedo decir, y es que por males que haga quien la ha comenzado, no la deje, pues es el medio por.donde puede tornarse a remediar, y sin ella será muy más dificultoso. Y no le tiente el demonio por la manera que a mí, a dejarla por humildad; crea que no pueden faltar sus palabras, que en

arrepintiéndonos de veras y determinándose a no le ofender, se torna a la amistad que estaba y hacer las mercedes que antes hacía y a las veces mucho más si el arrepentimiento lo merece.

Y quien no la ha comenzado, por amor del Señor le ruego yo no carezca de tanto bien. No hay aquí que temer, sino que desear; porque, cuando no fuere adelante y se esforzare a ser perfecto, que merezca los gustos y regalos que a estos da Dios, a poco ganar irá entendiendo el camino para el cielo; y si persevera, espero yo en la misericordia de Dios, que nadie le tomó por amigo que no se lo pagase; que no es otra cosa oración mental, a mi parecer, sino tratar de amistad, estando muchas veces tratando a solas con quien sabemos nos ama. Y si vos aún no le amáis (porque, para ser verdadero el amor y que dure la amistad, hanse de encontrar las condiciones: la del Señor ya se sabe que no puede tener falta, la nuestra es ser viciosa, sensual, ingrata), no podéis acabar con vos de amarle tanto, porque no es de vuestra condición; mas viendo lo mucho que os va en tener su amistad y lo mucho que os ama, pasáis por esta pena de estar mucho con quien es tan diferente de vos.

6. ¡Oh bondad infinita de mi Dios, que me parece os veo y me veo de esta suerte! ¡Oh regalo de los ángeles, que toda me querría, cuando esto veo, deshacer en amaros! ¡Cuán cierto es sufrir Vos a quien os sufre que estéis con él! ¡Oh, qué buen amigo hacéis, Señor mío! ¡Cómo le vais regalando y sufriendo, y esperáis a que se haga a vuestra condición y tan de mientras le sufrís Vos la suya! ¡Tomáis en cuenta, mi Señor, los ratos que os quiere, y con un punto de arrepentimiento olvidáis lo que os ha ofendido! He visto esto claro por mí, y no veo, Criador mío, por qué todo el mundo no se procure llegar a Vos por esta particular amistad: los malos, que no son de vuestra condición, para que nos hagáis buenos con que os sufran estéis con ellos siquiera dos horas cada día, aunque ellos no estén con Vos sino con mil revueltas de cuidados y pensamientos de mundo, como yo hacía. Por esta fuerza que se hacen a querer estar en tan buena compañía, miráis que en esto a los principios no pueden más, ni después algunas veces; forzáis vos, Señor, los demonios para que no los acometan y que cada día tengan menos fuerza contra ellos, y dáisselas a ellos para vencer. Sí, que no matáis a nadie -¡vida de todas las vidas!- de los que se fían de

Vos y de los que os quieren por amigo; sino sustentáis la vida del cuerpo con más salud y dáisla al alma.

7. No entiendo esto que temen los que temen comenzar oración mental, ni sé de qué han miedo. Bien hace de ponerle el demonio para hacernos él de verdad mal, si con miedos me hace no piense en lo que he ofendido a Dios y en lo mucho que le debo y en que hay infierno y hay gloria y en los grandes trabajos y dolores que pasó por mí.

Esta fue toda mi oración y ha sido cuando anduve en estos peligros, y aquí era mi pensar cuando podía; y muy muchas veces, algunos años, tenía más cuenta con desear se acabase la hora que tenía por mí de estar, y escuchar cuándo daba el reloj, que no en otras cosas buenas; y hartas veces no sé qué penitencia grave se me pusiera delante que no la acometiera de mejor gana que recogerme a tener oración.

Y es cierto que era tan incomportable la fuerza que el demonio me hacía o mi ruin costumbre que no fuese a la oración, y la tristeza que me daba en entrando en el oratorio, que era menester ayudarme de todo mi ánimo (que dicen no le tengo pequeño y se ha visto me le dio Dios harto más que de mujer, sino que le he empleado mal) para forzarme, y en fin me ayudaba el Señor. Y después que me había hecho esta fuerza, me hallaba con más quietud y regalo que algunas veces que tenía deseo de rezar.

8. Pues si a cosa tan ruin como yo tanto tiempo sufrió el Señor, y se ve claro que por aquí se remediaron todos mis males, ¿qué persona, por malo que sea, podrá temer? Porque por mucho que lo sea, no lo será tantos años después de haber recibido tantas mercedes del Señor. Ni ¿quién podrá desconfiar, pues a mí tanto me sufrió, sólo porque deseaba y procuraba algún lugar y tiempo para que estuviese conmigo, y esto muchas veces sin voluntad, por gran fuerza que me hacía o me la hacía el mismo Señor? Pues si a los que no le sirven sino que le ofenden les está tan bien la oración y les es tan necesaria, y no puede nadie hallar con verdad daño que pueda hacer, que no fuera mayor el no tenerla, los que sirven a Dios y le quieren servir ¿por qué lo han de dejar? Por cierto, si no es por pasar con más trabajo los trabajos de la vida, yo no lo puedo entender, y por cerrar a Dios la puerta para que en ella no les dé.contento. Cierto, los he lástima, que a su costa sirven a Dios; porque a

los que tratan la oración el mismo Señor les hace la costa, pues por un poco de trabajo da gusto para que con él se pasen los trabajos.

9. Porque de estos gustos que el Señor da a los que perseveran en la oración se tratará mucho, no digo aquí nada. Sólo digo que para estas mercedes tan grandes que me ha hecho a mí, es la puerta la oración. Cerrada ésta, no sé cómo las hará; porque, aunque quiera entrar a regalarse con un alma y regalarla, no hay por dónde, que la quiere sola y limpia y con gana de recibirlos. Si le ponemos muchos tropiezos y no ponemos nada en quitarlos, ¿cómo ha de venir a nosotros? ¡Y queremos nos haga Dios grandes mercedes!

10. Para que vean su misericordia y el gran bien que fue para mí no haber dejada la oración y lección, diré aquí -pues va tanto en entender- la batería que da el demonio a un alma para ganarla, y el artificio y misericordia con que el Señor procura tornarla a Sí, y se guarden de los peligros que yo no me guardé. Y sobre todo, por amor de nuestro Señor y por el grande amor con que anda granjeando tornarnos a Sí, pido yo se guarden de las ocasiones; porque, puestos en ellas, no hay que fiar donde tantos enemigos nos combaten y tantas flaquezas hay en nosotros para defendernos.

11. Quisiera yo saber figurar la cautividad que en estos tiempos traía mi alma, porque bien entendía yo que lo estaba, y no acababa de entender en qué ni podía creer del todo que lo que los confesores no me agraviaban tanto, fuese tan malo como yo lo sentía en mi alma. Díjome uno, yendo yo a él con escrúpulo, que aunque tuviese subida contemplación, no me eran inconveniente semejantes ocasiones y tratos.

Esto era ya a la postre, que yo iba con el favor de Dios apartándome más de los peligros grandes; mas no me quitaba del todo de la ocasión. Como me veían con buenos deseos y ocupación de oración, parecíales hacía mucho; mas entendía mi alma que no era hacer lo que era obligada por quien debía tanto. Lástima la tengo ahora de lo mucho que pasó y el poco socorro que de ninguna parte tenía, sino de Dios, y la mucha salida que le daban para sus pasatiempos y contentos con decir eran lícitos.

12. Pues el tormento en los sermones no era pequeño, y era aficionadísima a ellos, de manera que si veía a alguno predicar

con espíritu y bien, un amor particular le cobraba, sin procurarle yo, que no sé quién me le ponía. Casi nunca me parecía tan mal sermón, que no le oyese de buena gana, aunque al dicho de los que le oían no predicase bien. Si era bueno, érame muy particular recreación. De hablar de Dios u oír de El casi nunca me cansaba, y esto después que comencé oración. Por un cabo tenía gran consuelo en los sermones, por otro me atormentaba, porque allí entendía yo que no era la que había de ser, con mucha parte. Suplicaba al Señor me ayudase; mas debía faltar -a lo que ahora me parece- de no poner en todo la confianza en Su Majestad y perderla de todo punto de mí. Buscaba remedio; hacía diligencias; mas no debía entender que todo aprovecha poco si, quitada de todo punto la confianza de nosotros, no la ponemos en Dios.

Deseaba vivir, que bien entendía que no vivía, sino que peleaba con una sombra de muerte, y no había quien me diese vida, y no la podía yo tomar; y quien me la podía dar tenía razón de no socorrerme, pues tantas veces me había tornado a Sí y yo dejádole.

Capítulo 9

Trata por qué términos comenzó el Señor a despertar su alma y darla luz en tan grandes tinieblas y a fortalecer sus virtudes para no ofenderle.

1. Pues ya andaba mi alma cansada y, aunque quería, no le dejaban descansar las ruines costumbres que tenía. Acaecióme que, entrando un día en el oratorio, vi una imagen que habían traído allá a guardar, que se había buscado para cierta fiesta que se hacía en casa. Era de Cristo muy llagado y tan devota que, en mirándola, toda me turbó de verle tal, porque representaba bien lo que pasó por nosotros. Fue tanto lo que sentí de lo mal que había agradecido aquellas llagas, que el corazón me parece se me partía, y arrojéme cabe El con grandísimo derramamiento de lágrimas, suplicándole me fortaleciese ya de una vez para no ofenderle.

2. Era yo muy devota de la gloriosa Magdalena y muy muchas veces pensaba en su conversión, en especial cuando comulgaba, que como sabía estaba allí cierto el Señor dentro de mí, poníame a sus pies, pareciéndome no eran de desechar mis lágrimas. Y no sabía lo que decía, que harto hacía quien por sí me las consentía derramar, pues tan presto se me olvidaba aquel sentimiento. Y encomendábame a aquesta gloriosa Santa para que me alcanzase perdón.

3. Mas esta postrera vez de esta imagen que digo, me parece me aprovechó más, porque estaba ya muy desconfiada de mí y ponía toda mi confianza en Dios. Paréceme le dije entonces que no me había de levantar de allí hasta que hiciese lo que le suplicaba. Creo cierto me aprovechó, porque fui mejorando mucho desde entonces.

4. Tenía este modo de oración: que, como no podía discurrir con el entendimiento, procuraba representar a Cristo dentro

de mí, y hallábame mejor -a mi parecer- de las partes adonde le veía más solo. Parecíame a mí que, estando solo y afligido, como persona necesitada me había de admitir a mí. De estas simplicidades tenía muchas.

En especial me hallaba muy bien en la oración del Huerto. Allí era mi acompañarle. Pensaba en aquel sudor y aflicción que allí había tenido, si podía. Deseaba limpiarle aquel tan penoso sudor. Mas acuérdome que jamás osaba determinarme a hacerlo, como se me representaban mis pecados tan graves. Estábame allí lo más que me dejaban mis pensamientos con El, porque eran muchos los que me atormentaban. Muchos años, las más noches antes que me durmiese, cuando para dormir me encomendaba a Dios, siempre pensaba un poco en este paso de la oración del Huerto, aun desde que no era monja, porque me dijeron se ganaban muchos perdones. Y tengo para mí que por aquí ganó muy mucho mi alma, porque comencé a tener oración sin saber qué era, y ya la costumbre tan ordinaria me hacía no dejar esto, como el no dejar de santiguarme para dormir.

5. Pues tornando a lo que decía del tormento que me daban los pensamientos, esto tiene este modo de proceder sin discurso del entendimiento, que el alma ha de estar muy ganada o perdida, digo perdida la consideración. En aprovechando, aprovecha mucho, porque es en amar. Mas para llegar aquí es muy a su costa, salvo a personas que quiere el Señor muy en breve llegarlas a oración de quietud, que yo conozco a algunas. Para las que van por aquí es bueno un libro para presto recogerse. Aprovechábame a mí también ver campo o agua, flores. En estas cosas hallaba yo memoria del Criador, digo que me despertaban y recogían y servían de libro; y en mi ingratitud y pecados. En cosas del cielo ni en cosas subidas, era mi entendimiento tan grosero que jamás por jamás las pude imaginar, hasta que por otro modo el Señor me las representó.

6. Tenía tan poca habilidad para con el entendimiento representar cosas, que si no era lo que veía, no me aprovechaba nada de mi imaginación, como hacen otras personas que pueden hacer representaciones adonde se recogen. Yo sólo podía pensar en Cristo como hombre. Mas es así que jamás le pude representar en mí, por más que leía su hermosura y veía imágenes, sino como quien está ciego o a oscuras, que aunque habla

con una persona y ve que está con ella porque sabe cierto que está allí (digo que entiende y cree que está allí, mas no la ve), de esta manera me acaecía a mí cuando pensaba en nuestro Señor. A esta causa era tan amiga de imágenes. ¡Desventurados de los que por su culpa pierden este bien! Bien parece que no aman al Señor, porque si ld amaran, holgáranse de ver su retrato, como acá aun da contento ver el de quien se quiere bien.

7. En este tiempo me dieron las Confesiones de San Agustín, que parece el Señor lo ordenó, porque yo no las procuré ni nunca las había visto. Yo soy muy aficionada a San Agustín, porque el monasterio adonde estuve seglar era de su Orden y también por haber sido pecador, que en los santos que después de serlo el Señor tornó a Sí hallaba yo mucho consuelo, pareciéndome en ellos había de hallar ayuda y que como los había el Señor perdonado, podía hacer a mí; salvo que una cosa me desconsolaba, como he dicho, que a ellos sola una vez los había el Señor llamado y no tornaban a caer, y a mí eran ya tantas, que esto me fatigaba. Mas considerando en el amor que me tenía, tornaba a animarme, que de su misericordia jamás desconfié. De mí muchas veces.

8. ¡Oh, válgame Dios, cómo me espanta la reciedumbre que tuvo mi alma, con tener tantas ayudas de Dios! Háceme estar temerosa lo poco que podía conmigo y cuán atada me veía para no me determinar a darme del todo a Dios. Como comencé a leer las Confesiones, paréceme me veía yo allí.

Comencé a encomendarme mucho a este glorioso Santo. Cuandollegué a su conversión y leí cómo oyó aquella voz en el huerto, no me parece sino que el Señor me la dio a mí, según sintió mi corazón. Estuve por gran rato que toda me deshacía en lágrimas, y entre mí misma con gran aflicción y fatiga.

¡Oh, qué sufre un alma, válgame Dios, por perder la libertad que había de tener de ser señora, y qué de tormentos padece! Yo me admiro ahora cómo podía vivir en tanto tormento. Sea Dios alabado, que me dio vida para salir de muerte tan mortal.

9. Paréceme que ganó grandes fuerzas mi alma de la divina Majestad, y que debía oír mis clamores y haber lástima de tantas lágrimas. Comenzóme a crecer la afición de estar más tiempo con El y a quitarme de los ojos las ocasiones, porque, quitadas, luego me volvía a amar a Su Majestad; que bien entendía

yo, a mi parecer, le amaba, mas no entendía en qué está el amar de veras a Dios como lo había de entender.

No me parece acababa yo de disponerme a quererle servir, cuando Su Majestad me comenzaba a tornar a regalar. No parece sino que lo que otros procuran con gran trabajo adquirir, granjeaba el Señor conmigo que yo lo quisiese recibir, que era ya en estos postreros años darme gustos y regalos. Suplicar yo me los diese, ni ternura de devoción, jamás a ello me atreví; sólo le pedía me diese gracia para que no le ofendiese, y me perdonase mis grandes pecados.

Como los veía tan grandes, aun desear regalos ni gustos nunca de advertencia osaba. Harto me parece hacía su piedad, y con verdad hacía mucha misericordia conmigo en consentirme delante de sí y traerme a su presencia; que veía yo, si tanto El no lo procurara, no viniera.

Sola una vez en mi vida me acuerdo pedirle gustos, estando con mucha sequedad; y como advertí lo que hacía, quedé tan confusa que la misma fatiga de verme tan poco humilde me dio lo que me había atrevido a pedir. Bien sabía yo era lícito pedirla, mas parecíame a mí que lo es a los que están dispuestos con haber procurado lo que es verdadera devoción con todas sus fuerzas, que es no ofender a Dios y estar dispuestos y determinados para todo bien.

Parecíame que aquellas mis lágrimas eran mujeriles y sin fuerza, pues no alcanzaba con ellas lo que deseaba. Pues con todo, creo me valieron; porque, como digo, en especial después de estas dos veces de tan gran compunción de ellas y fatiga de mi corazón, comencé más a darme a oración y a tratar menos en cosas que me dañasen, aunque aún no las dejaba del todo, sino -como digo-fueme ayudando Dios a desviarme.

Como no estaba Su Majestad esperando sino algún aparejo en mí, fueron creciendo las mercedes espirituales de la manera que diré; cosa no usada darlas el Señor, sino a los que están en más limpieza de conciencia.

Capítulo 10

Comienza a declarar las mercedes que el Señor la hacía en la oración, y en lo que nos podemos nosotros ayudar, y lo mucho que importa que entendamos las mercedes que el Señor nos hace. –Pide a quien esto envía que de aquí adelante sea secreto lo que escribiere, pues la mandan diga tan particularmente las mercedes que la hace el Señor.

1. Tenía yo algunas veces, como he dicho, aunque con mucha brevedad pasaba, comienzo de lo que ahora diré: acaecíame en esta representación que hacía de ponerme cabe Cristo, que he dicho, y aun algunas veces leyendo, venirme a deshora un sentimiento de la presencia de Dios que en ninguna manera podía dudar que estaba dentro de mí o yo toda engolfada en El.

Esto no era manera de visión; creo lo llaman mística teología. Suspende el alma de suerte, que toda parecía estar fuera de sí: ama la voluntad, la memoria me parece está casi perdida, el entendimiento no discurre, a mi parecer, mas no se pierde; mas, como digo, no obra, sino está como espantado de lo mucho que entiende, porque quiere Dios entienda que de aquello que Su Majestad le representa ninguna cosa entiende.

2. Primero había tenido muy continuo una ternura, que en parte algo de ella me parece se puede procurar: un regalo, que ni bien es todo sensual ni bien espiritual. Todo es dado de Dios; mas parece para esto nos podemos mucho ayudar con considerar nuestra bajeza y la ingratitud que tenemos con Dios, lo mucho que hizo por nosotros, su Pasión con tan graves dolores, su vida tan afligida; en.deleitarnos de ver sus obras, su grandeza, lo que nos ama, otras muchas cosas, que quien con cuidado

quiera aprovechar tropieza muchas veces en ellas, aunque no ande con mucha advertencia. Si con esto hay algún amor, regálase el alma, enternécese el corazón, vienen lágrimas; algunas veces parece las sacamos por fuerza, otras el Señor parece nos la hace para no podernos resistir. Parece nos paga Su Majestad aquel cuidadito con un don tan grande como es el consuelo que da a un alma ver que llora por tan gran Señor; y no me espanto, que le sobra la razón de consolarse: regálase allí, huélgase allí.

3. Paréceme bien esta comparación que ahora se me ofrece: que son estos gozos de oración como deben ser los que están en el cielo, que como no han visto más de lo que el Señor, conforme a lo que merecen, quiere que vean, y ven sus pocos méritos, cada uno está contento con el lugar en que está, con haber tan grandísima diferencia de gozar a gozar en el cielo, mucho más que acá hay de unos gozos espirituales a otros, que es grandísima.

Y verdaderamente un alma en sus principios, cuando Dios la hace esta merced, ya casi le parece no hay más que desear, y se da por bien pagada de todo cuanto ha servido. Y sóbrale la razón, que una lágrima de éstas que, como digo, casi nos las procuramos —aunque sin Dios no se hace cosa-, no me parece a mí que con todos los trabajos del mundo se puede comprar, porque se gana mucho con ellas; y ¿qué más ganancia que tener algún testimonio que contentamos a Dios? Así que quien aquí llegare, alábele mucho, conózcase por muy deudor; porque ya parece le quiere para su casa y escogido para su reino, si no torna atrás.

4. No cure de unas humildades que hay, de que pienso tratar, que les parece humildad no entender que el Señor les va dando dones. Entendamos bien bien, como ello es, que nos los da Dios sin ningún merecimiento nuestro, y agradezcámoslo a Su Majestad; porque si no conocemos que recibimos, no despertamos a amar. Y es cosa muy cierta que mientras más vemos estamos ricos, sobre conocer somos pobres, más aprovechamiento nos viene y aun más verdadera humildad. Lo demás es acobardar el ánimo a parecer que no es capaz de grandes bienes, si en comenzando el Señor a dárselos comienza él a atemorizarse con miedo de vanagloria.

Creamos que quien nos da los bienes, nos dará gracia para que, en comenzando el demonio a tentarle en este caso, lo entienda, y fortaleza para resistir; digo, si andamos con llaneza delante de Dios, pretendiendo contentar sólo a El y no a los hombres.

5. Es cosa muy clara que amamos más a una persona cuando mucho se nos acuerda las buenas obras que nos hace. Pues si es lícito y tan meritorio que siempre tengamos memoria que tenemos de Dios el ser y que nos crió de nonada y que nos sustenta y todos los demás beneficios de su muerte y trabajos, que mucho antes que nos criase los tenía hechos por cada uno de los que ahora viven, ¿por qué no será lícito que entienda yo y vea y considere muchas veces que solía hablar en vanidades, y que ahora me ha dado el Señor que no querría sino hablar sino en El?. He aquí una joya que, acordándonos que es dada y ya la poseemos, forzado convida a amar, que es todo el bien de la oración fundada sobre humildad. Pues ¿qué será cuando vean en su poder otras joyas más preciosas, como tienen ya recibidas algunos siervos de Dios, de menosprecio de mundo, y aun de sí mismos? Está claro que se han de tener por más deudores y más obligados a servir, y entender que no teníamos nada de esto, y a conocer la largueza del Señor, que a un alma tan pobre y ruin y de ningún merecimiento como la mía, que bastaba la primera joya de éstas y sobraba para mí, quiso hacerme con más riquezas que yo supiera desear.

6. Es menester sacar fuerzas de nuevo para servir y procurar no ser ingratos; porque con esa condición las da el Señor, que si no usamos bien del tesoro y del gran estado en que pone, nos lo tornará a tomar y quedarnos hemos muy más pobres, y dará Su Majestad las joyas a quien luzca y aproveche con ellas a sí y a los otros.

Pues ¿cómo aprovechará y gastará con largueza el que no entiende que está rico? Es imposible conforme a nuestra naturaleza -a mi parecer- tener ánimo para cosas grandes quien no entiende está favorecido de Dios. Porque somos tan miserables y tan inclinados a cosas de tierra, que mal podrá aborrecer todo lo de acá de hecho con gran desasimiento quien no entiende tiene alguna prenda de lo de allá. Porque con estos dones es adonde el Señor nos da la fortaleza que por nuestros pecados nosotros perdimos. Y mal deseará se descontenten todos de él y le aborrezcan y todas las demás virtudes grandes que tienen los perfectos, si no tiene alguna prenda del amor que Dios le tiene, y juntamente fe viva.

Porque es tan muerto nuestro natural, que nos vamos a lo que presente vemos; y así estos mismos favores son los que despiertan la fe y la fortalecen. Ya puede ser que yo, como soy tan ruin, juzgo por mí, que otros habrá que no hayan menester más de la verdad de la fe para hacer obras muy perfectas, que yo, como miserable, todo lo he habido menester.

7. Estos, ellos lo dirán. Yo digo lo que ha pasado por mí, como me lo mandan. Y si no fuere bien, romperálo a quien lo envío, que sabrá mejor entender lo que va mal que yo; a quien suplico por amor del Señor, lo que he dicho hasta aquí de mi ruin vida y pecados lo publiquen. Desde ahora doy licencia, y a todos mis confesores, que así lo es a quien esto va. Y si quisieren, luego en mi vida; porque no engañe más el mundo, que piensan hay en mí algún bien. Y cierto cierto, con verdad digo, a lo que ahora entiendo de mí, que me dará gran consuelo.

Para lo que de aquí adelante dijere, no se la doy. Ni quiero, si a alguien lo mostraren, digan quién es por quien pasó ni quién lo escribió; que por esto no me nombro ni a nadie, sino escribirlo he todo lo mejor que pueda para no ser conocida, y así lo pido por amor de Dios. Bastan personas tan letradas y graves para autorizar alguna cosa buena, si el Señor me diere gracia para decirla, que si lo fuere, será suya y no mía, porque yo sin letras ni buena vida ni ser informada de letrado ni de persona ninguna (porque solos los que me lo mandan escribir saben que lo escribo, y al presente no están aquí) y casi hurtando el tiempo, y con pena porque me estorbo de hilar, por estar en casa pobre y con hartas ocupaciones. Así que, aunque el Señor me diera más habilidad y memoria, que aun con ésta me pudiera aprovechar de lo que he oído o leído, es poquísima la que tengo; así que si algo bueno dijere, lo quiere el Señor para algún bien; lo que fuere malo será de mí, y vuestra merced lo quitará.

Para lo uno ni para lo otro, ningún provecho tiene decir mi nombre: en vida está claro que no se ha de decir de lo bueno; en muerte no hay para qué, sino para que pierda la autoridad el bien, y no la dar ningún crédito, por ser dicho de persona tan baja y tan ruin.

8. Y por pensar vuestra merced hará esto que por amor del Señor le pido y los demás que lo han de ver, escribo con libertad; de otra manera sería con gran escrúpulo, fuera de decir mis pecados, que para esto ninguno tengo; para lo demás basta ser mujer para caérseme las alas, cuánto más mujer y ruin. Y así lo que fuere más de decir simplemente el discurso de mi vida, tome vuestra merced para sí -pues tanto me ha importunado escriba alguna declaración de las mercedes que me hace Dios en la oración-, si fuere conforme a las verdades de nuestra santa fe católica; y si no, vuestra merced lo queme luego, que yo a esto me sujeto. Y diré lo que pasa por mí, para que, cuando sea conforme a esto, podrá hacer a vuestra merced algún provecho; y si no, desengañará mi alma, para que no gane el demonio adonde me parece gano yo; que ya sabe el Señor, como después diré, que siempre he procurado buscar quién me dé luz.

9. Por claro que yo quiera decir estas cosas de oración, será bien oscuro para quien no tuviere experiencia. Algunos impedimentos diré, que a mi entender lo son para ir adelante en este camino, y otras cosas en que hay peligro, de lo que el Señor me ha enseñado por experiencia y después tratádolo yo con grandes letrados y personas espirituales de muchos años, y ven que en solos veinte y siete años que ha que tengo oración, me ha dado Su Majestad la experiencia -con andar en tantos tropiezos y tan mal este camino- que a otros en cuarenta y siete y en treinta y siete, que con penitencia y siempre virtud han caminado por él.

Sea bendito por todo y sírvase de mí, por quien Su Majestad es, que bien sabe mi Señor que no pretendo otra cosa en esto, sino que sea alabado y engrandecido un poquito de ver que en un muladar tan sucio y de mal olor hiciese huerto de tan suaves flores. Plega a Su Majestad que por mi culpa no las torne yo a arrancar y se torne a ser lo que era. Esto pido yo por amor del Señor le pida vuestra merced, pues sabe la que soy con más claridad que aquí me lo ha dejado decir.

Capítulo 11

Dice en qué está la falta de no amar a Dios con perfección en breve tiempo. - Comienza a declarar, por una comparación que pone, cuatro grados de oración. - Va tratando aquí del primero. - Es muy provechoso para los que comienzan y para los que no tienen gustos en la oración.

1. Pues hablando ahora de los que comienzan a ser siervos del amor (que no me parece otra cosa determinarnos a seguir por este camino de oración al que tanto nos amó), es una dignidad tan grande, que me regalo extrañamente en pensar en ella. Porque el temor servil luego va fuera, si en este primer estado vamos como hemos de ir. ¡Oh Señor de mi alma y bien mío! ¿Por qué no quisisteis que en determinándose un alma a amaros, con hacer lo que puede en dejarlo todo para mejor se emplear en este amor de Dios, luego gozase de subir a tener este amor perfecto? Mal he dicho: había de decir y quejarme porque no queremos nosotros; pues toda la falta nuestra es, en no gozar luego de tan gran dignidad, pues en llegando a tener con perfección este verdadero amor de Dios, trae consigo todos los bienes. Somos tan caros y tan tardíos de darnos del todo a Dios, que, como Su Majestad no quiere gocemos de cosa tan preciosa sin gran precio, no acabamos de disponernos.

2. Bien veo que no le hay con qué se pueda comprar tan gran bien en la tierra; mas si hiciésemos lo que podemos en no nos asir a cosa de ella, sino que todo nuestro cuidado y trato fuese en el cielo, creo yo sin duda muy en breve se nos daría este bien, si en breve del todo nos dispusiésemos, como algunos santos lo hicieron. Mas parécenos que lo damos todo, y es que ofrecemos a Dios la renta o los frutos y quedámonos con la raíz

y posesión. Determinámonos a ser pobres, y es de gran merecimiento; mas muchas veces tornamos a tener cuidado y diligencia para que no nos falte no sólo lo necesario sino lo superfluo,
y a granjear los amigos que nos lo den y ponernos en mayor
cuidado, y por ventura peligro, porque no nos falte, que antes
teníamos en poseer la hacienda.

Parece también que dejamos la honra en ser religiosos o en
haber ya comenzado a tener vida espiritual y a seguir perfección, y no nos han tocado en un punto de honra, cuando no se
nos acuerda la hemos ya dado a Dios, y nos queremos tornar a
alzar con ella y tomársela -como dicen- de las manos, después
de haberle de nuestra voluntad, al parecer, hecho de ella señor. Así son todas las otras cosas.

3. ¡Donosa manera de buscar amor de Dios! Y luego le queremos a manos llenas, a manera de decir. Tenernos nuestras aficiones (ya que no procuramos efectuar nuestros deseos y no
acabarlos de levantar de la tierra) y muchas consolaciones espirituales con esto, no viene bien, ni me parece se compadece
esto con este otro sí que, porque no se acaba de dar junto, no
se nos da por junto este tesoro. Plega al Señor que gota a gota
nos le dé Su Majestad, aunque sea costándonos todos los trabajos del mundo.

4. Harto gran misericordia hace a quien da gracia y ánimo
para determinarse a procurar con todas sus fuerzas este bien.
Porque si persevera, no se niega Dios a nadie. Poco a poco va
habilitando él el ánimo para que salga con esta victoria. Digo
ánimo, porque son tantas las cosas que el demonio pone delante a los principios para que no comiencen este camino de hecho, como quien sabe el daño que de aquí le viene, no sólo en
perder aquel alma sino muchas. Si el que comienza se esfuerza
con el fervor de Dios a llegar a la cumbre de la perfección, creo
jamás va solo al cielo; siempre lleva mucha gente tras sí. Como
a buen capitán, le da Dios quien vaya en su compañía.

Póneles tantos peligros y dificultades delante, que no es menester poco ánimo para no tornar atrás, sino muy mucho y mucho favor de Dios.

5. Pues hablando de los principios de los que ya van determinados a seguir este bien y a salir con esta empresa (que de lo
demás que comencé a decir de mística teología, que creo se
llama así, diré más adelante), en estos principios está todo el

mayor trabajo; porque son ellos los que trabajan dando el Señor el caudal; que en los otros grados de oración lo más es gozar, puesto que primeros y medianos y postreros, todos llevan sus cruces, aunque diferentes; que por este camino que fue Cristo han de ir los que le siguen, si no se quieren perder. ¡Y bienaventurados trabajos, que aun acá en la vida tan sobradamente se pagan!

6. Habré de aprovecharme de alguna comparación, aunque yo las quisiera excusar por ser mujer y escribir simplemente lo que me mandan. Mas este lenguaje de espíritu es tan malo de declarar a los que no saben letras, como yo, que habré de buscar algún modo, y podrá ser las menos veces acierte a que venga bien la comparación. Servirá de dar recreación a vuestra merced de ver tanta torpeza.

Paréceme ahora a mí que he leído u oído esta comparación –que como tengo mala memoria, ni sé adónde ni a qué propósito, mas para el mío ahora conténtame-: ha de hacer cuenta el que comienza, que comienza a hacer un huerto en tierra muy infructuosa que lleva muy malas hierbas, para que se deleite el Señor. Su Majestad arranca las malas hierbas y ha de plantar las buenas. Pues hagamos cuenta que está ya hecho esto cuando se determina a tener oración un alma y lo ha comenzado a usar. Y con ayuda de Dios hemos de procurar, como buenos hortelanos, que crezcan estas plantas y tener cuidado de regarlas para que no se pierdan, sino que vengan a echar flores que den de sí gran olor para dar recreación a este Señor nuestro, y así se venga a deleitar muchas veces a esta huerta y a holgarse entre estas virtudes.

7. Pues veamos ahora de la manera que se puede regar, para que entendamos lo que hemos de hacer y el trabajo que nos ha de costar, si es mayor que la ganancia, o hasta qué tanto tiempo se ha de tener.

Paréceme a mí que se puede regar de cuatro maneras: o con sacar el agua de un pozo, que es a nuestro gran trabajo; o con noria y arcaduces, que se saca con un torno; yo lo he sacado algunas veces: es a menos trabajo que estotro y sácase más agua; o de un río o arroyo: esto se riega muy mejor, que queda más harta la tierra de agua y no se ha menester regar tan a menudo y es a menos trabajo mucho del hortelano; o con llover mucho, que lo riega el Señor sin trabajo ninguno nuestro, y es muy sin comparación mejor que todo lo que queda dicho.

8. Ahora, pues, aplicadas estas cuatro maneras de agua de que se ha de sustentar este huerto -porque sin ella perderse ha-, es lo que a mí me hace al caso y ha parecido que se podrá declarar algo de cuatro grados de oración, en que el Señor, por su bondad, ha puesto algunas veces mi alma. Plega a su bondad atine a decirlo de manera que aproveche a una de las personas que esto me mandaron escribir, que la ha traído el Señor en cuatro meses harto más adelante que yo estaba en diecisiete años. Hase dispuesto mejor, y así sin trabajo suyo riega este vergel con todas estas cuatro aguas, aunque la postrera aún no se le da sino a gotas; mas va de suerte que presto se engolfará en ella con ayuda del Señor. Y gustaré se ría, si le pareciere desatino la manera del declarar.

9. De los que comienzan a tener oración podemos decir son los que sacan el agua del pozo, que es muy a su trabajo, como tengo dicho, que han de cansarse en recoger los sentidos, que, como están acostumbrados a andar derramados, es harto trabajo. Han menester irse acostumbrando a no se les dar nada de ver ni oír, y aun ponerlo por obra las horas de la oración, sino estar en soledad y, apartados, pensar su vida pasada. Aunque esto primeros y postreros todos lo han de hacer muchas veces, hay más y menos de pensar en esto, como después diré. Al principio aún da pena, que no acaban de entender que se arrepienten de los pecados; y sí hacen, pues se determinan a servir a Dios tan de veras. Han de procurar tratar de la vida de Cristo, y cánsase el entendimiento en esto.

Hasta aquí podemos adquirir nosotros, entiéndese con el favor de Dios, que sin éste ya se sabe no podemos tener un buen pensamiento. Esto es comenzar a sacar agua del pozo, y aun plega a Dios lo quiera tener. Mas al menos no queda por nosotros, que ya vamos a sacarla y hacemos lo que podemos para regar estas flores. Y es Dios tan bueno que, cuando por lo que Su Majestad sabe –por ventura para gran provecho nuestro- quiere que esté seco el pozo, haciendo lo que es en nosotros como buenos hortelanos, sin agua sustenta las flores y hace crecer las virtudes. Llamo «agua» aquí las lágrimas y, aunque no las haya, la ternura y sentimiento interior de devoción.

10. Pues ¿qué hará aquí el que ve que en muchos días no hay sino sequedad y disgusto y dessabor y tan mala gana para venir a sacar el agua, que si no se le acordase que hace placer y servicio al Señor de la huerta y mirase a no perder todo lo servido y aun lo que espera ganar del gran trabajo que es echar muchas veces el caldero en el pozo y sacarle sin agua, lo dejaría todo? Y muchas veces le acaecerá aun para esto no se le alzar los brazos, ni podrá tener un buen pensamiento: que este obrar con el entendimiento, entendido va que es el sacar agua del pozo.

Pues, como digo, ¿qué hará aquí el hortelano? Alegrarse y consolarse y tener por grandísima merced de trabajar en huerto de tan gran Emperador. Y pues sabe le contenta en aquello y su intento no ha de ser contentarse a sí sino a El, alábele mucho, que hace de él confianza, pues ve que sin pagarle nada tiene tan gran cuidado de lo que le encomendó. Y ayúdele a llevar la cruz y piense que toda la vida vivió en ella y no quiera acá su reino ni deje jamás.la oración. Y así se determine, aunque para toda la vida le dure esta sequedad, no dejar a Cristo caer con la cruz. Tiempo vendrá que se lo pague por junto. No haya miedo que se pierda el trabajo. A buen amo sirve. Mirándole está. No haga caso de malos pensamientos.

Mire que también los representaba el demonio a San Jerónimo en el desierto.

11. Su precio se tienen estos trabajos, que, como quien los pasó muchos años (que cuando una gota de agua sacaba de este bendito pozo pensaba me hacía Dios merced), sé que son grandísimos y me parece es menester más ánimo que para otros muchos trabajos del mundo. Mas he visto claro que no deja Dios sin gran premio, aun en esta vida; porque es así, cierto, que una hora de las que el Señor me ha dado de gusto de Sí después acá, me parece quedan pagadas todas las congojas que en sustentarme en la oración mucho tiempo pasé.

Tengo para mí que quiere el Señor dar muchas veces al principio, y otras a la postre, estos tormentos y otras muchas tentaciones que se ofrecen, para probar a sus amadores y saber si podrán beber el cáliz y ayudarle a llevar la cruz, antes que ponga en ellos grandes tesoros. Y para bien nuestro creo nos quiere Su Majestad llevar por aquí, para que entendamos bien lo poco que somos; porque son de tan gran dignidad las mercedes de después, que quiere por experiencia veamos antes nuestra miseria primero que nos las dé, por que no nos acaezca lo que a Lucifer.

12. ¿Qué hacéis Vos, Señor mío, que no sea para mayor bien del alma que entendéis que es ya vuestra y que se pone en vuestro poder para seguiros por donde fuereis hasta muerte de cruz y que está determinada a ayudárosla a llevar y a no dejaros solo con ella? Quien viere en sí esta determinación, no, no hay que temer. Gente espiritual, no hay por qué se afligir. Puesto ya en tan alto grado como es querer tratar a solas con Dios y dejar los pasatiempos del mundo, lo más está hecho. Alabad por ello a Su Majestad y fiad de su bondad, que nunca faltó a sus amigos. Tapaos los ojos de pensar por qué da a aquél de tan pocos días devoción, y a mí no en tantos años. Creamos es todo para más bien nuestro. Guíe Su Majestad por donde quisiere. Ya no somos nuestros, sino suyos. Harta merced nos hace en querer que queramos cavar en su huerto y estarnos cabe el Señor de él, que cierto está con nosotros. Si El quiere que crezcan estas plantas y flores a unos con dar agua que saquen de este pozo, a otros sin ella, ¿qué se me da mí? Haced vos, Señor, lo que quisiereis. No os ofenda yo. No se pierdan las virtudes, si alguna me habéis ya dado por sola vuestra bondad.

Padecer quiero, Señor, pues Vos padecisteis. Cúmplase en mí de todas maneras vuestra voluntad. Y no plega a Vuestra Majestad que cosa de tanto precio como vuestro amor se dé a gente que os sirve sólo por gustos.

13. Hase de notar mucho -y dígolo porque lo sé por experiencia-que el alma que en este camino de oración mental comienza a caminar con determinación y puede acabar consigo de no hacer mucho caso ni consolarse ni desconsolarse mucho porque falten estos gustos y ternura o la dé el Señor, que tiene andado gran parte del camino. Y no haya miedo de tornar atrás, aunque más tropiece, porque va comenzado el edificio en firme fundamento. Sí, que no está el amor de Dios en tener lágrimas ni estos gustos y ternura, que por la mayor parte los deseamos y consolamos con ellos, sino en servir con justicia y fortaleza de ánima y humildad. Recibir, más me parece a mí eso, que no dar nosotros nada.

14. Para mujercitas como yo, flacas y con poca fortaleza, me parece a mí conviene, como Dios ahora lo hace, llevarme con regalos, porque pueda sufrir algunos trabajos que ha querido Su Majestad tenga; mas para siervos de Dios, hombres de tomo, de letras, de entendimiento, que veo hacer tanto caso de que Dios no los da devoción, que me hace disgusto oírlo. No digo yo que no la tomen, si Dios se la da, y la tengan en mucho, porque entonces verá Su Majestad que conviene; mas que cuando no la tuvieren, que no se fatiguen y que entiendan que no es menester, pues Su Majestad no la da, y anden señores de sí mismos. Crean que es falta. Yo lo he probado y visto. Crean que es imperfección y no andar con libertad de espíritu, sino flacos para acometer.

15. Esto no lo digo tanto por los que comienzan (aunque pongo tanto en ello, porque les importa mucho comenzar con esta libertad y determinación), sino por otros; que habrá muchos que lo ha que comenzaron y nunca acaban de acabar. Y creo es gran parte este no abrazar la cruz desde el principio, que andarán afligidos pareciéndoles no hacen nada. En dejando de obrar el entendimiento, no lo pueden sufrir y por ventura entonces engorda la voluntad y toma fuerza, y no lo entienden ellos..Hemos de pensar que no mira el Señor en estas cosas, que, aunque a nosotros nos parecen faltas, no lo son. Ya sabe Su Majestad nuestra miseria y bajo natural mejor que nosotros mismos, y sabe que ya estas almas desean siempre pensar en El y amarle.

Esta determinación es la que quiere. Estotro afligimiento que nos damos no sirve de más de inquietar el alma, y si había de estar inhábil para aprovechar una hora, que lo esté cuatro. Porque muy muchas veces (yo tengo grandísima experiencia de ello, y sé que es verdad, porque lo he mirado con cuidado y tratado después a personas espirituales) que viene de indisposición corporal, que somos tan miserables que participa esta encarceladita de esta pobre alma de las miserias del cuerpo. Y las mudanzas de los tiempos y las vueltas de los humores muchas veces hacen que sin culpa suya no pueda hacer lo que quiere, sino que padezca de todas maneras. Y mientras más la quieren forzar en estos tiempos, es peor y dura más el mal; sino que haya discreción para ver cuándo es de esto, y no la ahoguen a la pobre. Entiendan son enfermos. Múdese la hora de la oración, y hartas veces será algunos días. Pasen como pudieren este destierro, que harta malaventura es de un alma que ama a Dios ver que vive en esta miseria y que no puede lo que quiere, por tener tan mal huésped como este cuerpo.

16. Dije «con discreción», porque alguna vez el demonio lo hará; y así es bien ni siempre dejar la oración cuando hay gran distraimiento y turbación en el entendimiento, ni siempre atormentar el alma a lo que no puede.

Otras cosas hay exteriores de obras de caridad y de lección, aunque a veces aun no estará para esto. Sirva entonces al cuerpo por amor de Dios, porque otras veces muchas sirva él al alma, y tome algunos pasatiempos santos de conversaciones que lo sean, o irse al campo, como aconsejare el confesor. Y en todo es gran cosa la experiencia, que da a entender lo que nos conviene. Y en todo se sirve Dios. Suave es su yugo, y es gran negocio no traer el alma arrastrada, como dicen, sino llevarla con suavidad para su mayor aprovechamiento.

17. Así que torno a avisar -y aunque lo diga muchas veces no va nada- que importa mucho que de sequedades ni de inquietud y distraimiento en los pensamientos nadie se apriete ni aflija. Si quiere ganar libertad de espíritu y no andar siempre atribulado, comience a no se espantar de la cruz, y verá cómo se la ayuda.también a llevar el Señor y con el contento que anda y el provecho que saca de todo. Porque ya se ve que, si el pozo no mana, que nosotros no podemos poner el agua. Verdad es que no hemos de estar descuidados para que, cuando la haya, sacarla; porque entonces ya quiere Dios por este medio multiplicar las virtudes.

Capítulo 12

Prosigue en este primer estado. - Dice hasta dónde podemos llegar con el favor de Dios por nosotros mismos, y el daño que es querer, hasta que el Señor lo haga, subir el espíritu a cosas sobrenaturales.

1. Lo que he pretendido dar a entender en este capítulo pasado –aunque me he divertido mucho en otras cosas por parecerme muy necesarias- es decir hasta lo que podemos nosotros adquirir, y cómo en esta primera devoción podemos nosotros ayudarnos algo.

Porque en pensar y escudriñar lo que el Señor pasó por nosotros, muévenos a compasión, y es sabrosa esta pena y las lágrimas que proceden de aquí. Y de pensar la gloria que esperamos y el amor que el Señor nos tuvo y su resurrección, muévenos a gozo que ni es del todo espiritual ni sensual, sino gozo virtuoso y la pena muy meritoria. De esta manera son todas las cosas que causan devoción adquirida con el entendimiento en parte, aunque no podida merecer ni ganar si no la de Dios. Estále muy bien a un alma que no la ha subido de aquí, no procurar subir ella; y nótese esto mucho, porque no le aprovechará más de perder.

2. Puede en este estado hacer muchos actos para determinarse a hacer mucho por Dios y despertar el amor, otros para ayudar a crecer las virtudes, conforme a lo que dice un libro llamado Arte de servir a Dios, que es muy bueno y apropiado para los que están en este estado, porque obra el entendimiento. Puede representarse delante de Cristo y acostumbrarse a enamorarse mucho de su sagrada Humanidad y traerle siempre consigo y hablar con El, pedirle para sus necesidades y quejársele de sus trabajos, alegrarse con El en sus contentos y

no olvidarle por ellos, sin procurar oraciones compuestas, sino palabras conforme a sus deseos y necesidad.

Es excelente manera de aprovechar y muy en breve; y quien trabajare a traer consigo esta preciosa compañía y se aprovechare.mucho de ella y de veras cobrare amor a este Señor a quien tanto debemos, yo le doy por aprovechado.

3. Para esto no se nos ha de dar nada de no tener devoción –como tengo dicho-, sino agradecer al Señor que nos deja andar deseosos de contentarle, aunque sean flacas las obras. Este modo de traer a Cristo con nosotros aprovecha en todos estados, y es un medio segurísimo para ir aprovechando en el primero y llegar en breve al segundo grado de oración, y para los postreros andar seguros de los peligros que el demonio puede poner.

4. Pues esto es lo que podemos. Quien quisiere pasar de aquí y levantar el espíritu a sentir gustos que no se los dan, es perder lo uno y lo otro, a mi parecer, porque es sobrenatural; y perdido el entendimiento, quédase el alma desierta y con mucha sequedad. Y como este edificio todo va fundado en humildad, mientras más llegados a Dios, más adelante ha de ir esta virtud, y si no, va todo perdido. Y parece algún género de soberbia querer nosotros subir a más, pues Dios hace demasiado, según somos, en allegarnos cerca de Sí.

No se ha de entender que digo esto por el subir con el pensamiento a pensar cosas altas del cielo o de Dios y las grandezas que allá hay y su gran sabiduría; porque, aunque yo nunca lo hice (que no tenía habilidad -como he dicho- y me hallaba tan ruin, que aun para pensar cosas de la tierra me hacía Dios merced de que entendiese esta verdad, que no era poco atrevimiento, cuánto más para las del cielo), otras personas se aprovecharán, en especial si tienen letras, que es un gran tesoro para este ejercicio, a mi parecer, si son con humildad. De unos días acá lo he visto por algunos letrados, que ha poco que comenzaron y han aprovechado muy mucho; y esto me hace tener grandes ansias porque muchos fuesen espirituales, como adelante diré.

5. Pues lo que digo «no se suban sin que Dios los suba», es lenguaje de espíritu. Entenderme ha quien tuviere alguna experiencia, que yo no lo sé decir si por aquí no se entiende. En la mística teología que comencé a decir, pierde de obrar el

entendimiento, porque le suspende Dios, como después declararé más, si supiere y El me diere para ello su favor. Presumir ni pensar de suspenderle nosotros, es lo que digo no se haga, ni se deje de obrar con él, porque nos quedaremos bobos y fríos, y ni haremos lo uno ni lo otro; que cuando el Señor le suspende y hace parar, dale de qué se espante y se ocupe, y que sin discurrir entienda más en un «credo» que nosotros podemos entender con todas nuestras diligencias de tierra en muchos años. Ocupar las potencias del alma y pensar hacerlas estar quedas, es desatino.

Y torno a decir que, aunque no se entiende, es de no gran humildad; aunque no con culpa, con pena sí, que será trabajo perdido, y queda el alma con un disgustillo como quien va a saltar y la asen por detrás, que ya parece ha empleado su fuerza, y hállase sin efectuar lo que con ella quería hacer; y en la poca ganancia que queda verá quien lo quisiere mirar esto poquillo de falta de humildad que he dicho. Porque esto tiene excelente esta virtud, que no hay obra a quien ella acompañe, que deje el alma disgustada.

Paréceme lo he dado a entender, y por ventura será sola para mí. Abra el Señor los ojos de los que lo leyeren, con la experiencia; que, por poca que sea, luego lo entenderán.

6. Hartos años estuve yo que leía muchas cosas y no entendía nada de ellas; y mucho tiempo que, aunque me lo daba Dios, palabra no sabía decir para darlo a entender, que no me ha costado esto poco trabajo. Cuando Su Majestad quiere, en un punto lo enseña todo, de manera que yo me espanto. Una cosa puedo decir con verdad: que, aunque hablaba con muchas personas espirituales que querían darme a entender lo que el Señor me daba, para que se lo supiese decir, y es cierto que era tanta mi torpeza, que poco ni mucho me aprovechaba; o quería el Señor, como Su Majestad fue siempre mi maestro (sea por todo bendito, que harta confusión es para mí poder decir esto con verdad), que no tuviese a nadie que agradecer. Y sin querer ni pedirlo (que en esto no he sido nada curiosa -porque fuera virtud serlo- sino en otras vanidades), dármelo Dios en un punto a entender con toda claridad y para saberlo decir, de manera que se espantaban y yo más que mis confesores, porque entendía mejor mi torpeza. Esto ha poco. Y así lo que el

Señor no me ha enseñado no lo procuro, si no es lo que toca a mi conciencia.

7. Torno otra vez a avisar que va mucho en «no subir el espíritu si el Señor no le subiere». Qué cosa es, se entiende luego. En especial para mujeres es más malo, que podrá el demonio causar alguna ilusión; aunque tengo por cierto no consiente el Señor dañe a quien.con humildad se procura llegar a El, antes sacará más provecho y ganancia por donde el demonio le pensare hacer perder. Por ser este camino de los primeros más usado, e importan mucho los avisos que he dado, me he alargado tanto. Y habránlos escrito en otras partes muy mejor, yo lo confieso, y que con harta confusión y vergüenza lo he escrito, aunque no tanta como había de tener. Sea el Señor bendito por todo, que a una como yo quiere y consiente hable en cosas suyas, tales y tan subidas.

Capítulo 13

Prosigue en este primer estado y pone avisos para algunas tentaciones que el demonio suele poner algunas veces. - Da avisos para ellas. - Es muy provechoso.

1. Hame parecido decir algunas tentaciones que he visto que se tienen a los principios, y algunas tenido yo, y dar algunos avisos de cosas que me parecen necesarias.

Pues procúrese a los principios andar con alegría y libertad, que hay algunas personas que parece se les ha de ir la devoción si se descuidan un poco. Bien es andar con temor de sí para no se fiar poco ni mucho de ponerse en ocasión donde suele ofender a Dios, que esto es muy necesario hasta estar ya muy enteros en la virtud; y no hay muchos que lo puedan estar tanto, que en ocasiones aparejadas a su natural se puedan descuidar, que siempre, mientras vivimos, aun por humildad, es bien conocer nuestra miserable naturaleza. Mas hay muchas cosas adonde se sufre, como he dicho, tomar recreación aun para tornar a la oración más fuertes. En todo es menester discreción.

2. Tener gran confianza, porque conviene mucho no apocar los deseos, sino creer de Dios que, si nos esforzamos, poco a poco, aunque no sea luego, podremos llegar a lo que muchos santos con su favor; que si ellos nunca se determinaran a desearlo y poco a poco a ponerlo por obra, no subieran a tan alto estado. Quiere Su Majestad y es amigo de ánimas animosas, como vayan con humildad y ninguna confianza de sí. Y no he visto a ninguna de éstas que quede baja en este camino; ni ninguna alma cobarde, con amparo de humildad, que en muchos años ande lo que estotros en muy pocos. Espántame lo mucho que hace en este camino animarse a grandes cosas; aunque

luego no tenga fuerzas el alma, da un vuelo y llega a mucho, aunque -como avecita que tiene pelo malo- cansa y queda.

3. Otro tiempo traía yo delante muchas veces lo que dice San Pablo, que todo se puede en Dios. En mí bien entendía no podía nada. Esto me aprovechó mucho, y lo que dice San Agustín: Dame, Señor, lo que me mandas, y manda lo que quisieres. Pensaba muchas veces que no había perdido nada San Pedro en arrojarse en la mar, aunque después temió. Estas primeras determinaciones son gran cosa, aunque en este primer estado es menester irse más deteniendo y atados a la discreción y parecer de maestro; mas han de mirar que sea tal, que no los enseñe a ser sapos, ni que se contente con que se muestre el alma a sólo cazar lagartijas.

¡Siempre la humildad delante, para entender que no han de venir estas fuerzas de las nuestras!

4. Mas es menester entendamos cómo ha de ser esta humildad, porque creo el demonio hace mucho daño para no ir muy adelante gente que tiene oración, con hacerlos entender mal de la humildad, haciendo que nos parezca soberbia tener grandes deseos y querer imitar a los santos y desear ser mártires. Luego nos dice o hace entender que las cosas de los santos son para admirar, mas no para hacerlas los que somos pecadores.

Esto también lo digo yo; mas hemos de mirar cuál es de espantar y cuál de imitar. Porque no sería bien si una persona flaca y enferma se pusiese en muchos ayunos y penitencias ásperas, yéndose a un desierto adonde ni pudiese dormir ni tuviese qué comer, o casas semejantes. Mas pensar que nos podemos esforzar con el favor de Dios a tener un gran desprecio de mundo, un no estimar honra, un no estar atado a la hacienda; que tenemos unos corazones tan apretados, que parece nos ha de faltar la tierra en queriéndonos descuidar un poco del cuerpo y dar al espíritu; luego parece ayuda al recogimiento tener muy bien lo que es menester, porque los cuidados inquietan a la oración.

De esto me pesa a mí, que tengamos tan poca confianza de Dios y tanto amor propio, que nos inquiete ese cuidado. Y es así que adonde está tan poco medrado el espíritu como esto, unas naderías.nos dan tan gran trabajo como a otros cosas grandes y de mucho tomo. ¡Y en nuestro seso presumimos de espirituales!

5. Paréceme ahora a mí esta manera de caminar un querer concertar cuerpo y alma para no perder acá el descanso y gozar allá de Dios. Y así será ello si se anda en justicia y vamos asidos a virtud. Mas es paso de gallina. Nunca con él se llegará a la libertad de espíritu. Manera de proceder muy buena me parece para estado, de casados, que han de ir conforme a su llamamiento; mas para otro estado, en ninguna manera deseo tal manera de aprovechar ni me harán creer es buena, porque la he probado, y siempre me estuviera así si el Señor por su bondad no me enseñara otro atajo.

6. Aunque en esto de deseos siempre los tuve grandes, mas procuraba esto que he dicho: tener oración, mas vivir a mi placer. Creo si hubiera quien me sacara a volar, más me hubiera puesto en que estos deseos fueran con obra. Mas hay -por nuestros pecados-tan pocos, tan contados, que no tengan discreción demasiada en este caso, que creo es harta causa para que los que comienzan no vayan más presto a gran perfección. Porque el Señor nunca falta ni queda por El; nosotros somos los faltos y miserables.

7. También se pueden imitar los santos en procurar soledad y silencio y otras muchas virtudes, que no nos matarán estos negros cuerpos que tan concertadamente se quieren llevar para desconcertar el alma, y el demonio ayuda mucho a hacerlos inhábiles, cuando ve un poco de temor; no quiere él más para hacernos entender que todo nos ha de matar y quitar la salud; hasta tener lágrimas nos hace temer de cegar. He pasado por esto y por eso lo sé; y no sé yo qué mejor vista ni salud podemos desear que perderla por tal causa.

Como soy tan enferma, hasta que me determiné en no hacer caso del cuerpo ni de la salud, siempre estuve atada, sin valer nada; y ahora hago bien poco. Mas como quiso Dios entendiese este ardid del demonio, y como me ponía delante el perder la salud, decía yo: «poco va en que me muera»; si el descanso: «no he ya menester descanso, sino cruz»; así otras cosas. Vi claro que en muy muchas, aunque yo de hecho soy harto enferma, que era tentación del demonio o flojedad mía; que después que no estoy tan mirada y regalada, tengo mucha más salud..Así que va mucho a los principios de comenzar oración a no amilanar los pensamientos, y créanme esto, porque lo tengo por experiencia. Y para que escarmienten en mí, aun podría aprovechar decir estas mis faltas.

8. Otra tentación es luego muy ordinaria, que es desear que todos sean muy espirituales, como comienzan a gustar del sosiego y ganancia que es. El desearlo no es malo; el procurarlo podría ser no bueno, si no hay mucha discreción y disimulación en hacerse de manera que no parezca enseñan; porque quien hubiere de hacer algún provecho en este caso, es menester que tenga las virtudes muy fuertes para que no dé tentación a los otros. Acaecióme a mí -y por eso lo entiendo- cuando, como he dicho, procuraba que otras tuviesen oración, que, como por una parte me veían hablar grandes cosas del gran bien que era tener oración, y por otra parte me veían con gran pobreza de virtudes, tenerla yo traíalas tentadas y desatinadas; y ¡con harta razón!, que después me lo han venido a decir, porque no sabían cómo se podía compadecer lo uno con lo otro; y era causa de no tener por malo lo que de suyo lo era, por ver que lo hacía yo algunas veces, cuando les parecía algo bien de mí.

9. Y esto hace el demonio, que parece se ayuda de las virtudes que tenemos buenas para autorizar en lo que puede el mal que pretende, que, por poco que sea, cuando es en una comunidad, debe ganar mucho; cuánto más que lo que yo hacía malo era muy mucho. Y así, en muchos años solas tres se aprovecharon de lo que les decía, y después que ya el Señor me había dado más fuerzas en la virtud, se aprovecharon en dos o tres años muchas, como después diré.

Y, sin esto, hay otro gran inconveniente, que es perder el alma; porque lo más que hemos de procurar al principio es sólo tener cuidado de sí sola, y hacer cuenta que no hay en la tierra sino Dios y ella; y esto es lo que le conviene mucho.

10. Da otra tentación (y todas van con un celo de virtud que es menester entenderse y andar con cuidado) de pena de los pecados y faltas que ven en los otros: pone el demonio que es sólo la pena de querer que no ofendan a Dios y pesarle por su honra, y luego querrían remediarlo. Inquieta esto tanto, que impide la oración; y el mayor daño es pensar que es virtud y perfección y gran celo de Dios.

Dejo las penas que dan pecados públicos -si los hubiese en costumbre- de una congregación, o daños de la Iglesia de estas herejías, adonde vemos perder tantas almas; que ésta es muy buena, y como lo es buena, no inquieta. Pues lo seguro será del alma que tuviere oración descuidarse de todo y de todos, y tener cuenta consigo y con contentar a Dios. Esto conviene muy mucho, porque ¡si hubiese de decir los yerros que he visto suceder fiando en la buena intención!... . Pues procuremos siempre mirar las virtudes y cosas buenas que viéremos en los otros, y tapar sus defectos con nuestros grandes pecados. Es una manera de obrar que, aunque luego no se haga con perfección, se viene a ganar una gran virtud, que es tener a todos por mejores que nosotros, y comiénzase a ganar por aquí con el favor de Dios, que es menester en todo y, cuando falta, excusadas son las diligencias, y suplicarle nos dé esta virtud, que con que las hagamos no falta a nadie.

11. Miren también este aviso los que discurren mucho con el entendimiento, sacando muchas cosas de una cosa y muchos conceptos; que de los que no pueden obrar con él, como yo hacía, no hay que avisar, sino que tengan paciencia, hasta que el Señor les dé en qué se ocupen y luz, pues ellos pueden tan poco por sí, que antes los embaraza su entendimiento que los ayuda. Pues tornando a los que discurren, digo que no se les vaya todo el tiempo en esto; porque, aunque es muy meritorio, no les parece –como es oración sabrosa- que ha de haber día de domingo, ni rato que no sea trabajar. Luego les parece es perdido el tiempo, y tengo yo por muy ganada esta pérdida; sino que -como he dicho- se representen delante de Cristo, y sin cansancio del entendimiento se estén hablando y regalando con El, sin cansarse en componer razones, sino presentar necesidades y la razón que tiene para no nos sufrir allí: lo uno un tiempo, y lo otro otro, porque no se canse el alma de comer siempre un manjar. Estos son muy gustosos y provechosos, si el gusto se usa a comer de ellos; traen consigo gran sustentamiento para dar vida al alma, y muchas ganancias.

12. Quiérome declarar más, porque estas cosas de oración todas son dificultosas y, si no se halla maestro, muy malas de entender; esto hace que, aunque quisiera abreviar y bastaba para el entendimiento bueno de quien me mandó escribir estas cosas de oración sólo tocarlas, mi torpeza no da lugar a decir y dar a entender en pocas palabras cosa que tanto importa declararla bien; que como yo pasé tanto, he lástima a los que comienzan con solos libros, que es cosa extraña cuán

diferentemente se entiende de lo que después de experimentado se ve.

Pues tornando a lo que decía, ponémonos a pensar un paso de la Pasión, digamos el de cuando estaba el Señor a la columna: anda el entendimiento buscando las causas que allí da a entender, los dolores grandes y pena que Su Majestad tendría en aquella soledad y otras muchas cosas que, si el entendimiento es obrador, podrá sacar de aquí. ¡Oh que si es letrado!... . Es el modo de oración en que han de comenzar y demediar y acabar todos, y muy excelente y seguro camino, hasta que el Señor los lleve a otras cosas sobrenaturales.

13. Digo «todos», porque hay muchas almas que aprovechan más en otras meditaciones que en la de la sagrada Pasión; que así como hay muchas moradas en el cielo, hay muchos caminos. Algunas personas aprovechan considerándose en el infierno, y otras en el cielo y se afligen en pensar en el infierno, otras en la muerte. Algunas, si son tiernas de corazón, se fatigan mucho de pensar siempre en la Pasión, y se regalan y aprovechan en mirar el poder y grandeza de Dios en las criaturas y el amor que nos tuvo, que en todas las cosas se representa, y es admirable manera de proceder, no dejando muchas veces la Pasión y vida de Cristo, que es de donde nos ha venido y viene todo el bien.

14. Ha menester aviso el que comienza, para mirar en lo que aprovecha más. Para esto es muy necesario el maestro, si es experimentado; que si no, mucho puede errar y traer un alma sin entenderla ni dejarla a sí misma entender; porque, como sabe que es gran mérito estar sujeta a maestro, no osa salir de lo que le manda. Yo he topado almas acorraladas y afligidas por no tener experiencia quien las enseñaba, que me hacían lástima, y alguna que no sabía ya qué hacer de sí; porque, no entendiendo el espíritu, afligen alma y cuerpo, y estorban el aprovechamiento. Una trató conmigo, que la tenía el maestro atada ocho años había a que no la dejaba salir de propio conocimiento, y teníala ya el Señor en oración de quietud, y así pasaba mucho trabajo.

15. Y aunque esto del conocimiento propio jamás se ha de dejar, ni hay alma, en este camino, tan gigante que no haya menester muchas veces tornar a ser niño y a mamar (y esto jamás se olvide, quizás lo diré más veces, porque importa mucho);

porque no hay estado de oración tan subido, que muchas veces no sea necesario tornar al principio, y en esto de los pecados y conocimiento propio, es el pan con que todos los manjares se han de comer, por delicados que sean, en este camino de oración, y sin este pan no se podrían sustentar; mas hase de comer con tasa, que después que un alma se ve ya rendida y entiende claro no tiene cosa buena de sí y se ve avergonzada delante de tan gran Rey y ve lo poco que le paga lo mucho que le debe, ¿qué necesidad hay de gastar el tiempo aquí?, sino irnos a otras cosas que el Señor pone delante y no es razón las dejemos, que Su Majestad sabe mejor que nosotros de lo que nos conviene comer.

16. Así que importa mucho ser el maestro avisado -digo de buen entendimiento- y que tenga experiencia. Si con esto tiene letras, es grandísimo negocio. Mas si no se pueden hallar estas tres cosas juntas, las dos primeras importan más; porque letrados pueden procurar para comunicarse con ellos cuando tuvieren necesidad. Digo que a los principios, si no tienen oración, aprovechan poco letras; no digo que no traten con letrados, porque espíritu que no vaya comenzado en verdad yo más le querría sin oración; y es gran cosa letras, porque éstas nos enseñan a los que poco sabemos y nos dan luz y, llegados a verdades de la Sagrada Escritura, hacemos lo que debemos: de devociones a bobas nos libre Dios.

17. Quiérome declarar más, que creo me meto en muchas cosas. Siempre tuve esta falta de no me saber dar a entender -como he dicho- sino a costa de muchas palabras. Comienza una monja a tener oración; si un simple la gobierna y se le antoja, harála entender que es mejor que le obedezca a él que a su superior, y sin malicia suya, sino pensando acierta; porque si no es de religión, parecerle ha es así. Y si es mujer casada, dirála que es mejor, cuando ha de entender en su casa, estarse en oración, aunque descontente a su marido. Así que no sabe ordenar el tiempo ni las cosas para que vayan conforme a verdad. Por faltarle a él la luz, no la da a los otros aunque quiere. Y aunque para esto parece no son menester letras, mi opinión ha sido siempre y será que cualquier cristiano procure tratar con quien las tenga buenas, si puede, y mientras más, mejor; y los que van por camino de oración tienen de esto mayor necesidad, y mientras más espirituales, más.

18. Y no se engañe con decir que letrados sin oración no son para quien la tiene. Yo he tratado hartos, porque de unos años acá lo he más procurado con la mayor necesidad, y siempre fui amiga de ellos, que aunque algunos no tienen experiencia, no aborrecen al espíritu ni le ignoran; porque en la Sagrada Escritura que tratan, siempre hallan la verdad del buen espíritu. Tengo para mí que persona de oración que trate con letrados, si ella no se quiere engañar, no la engañará el demonio con ilusiones, porque creo temen en gran manera las letras humildes y virtuosas, y saben serán descubiertos y saldrán con pérdida.

19. He dicho esto porque hay opiniones de que no son letrados para gente de oración, si no tienen espíritu. Ya dije es menester espiritual maestro; mas si éste no es letrado, gran inconveniente es. Y será mucha ayuda tratar con ellos, como sean virtuosos. Aunque no tenga espíritu, me aprovechará, y Dios le dará a entender lo que ha de enseñar y aun le hará espiritual para que nos aproveche. Y esto no lo digo sin haberlo probado y acaecídome a mí con más de dos. Digo que para rendirse un alma del todo a estar sujeta a solo un maestro, que yerra mucho en no procurar que sea tal, si es religioso, pues ha de estar sujeto a su prelado, que por ventura le faltarán todas tres cosas -que no será pequeña cruz- sin que él de su voluntad sujete su entendimiento a quien no le tenga bueno. Al menos esto no lo he yo podido acabar conmigo ni me parece conviene. Pues si es seglar, alabe a Dios que puede escoger a quien ha de estar sujeto, y no pierda esta tan virtuosa libertad; antes esté sin ninguno hasta hallarle, que el Señor se le dará, como vaya fundado todo en humildad y con deseo de acertar. Yo lo alabo mucho, y las mujeres y los que no saben letras le habíamos siempre de dar infinitas gracias, porque haya quien con tantos trabajos haya alcanzado la verdad que los ignorantes ignoramos.

20. Espántanme muchas veces letrados, religiosos en especial, con el trabajo que han ganado lo que sin ninguno, más que preguntarlo, me aproveche a mí. ¡Y que haya personas que no quieran aprovecharse de esto! ¡No plega a Dios! Véolos sujetos a los trabajos de la religión, que son grandes, con penitencias y mal comer, sujetos a la obediencia, que algunas veces me es gran confusión, cierto; con esto, mal dormir, todo trabajo, todo cruz. Paréceme sería gran mal que tanto bien ninguno por su

culpa lo pierda. Y podrá ser que pensemos algunos que estamos libres de estos trabajos, y nos lo dan guisado, como dicen, y viviendo nuestro placer, que por tener un poco de más oración nos hemos de aventajar a tantos trabajos.

21. ¡Bendito seáis vos, Señor, que tan inhábil y sin provecho me hicisteis! Mas aláboos muy mucho, porque despertáis a tantos que nos despierten. Había de ser muy continua nuestra oración por estos que nos dan luz. ¿Qué seríamos sin ellos entre tan grandes tempestades como ahora tiene la Iglesia? Si algunos ha habido ruines, más resplandecerán los buenos. Plega al Señor los tenga de su mano y los ayude para que nos ayuden, amén.

22. Mucho he salido de propósito de lo que comencé a decir; mas todo es propósito para los que comienzan, que comiencen camino tan alto de manera que vayan puestos en verdadero camino. Pues tornando a lo que decía de pensar a Cristo a la columna, es bueno discurrir un rato y pensar las penas que allí tuvo y por qué las tuvo y quién es el que las tuvo y el amor con que las pasó. Mas que no se canse siempre en andar a buscar esto, sino que se esté allí con El, acallado el entendimiento. Si pudiere, ocuparle en que mire que le mira, y le acompañe y hable y pida y se humille y regale con El, y acuerde que no merecía estar allí. Cuando pudiere hacer esto, aunque sea al principio de comenzar oración, hallará grande provecho, y hace muchos provechos esta manera de oración; al menos hallóle mi alma.

No sé si acierto a decirlo. Vuestra merced lo verá. Plega al Señor acierte a contentarle siempre, amén.

Capítulo 14

Comienza a declarar el segundo grado de oración, que es ya dar el Señor al alma a sentir gustos más particulares. - Decláralo para dar a entender cómo son ya sobrenaturales. - Es harto de notar.

1. Pues ya queda dicho con el trabajo que se riega este vergel y cuán a fuerza de brazos sacando el agua del pozo, digamos ahora el segundo modo de sacar el agua que el Señor del huerto ordenó para que con artificio de con un torno y arcaduces sacase el hortelano más agua y a menos trabajo, y pudiese descansar sin estar continuo trabajando..Pues este modo, aplicado a la oración que llaman de quietud, es lo que yo ahora quiero tratar.

2. Aquí se comienza a recoger el alma, toca ya aquí cosa sobrenatural, porque en ninguna manera ella puede ganar aquello por diligencias que haga. Verdad es que parece que algún tiempo se ha cansado en andar el torno y trabajar con el entendimiento y henchídose los arcaduces; mas aquí está el agua más alto y así se trabaja muy menos que en sacarlo del pozo. Digo que está más cerca el agua, porque la gracia dase más claramente a conocer al alma.

Esto es un recogerse las potencias dentro de sí para gozar de aquel contento con más gusto; mas no se pierden ni se duermen; sola la voluntad se ocupa de manera que, sin saber cómo, se cautiva; sólo da consentimiento para que la encarcele Dios, como quien bien sabe ser cautivo de quien ama. ¡Oh Jesús y Señor mío! ¡qué nos vale aquí vuestro amor!, porque éste tiene al nuestro tan atado que no deja libertad para amar en aquel punto a otra cosa sino a Vos.

3. Las otras dos potencias ayudan a la voluntad para que vaya haciéndose hábil para gozar de tanto bien, puesto que algunas veces, aun estando unida la voluntad, acaece desayudar harto; mas entonces no haga caso de ellas, sino estése en su gozo y quietud; porque, si las quiere recoger, ella y ellas perderán, que son entonces como unas palomas que no se contentan con el cebo que les da el dueño del palomar sin trabajarlo ellas, y van a buscar de comer por otras partes, y hallan tan mal que se tornan; y así van y vienen a ver si les da la voluntad de lo que goza. Si el Señor quiere echarles cebo, detiénense, y si no, tornan a buscar; y deben pensar que hacen a la voluntad provecho, y a las veces en querer la memoria o imaginación representarla lo que goza, la dañará. Pues tenga aviso de haberse con ellas como diré.

4. Pues todo esto que pasa aquí es con grandísimo consuelo y con tan poco trabajo, que no cansa la oración, aunque dure mucho rato; porque el entendimiento obra aquí muy paso a paso y saca muy mucha más agua que no sacaba del pozo. Las lágrimas que Dios aquí da, ya van con gozo; aunque se sienten, no se procuran.

5. Este agua de grandes bienes y mercedes que el Señor da aquí, hacen crecer las virtudes muy más sin comparación que en la.oración pasada, porque se va ya esta alma subiendo de su miseria y dásele ya un poco de noticia de los gustos de la gloria. Esto creo las hace más crecer y también llegar más cerca de la verdadera virtud, de donde todas las virtudes vienen, que es Dios; porque comienza Su Majestad a comunicarse a esta alma y quiere que sienta ella cómo se le comunica.

Comiénzase luego, en llegando aquí, a perder la codicia de lo de acá, ¡y pocas gracias! Porque ve claro que un momento de aquel gusto no se puede haber acá, ni hay riquezas ni señoríos ni honras ni deleites que basten a dar un cierra ojo y abre de este contentamiento, porque es verdadero y contento que se ve que nos contenta. Porque los de acá, por maravilla me parece entendemos adónde está este contento, porque nunca falta un «sí-no». Aquí todo es «sí» en aquel tiempo; el «no» viene después, por ver que se acabó y que no lo puede tornar a cobrar ni sabe cómo; porque si se hace pedazos a penitencias y oración y todas las demás cosas, si el Señor no le quiere dar, aprovecha poco. Quiere Dios por su grandeza que entienda esta alma que está Su Majestad tan cerca de ella que ya no ha menester enviarle mensajeros, sino hablar ella misma con El, y no a voces, porque está ya tan cerca que en meneando los labios la entiende.

6. Parece impertinente decir esto, pues sabemos que siempre nos entiende Dios y está con nosotros. En esto no hay que dudar que es así, mas quiere este Emperador y Señor nuestro que entendamos aquí que nos entiende, y lo que hace su presencia, y que quiere particularmente comenzar a obrar en el alma, en la gran satisfacción interior y exterior que la da, y en la diferencia que, como he dicho, hay de este deleite y contento a los de acá, que parece hinche el vacío que por nuestros pecados teníamos hecho en el alma. Es en lo muy íntimo de ella esta satisfacción, y no sabe por dónde ni cómo le vino, ni muchas veces sabe qué hacer ni qué querer ni qué pedir. Todo parece lo halla junto y no sabe lo que ha hallado, ni aun yo sé cómo darlo a entender, porque para hartas cosas eran menester letras. Porque aquí viniera bien dar aquí a entender qué es auxilio general o particular -que hay muchos que lo ignoran-, y cómo este particular quiere el Señor aquí que casi le vea el alma por vista de ojos, como dicen, y también para muchas cosas que irán erradas. Mas, como lo han de ver personas que entiendan si hay yerro, voy descuidada; porque así de letras como de espíritu sé que lo puedo estar, yendo a poder de quien va, que entenderán y quitarán lo que fuere mal.

7. Pues querría dar a entender esto, porque son principios, y cuando el Señor comienza a hacer estas mercedes, la misma alma no las entiende ni sabe qué hacer de sí. Porque, si la lleva Dios por camino de temor, como hizo a mí, es gran trabajo, si no hay quien la entienda; y esle gran gusto verse pintada, y entonces ve claro va por allí. Y es gran bien saber lo que ha de hacer, para ir aprovechando en cualquier estado de estos. Porque he yo pasado mucho y perdido harto tiempo por no saber qué hacer y he gran lástima a almas que se ven solas cuando llegan aquí; porque aunque he leído muchos libros espirituales, aunque tocan en lo que hace al caso, decláranse muy poco, y si no es alma muy ejercitada, aun declarándose mucho, tendrá harto que hacer en entenderse.

8. Querría mucho el Señor me favoreciese para poner los efectos que obran en el alma estas cosas, que ya comienzan a

ser sobrenaturales, para que se entienda por los efectos cuándo es espíritu de Dios. Digo «se entienda», conforme a lo que acá se puede entender, aunque siempre es bien andemos con temor y recato; que, aunque sea de Dios, alguna vez podrá transfigurarse el demonio en ángel de luz, y si no es alma muy ejercitada, no lo entenderá: y tan ejercitada, que para entender esto es menester llegar muy en la cumbre de la oración. Ayúdame poco el poco tiempo que tengo, y así ha menester Su Majestad hacerlo; porque he de andar con la comunidad y con otras hartas ocupaciones (como estoy en casa que ahora se comienza, como después se verá), y así es muy sin tener asiento lo que escribo, sino a pocos a pocos, y esto quisiérale, porque cuando el Señor da espíritu, pónese con facilidad y mejor: parece como quien tiene un dechado delante, que está sacando aquella labor; mas si el espíritu falta, no hay más concertar este lenguaje que si fuese algarabía, a manera de decir, aunque hayan muchos años pasado en oración. Y así me parece es grandísima ventaja, cuando lo escribo estar en ello; porque veo claro no soy yo quien lo dice, que ni lo ordeno con el entendimiento ni sé después cómo lo acerté a decir. Esto me acaece muchas veces.

9. Ahora tornemos a nuestra huerta o vergel, y veamos cómo comienzan estos árboles a empreñarse para florecer y dar después fruto, y las flores y claveles lo mismo para dar olor. Regálame esta comparación, porque muchas veces en mis principios (y plega al Señor haya yo ahora comenzado a servir a Su Majestad; digo «principio» de lo que diré de aquí adelante de mi vida) me era gran deleite considerar ser mi alma un huerto y al Señor que se paseaba en él. Suplicábale aumentase el olor de las florecitas de virtudes que comenzaban, a lo que parecía, a querer salir y que fuese para su gloria y las sustentase, pues yo no quería nada para mí, y cortase las que quisiese, que ya sabía habían de salir mejores. Digo «cortar», porque vienen tiempos en el alma que no hay memoria de este huerto: todo parece está seco y que no ha de haber agua para sustentarle, ni parece hubo jamás en el alma cosa de virtud. Pásase mucho trabajo, porque quiere el Señor que le parezca al pobre hortelano que todo el que ha tenido en sustentarle y regarle va perdido. Entonces es el verdadero escardar y quitar de raíz las hierbecillas -aunque sean pequeñas- que han quedado malas.

Con conocer no hay diligencia que baste si el agua de la gracia nos quita Dios, y tener en poco nuestra nada, y aun menos que nada, gánase aquí mucha humildad; tornan de nuevo a crecer las flores.

10. ¡Oh Señor mío y bien mío! ¡Que no puedo decir esto sin lágrimas y gran regalo de mi alma! ¡Que queráis Vos, Señor, estar así con nosotros, y estáis en el Sacramento (que con toda verdad se puede creer, pues lo es, y con gran verdad podemos hacer esta comparación), y si no es por nuestra culpa nos podemos gozar con Vos, y que Vos os holgáis con nosotros, pues decís ser vuestro deleite estar con los hijos de los hombres! ¡Oh Señor mío! ¿Qué es esto? Siempre que oigo esta palabra me es gran consuelo, aun cuando era muy perdida. ¿Es posible, Señor, que haya alma que llegue a que Vos la hagáis mercedes semejantes y regalos, y a entender que Vos os holgáis con ella, que os torne a ofender después de tantos favores y tan grandes muestras del amor que la tenéis, que no se puede dudar, pues se ve clara la obra?

Sí hay, por cierto, y no una vez sino muchas, que soy yo. Y plega a vuestra bondad, Señor, que sea yo sola la ingrata y la que haya hecho tan gran maldad y tenido tan excesiva ingratitud: porque aun ya de ella algún bien ha sacado vuestra infinita bondad; y mientras mayor mal, más resplandece el gran bien de vuestras misericordias. ¡Y con cuánta razón las puedo yo para siempre cantar!.

11. Suplícoos yo, Dios mío, sea así y las cante yo sin fin, ya que habéis tenido por bien de hacerlas tan grandísimas conmigo, que espantan los que las ven y a mí me saca de mí muchas veces, para poderos mejor alabar a Vos. Que estando en mí, sin Vos, no podría, Señor mío, nada, sino tornar a ser cortadas estas flores de este huerto, de suerte que esta miserable tierra tornase a servir de muladar como antes. No lo permitáis, Señor, ni queráis se pierda alma que con tantos trabajos comprasteis y tantas veces de nuevo la habéis tornado a rescatar y quitar de los dientes del espantoso dragón.

12. Vuestra merced me perdone, que salgo de propósito; y como hablo a mi propósito, no se espante, que es como toma el alma lo que se escribe, que a las veces hace harto de dejar de ir adelante en alabanzas de Dios, como se le representa, escribiendo, lo mucho que le debe. Y creo no le hará a vuestra

merced mal gusto, porque entrambos, me parece, podemos cantar una cosa, aunque en diferente manera; porque es mucho mas lo que yo debo aDios, porque me ha perdonado mas, como vuestra merced sabe.

Capítulo 15

Prosigue en la misma materia y da algunos avisos de cómo se han de haber en esta oración de quietud. - Trata de cómo hay muchas almas que lleguen a tener esta oración y pocas que pasen adelante. - Son muy necesarias y provechosas las cosas que aquí se tocan.

1. Ahora tornemos al propósito. Esta quietud y recogimiento del alma es cosa que se siente mucho en la satisfacción y paz que en ella se pone, con grandísimo contento y sosiego de las potencias y muy suave deleite. Parécele -como no ha llegado a más- que no le queda qué desear y que de buena gana diría con San Pedro que fuese allí su morada. No osa bullirse ni menearse, que de entre las manos le parece se le ha de ir aquel bien; ni resolgar algunas veces no querría. No entiende la pobrecita que, pues ella por sí no pudo nada para traer a sí aquel bien, que menos podrá detenerle más de lo que el Señor quisiere.

Ya he dicho que en este primer recogimiento y quietud no faltan las potencias del alma, mas está tan satisfecha con Dios que mientras aquello dura, aunque las dos potencias se desbaraten, como la voluntad está unida con Dios, no se pierde la quietud y el sosiego,.antes ella poco a poco torna a recoger el entendimiento y memoria.

Porque, aunque ella aún no está de todo punto engolfada, está tan bien ocupada sin saber cómo, que por mucha diligencia que ellas pongan, no la pueden quitar su contento y gozo, antes muy sin trabajo se va ayudando para que esta centellica de amor de Dios no se apague.

2. Plega a Su Majestad me dé gracia para que yo dé esto a entender bien, porque hay muchas, muchas almas que llegan a

este estado y pocas las que pasan adelante, y no sé quién tiene la culpa. A buen seguro que no falta Dios, que ya que Su Majestad hace merced que llegue a este punto, no creo cesará de hacer muchas más, si no fuese por nuestra culpa. Y va mucho en que el alma que llega aquí conozca la dignidad grande en que está y la gran merced que le ha hecho el Señor y cómo de buena razón no había de ser de la tierra, porque ya parece la hace su bondad vecina del cielo, si no queda por su culpa; y desventurada será si torna atrás. Yo pienso será para ir hacia abajo, como yo iba, si la misericordia del Señor no me tornara. Porque, por la mayor parte, será por graves culpas, a mi parecer, ni es posible dejar tan gran bien sin gran ceguedad de mucho mal.

3. Y así ruego yo, por amor del Señor, a las almas a quien Su Majestad ha hecho tan gran merced de que lleguen a este estado, que se conozcan y tengan en mucho, con una humilde y santa presunción para no tornar a las ollas de Egipto Y si por su flaqueza y maldad y ruin y miserable natural cayeren, como yo hice, siempre tengan delante el bien que perdieron, y tengan sospecha y anden con temor (que tienen razón de tenerle) que, si no tornan a la oración, han de ir de mal en peor. Que ésta llamo yo verdadera caída, la que aborrece el camino por donde ganó tanto bien, y con estas almas hablo; que no digo que no han de ofender a Dios y caer en pecados, aunque sería razón se guardase mucho de ellos quien ha comenzado a recibir estas mercedes, mas somos miserables. Lo que aviso mucho es que no deje la oración, que allí entenderá lo que hace y ganará arrepentimiento del Señor y fortaleza para levantarse; y crea que, si de ésta se aparta, que lleva, a mi parecer, peligro. No sé si entiendo lo que digo, porque -como he dicho- juzgo por mí.

4. Es, pues, esta oración una centellica que comienza el Señor a encender en el alma del verdadero amor suyo, y quiere que el alma vaya entendiendo qué cosa es este amor con regalo, esta quietud y.recogimiento y centellica, si es espíritu de Dios y no gusto dado del demonio o procurado por nosotros. Aunque a quien tiene experiencia es imposible no entender luego que no es cosa que se puede adquirir, sino que este natural nuestro es tan ganoso de cosas sabrosas que todo lo prueba. Mas quédase muy en frío bien en breve, porque, por mucho

que quiera comenzar a hacer arder el fuego para alcanzar este gusto, no parece sino que le echa agua para matarle. Pues esta centellica puesta por Dios, por pequeñita que es, hace mucho ruido, y si no la mata por su culpa, ésta es la que comienza a encender el gran fuego que echa llamas de sí, como diré en su lugar, del grandísimo amor de Dios que hace Su Majestad tengan las almas perfectas.

5. Es esta centella una señal o prenda que da Dios a esta alma de que la escoge ya para grandes cosas, si ella se apareja para recibirlas. Es gran don, mucho más de lo que yo podré decir. Esme gran lástima, porque -como digo- conozco muchas almas que llegan aquí, y que pasen de aquí como han de pasar, son tan pocas, que se me hace vergüenza decirlo. No digo yo que hay pocas, que muchas debe haber, que por algo nos sustenta Dios.

Digo lo que he visto. Querríalas mucho avisar que miren no escondan el talento, pues que parece las quiere Dios escoger para provecho de otras muchas, en especial en estos tiempos que son menester amigos fuertes de Dios para sustentar los flacos. Y los que esta merced conocieren en sí, ténganse por tales, si saben responder con las leyes que aun la buena amistad del mundo pide; y si no -como he dicho-, teman y hayan miedo no se hagan a sí mal y ¡plega a Dios sea a sí solos!

6. Lo que ha de hacer el alma en los tiempos de esta quietud, no es más de con suavidad y sin ruido. Llamo «ruido» andar con el entendimiento buscando muchas palabras y consideraciones para dar gracias de este beneficio y amontonar pecados suyos y faltas para ver que no lo merece. Todo esto se mueve aquí, y representa el entendimiento, y bulle la memoria, que cierto estas potencias a mí me cansan a ratos, que con tener poca memoria no la puedo sojuzgar. La voluntad, con sosiego y cordura, entienda que no se negocia bien con Dios a fuerza de brazos, y que éstos son unos leños grandes puestos sin discreción para ahogar esta centella, y conózcalo y con humildad diga: «Señor, ¿qué puedo yo aquí? ¿Qué tiene que ver la sierva con el Señor, y la tierra con el cielo?», o palabras que se ofrecen aquí de amor, fundada mucho en conocer.que es verdad lo que dice, y no haga caso del entendimiento, que es un moledor. Y si ella le quiere dar parte de lo que goza, o trabaja por recogerle, que muchas veces se verá en esta unión de la voluntad y

sosiego, y el entendimiento muy desbaratado, y vale más que le deje que no que vaya ella tras él, digo la voluntad, sino estése ella gozando de aquella merced y recogida como sabia abeja; porque si ninguna entrase en la colmena, sino que por traerse unas a otras se fuesen todas, mal se podría labrar la miel.

7. Así que perderá mucho el alma si no tiene aviso en esto; en especial si es el entendimiento agudo, que cuando comienza a ordenar pláticas y buscar razones, en tantito, si son bien dichas, pensará hace algo. La razón que aquí ha de haber es entender claro que no hay ninguna para que Dios nos haga tan gran merced, sino sola su bondad, y ver que estamos tan cerca, y pedir a Su Majestad mercedes y rogarle por la Iglesia y por los que se nos han encomendado y por las ánimas de purgatorio, no con ruido de palabras, sino con sentimiento de desear que nos oiga. Es oración que comprende mucho y se alcanza más que por mucho relatar el entendimiento. Despierte en sí la voluntad algunas razones que de la misma razón se representarán de verse tan mejorada, para avivar este amor, y haga algunos actos amorosos de qué hará por quien tanto debe, sin -como he dicho- admitir ruido del entendimiento a que busque grandes cosas. Más hacen aquí al caso unas pajitas puestas con humildad (y menos serán que pajas, si las ponemos nosotros) y más le ayudan a encender, que no mucha leña junta de razones muy doctas, a nuestro parecer, que en un credo la ahogarán.

Esto es bueno para los letrados que me lo mandan escribir; porque, por la bondad de Dios, todos llegan aquí, y podrá ser se les vaya el tiempo en aplicar Escrituras. Y aunque no les dejarán de aprovechar mucho las letras antes y después, aquí en estos ratos de oración poca necesidad hay de ellas, a mi parecer, si no es para entibiar la voluntad; porque el entendimiento está entonces, de verse cerca de la luz, con grandísima claridad, que aun yo, con ser la que soy, parezco otra.

8. Y es así que me ha acaecido estando en esta quietud, con no entender casi cosa que rece en latín, en especial del Salterio, no sólo entender el verso en romance, sino pasar adelante en regalarme de ver lo que el romance quiere decir. Dejemos si hubiesen de predicar o enseñar, que entonces bien es ayudarse de aquel bien para ayudar a los pobres de poco saber, como yo,

que es gran cosa la caridad y este aprovechar almas siempre, yendo desnudamente por Dios.

Así que en estos tiempos de quietud, dejar descansar el alma con su descanso. Quédense las letras a un cabo. Tiempo vendrá que aprovechen al Señor y las tengan en tanto, que por ningún tesoro quisieran haberlas dejado de saber, sólo para servir a Su Majestad, porque ayudan mucho. Mas delante de la Sabiduría infinita, créanme que vale más un poco de estudio de humildad y un acto de ella, que toda la ciencia del mundo. Aquí no hay que argüir, sino que conocer lo que somos con llaneza, y con simpleza representarnos delante de Dios, que quiere se haga el alma boba, como a la verdad lo es delante de su presencia, pues Su Majestad se humilla tanto que la sufre cabe sí siendo nosotros lo que somos.

9. También se mueve el entendimiento a dar gracias muy compuestas; mas la voluntad, con sosiego, con un no osar alzar los ojos con el publicano, hace más hacimiento de gracias que cuanto el entendimiento, con trastornar la retórica, por ventura puede hacer. En fin, aquí no se ha de dejar del todo la oración mental ni algunas palabras aun vocales, si quisieren alguna vez o pudieren; porque, si la quietud es grande, puédese mal hablar, si no es con mucha pena. Siéntese, a mi parecer, cuándo es espíritu de Dios, o procurado de nosotros con comienzo de devoción que da Dios y queremos –como he dicho- pasar nosotros a esta quietud de la voluntad: no hace efecto ninguno, acábase presto, deja sequedad.

10. Si es del demonio, alma ejercitada paréceme lo entenderá; porque deja inquietud y poca humildad y poco aparejo para los efectos que hace el de Dios. No deja luz en el entendimiento ni firmeza en la verdad. Puede hacer aquí poco daño o ninguno, si el alma endereza su deleite y suavidad, que allí siente, a Dios, y poner en El sus pensamientos y deseos, como queda avisado; no puede ganar nada el demonio, antes permitirá Dios que con el mismo deleite que causa en el alma pierda mucho; porque éste ayudará a que el alma, como piense que es Dios, venga muchas veces a la oración con codicia de El; y si es alma humilde y no curiosa ni interesal de deleites, aunque sean espirituales, sino amiga de cruz, hará poco caso del gusto que da el demonio; lo que no podrá así.hacer si es espíritu de Dios, sino tenerlo en muy mucho. Mas cosa que pone el demonio, como él

es todo mentira, con ver que el alma con el gusto y deleite se humilla (que en esto ha de tener mucho: en todas las cosas de oración y gustos procurar salir humilde), no tornará muchas veces el demonio, viendo su pérdida.

11. Por esto y por otras muchas cosas, avisé yo en el primer modo de oración, en la primera agua, que es gran negoción comenzar las almas oración comenzándose a desasir de todo género de contentos, y entrar determinadas a sólo ayudar a llevar la cruz a Cristo, como buenos caballeros que sin sueldo quieren servir a su rey, pues le tienen bien seguro. Los ojos en el verdadero y perpetuo reino que pretendemos ganar. Es muy gran cosa traer esto siempre delante, en especial en los principios; que después tanto se ve claro, que antes es menester olvidarlo para vivir, que procurarlo: traer a la memoria lo poco que dura todo y cómo no es todo nada y en lo nonada que se ha de estimar el descanso.

12. Parece que esto es cosa muy baja, y así es verdad, que los que están adelante en más perfección tendrían por afrenta y entre sí se correrían si pensasen que porque se han de acabar los bienes de este mundo los dejan, sino que, aunque durasen para siempre, se alegran de dejarlos por Dios. Y mientras más perfectos fueren, más; y mientras más duraren, más. Aquí en estos está ya crecido el amor, y él es el que obra. Mas a los que comienzan esles cosa importantísima, y no lo tengan por bajo, que es gran bien el que se gana, y por eso lo aviso tanto; que les será menester, aun a los muy encumbrados en oración, algunos tiempos que los quiere Dios probar, y parece que Su Majestad los deja. Que, como ya he dicho y no querría esto se olvidase, en esta vida que vivimos no crece el alma como el cuerpo, aunque decimos que sí, y de verdad crece. Mas un niño, después que crece y echa gran cuerpo y ya le tiene de hombre, no torna a descrecer y a tener pequeño cuerpo; acá quiere el Señor que sí, a lo que yo he visto por mí, que no lo sé por más. Debe ser por humillarnos para nuestro gran bien y para que no nos descuidemos mientras estuviéremos en este destierro, pues el que más alto estuviere, más se ha de temer y fiar menos de sí. Vienen veces que es menester, para librarse de ofender a Dios estos que ya están tan puesta su voluntad en la suya, que por no hacer una imperfección se dejarían atormentar y pasarían mil muertes, que para no hacer pecados -según

se ven combatidos de tentaciones y persecuciones- sea menester aprovecharse de las primeras armas.de la oración y tornen a pensar que todo se acaba y que hay cielo e infierno y otras cosas de esta suerte.

13. Pues tornando a lo que decía, gran fundamento es, para librarse de los ardides y gustos que da el demonio, el comenzar con determinación de llevar camino de cruz desde el principio y no los desear, pues el mismo Señor mostró ese camino de perfección diciendo: Toma tu cruz y sígueme. El es nuestro dechado; no hay que temer quien por sólo contentarle siguiere sus consejos.

14. En el aprovechamiento que vieren en sí entenderán que no es demonio; que, aunque tornen a caer, queda una señal de que estuvo allí el Señor, que es levantarse presto, y éstas que ahora diré: -cuando es espíritu de Dios, no es menester andar rastreando cosas para sacar humildad y confusión, porque el mismo Señor la da de manera bien diferente de la que nosotros podemos ganar con nuestras consideracioncillas, que no son nada en comparación de una verdadera humildad con luz que enseña aquí el Señor, que hace una confusión que hace deshacer. Esto es cosa muy conocida, el conocimiento que da Dios para que conozcamos que ningún bien tenemos de nosotros, y mientras mayores mercedes, más.

-Pone un gran deseo de ir adelante en la oración y no la dejar por ninguna cosa de trabajo que le pudiese suceder.

-A todo se ofrece.

-Una seguridad, con humildad y temor, de que ha de salvarse.

-Echa luego el temor servil del alma y pónele el fiel temor muy más crecido.

-Ve que se le comienza un amor con Dios muy sin interés suyo.

-Desea ratos de soledad para gozar más de aquel bien.

15. - En fin, por no me cansar, es un principio de todos los bienes, un estar ya las flores en término que no les falta casi nada para brotar. Y esto verá muy claro el alma, y en ninguna manera por entonces se podrá determinar a que no estuvo Dios con ella, hasta que se torna a ver con quiebras e imperfecciones, que entonces todo lo teme. Y es bien que tema. Aunque almas hay que les aprovecha más creer cierto que es Dios, que

todos los temores que la puedan poner; porque, si de suyo es amorosa y agradecida, más la hace tornar a Dios la memoria de la merced que la hizo, que todos los castigos del infierno que la representen. Al menos la mía, aunque tan ruin, esto me acaecía.

16. Porque las señales del buen espíritu se irán diciendo, mas como a quien le cuestan muchos trabajos sacarlas en limpio, no las digo ahora aquí. Creo, con el favor de Dios, en esto atinaré algo; porque, dejado la experiencia en que he mucho entendido, sélo de algunos letrados muy letrados y personas muy santas, a quien es razón se dé crédito, y no anden las almas tan fatigadas, cuando llegaren aquí por la bondad del Señor, como yo he andado.

Capítulo 16

Trata tercer grado de oración, y va declarando cosas muy subidas, y lo que puede el alma que llega aquí, y los efectos que hacen estas mercedes tan grandes del Señor. - Es muy para levantar el espíritu en alabanzas de Dios y para gran consuelo de quien llegare aquí.

1. Vengamos ahora a hablar de la tercera agua con que se riega esta huerta, que es agua corriente de río o de fuente, que se riega muy a menos trabajo, aunque alguno da el encaminar el agua. Quiere el Señor aquí ayudar al hortelano de manera que casi El es el hortelano y el que lo hace todo. Es un sueño de las potencias, que ni del todo se pierden ni entienden cómo obran. El gusto y suavidad y deleite es más sin comparación que lo pasado; es que da el agua a la garganta, a esta alma, de la gracia, que no puede ya ir adelante, ni sabe cómo, ni tornar atrás. Querría gozar de grandísima gloria. Es como uno que está, la candela en la mano, que le falta poco para morir muerte que la desea; está gozando en aquella agonía con el mayor deleite que se puede decir. No me parece que es otra cosa sino un morir casi del todo a todas las cosas del mundo y estar gozando de Dios.

Yo no sé otros términos cómo lo decir ni cómo lo declarar, ni entonces sabe el alma qué hacer; porque ni sabe si hable ni si calle, ni si ría, ni si llore. Es un glorioso desatino, una celestial locura, adonde se deprende la verdadera sabiduría, y es deleitosísima manera de gozar el alma.

2. Y es así que ha que me dio el Señor en abundancia esta oración creo cinco y aun seis años, muchas veces, y que ni yo la entendía ni la supiera decir; y así tenía por mí, llegada aquí,

decir muy poco o nonada. Bien entendía que no era del todo unión de todas las potencias y que era más que la pasada, muy claro; mas yo confieso que no podía determinar ni entender cómo era esta diferencia. Creo por la humildad que vuestra merced ha tenido en quererse ayudar de una simpleza tan grande como la mía, me dio el Señor hoy, acabando de comulgar, esta oración, sin poder ir adelante, y me puso estas comparaciones y enseñó la manera de decirlo y lo que ha de hacer aquí el alma; que, cierto, yo me espanté y entendí en un punto.

Muchas veces estaba así como desatinada y embriagada en este amor, y jamás había podido entender cómo era. Bien entendía que era Dios, mas no podía entender cómo obraba aquí; porque en hecho de verdad están casi del todo unidas las potencias, mas no tan engolfadas que no obren. Gustado he en extremo de haberlo ahora entendido. ¡Bendito sea el Señor, que así me ha regalado!

3. Sólo tienen habilidad las potencias para ocuparse todas en Dios. No parece se osa bullir ninguna ni la podemos hacer menear, si con mucho estudio no quisiéramos divertirnos, y aun no me parece que del todo se podría entonces hacer. Háblanse aquí muchas palabras en alabanzas de Dios sin concierto, si el mismo Señor no las concierta. Al menos el entendimiento no vale aquí nada. Querría dar voces en alabanzas el alma, y está que no cabe en sí; un desasosiego sabroso. Ya ya se abren las flores, ya comienzan a dar olor. Aquí querría el alma que todos la viesen y entendiesen su gloria para alabanzas de Dios, y que la ayudasen a ella, y darles parte de su gozo, porque no puede tanto gozar. Paréceme que es como la que dice el Evangelio que quería llamar o llamaba a sus vecinas. Esto me parece debía sentir el admirable espíritu del real profeta David, cuando tañía y cantaba con el arpa en alabanzas de Dios. De este glorioso Rey soy yo muy devota y querría todos lo fuesen, en especial los que somos pecadores.

4. ¡Oh, válgame Dios! ¡Cuál está un alma cuando está así! Toda ella querría fuese lenguas para alabar al Señor. Dice mil desatinos.santos, atinando siempre a contentar a quien la tiene así. Yo sé persona que, con no ser poeta, que le acaecía hacer de presto coplas muy sentidas declarando su pena bien, no hechas de su entendimiento, sino que, para más gozar la gloria que tan sabrosa pena le daba, se quejaba de ella a su Dios.

Todo su cuerpo y alma querría se despedazase para mostrar el gozo que con esta pena siente. ¿Qué se le pondrá entonces delante de tormentos, que no le fuese sabroso pasarlos por su Señor? Ve claro que no hacían nada los mártires de su parte en pasar tormentos, porque conoce bien el alma viene de otra parte la fortaleza. Mas ¿qué sentirá de tornar a tener seso para vivir en el mundo, y de haber de tornar a los cuidados y cumplimientos de él?

Pues no me parece he encarecido cosa que no quede baja en este modo de gozo que el Señor quiere en este destierro que goce un alma. ¡Bendito seáis por siempre, Señor! ¡Alaben os todas las cosas por siempre! ¡Quered ahora, Rey mío, suplícooslo yo, que, pues cuando esto escribo, no estoy fuera de esta santa locura celestial por vuestra bondad y misericordia -que tan sin méritos míos me hacéis esta merced-, que o estén todos los que yo tratare locos de vuestro amor, o permitáis que no trate yo con nadie, u ordenad, Señor, cómo no tenga ya cuenta en cosa del mundo o me sacad de él! ¡No puede ya, Dios mío, esta vuestra sierva sufrir tantos trabajos como de verse sin Vos le vienen, que si ha de vivir, no quiere descanso en esta vida, ni se le deis Vos! Querría ya esta alma verse libre: el comer la mata; el dormir la congoja; ve que se le pasa el tiempo de la vida pasar en regalos, y que nada ya la puede regalar fuera de Vos; que parece vive contra natura, pues ya no querría vivir en sí sino en Vos.

5. ¡Oh verdadero Señor y gloria mía! ¡Qué delgada y pesadísima cruz tenéis aparejada a los que llegan a este estado! Delgada, porque es suave; pesada, porque vienen veces que no hay sufrimiento que la sufra, y no se querría jamás ver libre de ella, si no fuese para verse ya con Vos. Cuando se acuerda que no os ha servido en nada, y que viviendo os puede servir, querría cargarse muy más pesada y nunca hasta el fin del mundo morirse. No tiene en nada su descanso, a trueco de haceros un pequeño servicio. No sabe qué desee, mas bien entiende que no desea otra cosa sino a Vos.

6. ¡Oh hijo mío! (que es tan humilde, que así se quiere nombrar a quien va esto dirigido y me lo mandó escribir), sea sólo para vos.algunas cosas de las que viere vuestra merced salgo de términos; porque no hay razón que baste a no me sacar de ella, cuando me saca el Señor de mí, ni creo soy yo la que

hablo desde esta mañana que comulgué. Parece que sueño lo que veo y no querría ver sino enfermos de este mal que estoy yo ahora. Suplico a vuestra merced seamos todos locos por amor de quien por nosotros se lo llamaron. Pues dice vuestra merced que me quiere, en disponerse para que Dios le haga esta merced quiero que me lo muestre, porque veo muy pocos que no los vea con seso demasiado para lo que les cumple. Ya puede ser que tenga yo más que todos. No me lo consienta vuestra merced, Padre mío, pues también lo es como hijo, pues es mi confesor y a quien he fiado mi alma. Desengáñeme con verdad, que se usan muy poco estas verdades.

7. Este concierto querría hiciésemos los cinco que al presente nos amamos en Cristo, que como otros en estos tiempos se juntaban en secreto para contra Su Majestad y ordenar maldades y herejías, procurásemos juntarnos alguna vez para desengañar unos a otros, y decir en lo que podríamos enmendarnos y contentar más a Dios; que no hay quien tan bien se conozca a sí como conocen los que nos miran, si es con amor y cuidado de aprovecharnos. Digo «en secreto», porque no se usa ya este lenguaje. Hasta los predicadores van ordenando sus sermones para no descontentar. Buena intención tendrán y la obra lo será; mas ¡así se enmiendan pocos! Mas ¿cómo no son muchos los que por los sermones dejan los vicios públicos? ¿Sabe qué me parece? Porque tienen mucho seso los que los predican. No están sin él, con el gran fuego de amor de Dios, como lo estaban los Apóstoles, y así calienta poco esta llama. No digo yo sea tanta como ellos tenían, mas querría que fuese más de lo que veo. ¿Sabe vuestra merced en qué debe ir mucho? En tener ya aborrecida la vida y en poca estima la honra; que no se les daba más -a trueco de decir una verdad y sustentarla para gloria de Dios- perderlo todo, que ganarlo todo; que a quien de veras lo tiene todo arriscado por Dios, igualmente lleva lo uno que lo otro. No digo yo que soy ésta, mas querríalo ser.

8. ¡Oh gran libertad, tener por cautiverio haber de vivir y tratar conforme a las leyes del mundo!, que como ésta se alcance del Señor, no hay esclavo que no lo arrisque todo por rescatarse y tornar a su tierra. Y pues éste es el verdadero camino, no hay que.parar en él, que nunca acabaremos de ganar tan gran tesoro, hasta que se nos acabe la vida. El Señor nos dé para esto su favor. Rompa vuestra merced esto que he dicho, si le

pareciere, y tómelo por carta para sí, y perdóneme, que he estado muy atrevida.

Capítulo 17

Prosigue en la misma materia de declarar este tercer grado de oración. - Acaba de declarar los efectos que hace. - Dice el daño que aquí hace la imaginación y memoria.

1. Razonablemente está dicho de este modo de oración y lo que ha de hacer el alma o, por mejor decir, hace Dios en ella, que es el que toma ya el oficio de hortelano y quiere que ella huelgue. Sólo consiente la voluntad en aquellas mercedes que goza. Y se ha de ofrecer a todo lo que en ella quisiere hacer la verdadera sabiduría, porque es menester ánimo, cierto. Porque es tanto el gozo, que parece algunas veces no queda un punto para acabar el ánima de salir de este cuerpo. ¡Y qué venturosa muerte sería!

2. Aquí me parece viene bien, como a vuestra merced se dijo, dejarse del todo en los brazos de Dios. Si quiere llevarla al cielo, vaya; si al infierno, no tiene pena, como vaya con su Bien; si acabar del todo la vida, eso quiere; si que viva mil años, también. Haga Su Majestad como de cosa propia; ya no es suya el alma de sí misma; dada está del todo al Señor; descuídese del todo. Digo que en tan alta oración como ésta, que cuando la da Dios al alma puede hacer todo esto. Y mucho más que éstos son sus efectos. Y entiende que lo hace sin ningún cansancio del entendimiento. Sólo me parece está como espantada de ver cómo el Señor hace tan buen hortelano y no quiere que tome él trabajo ninguno, sino que se deleite en comenzar a oler las flores; que en una llegada de éstas, por poco que dure, como es tal el hortelano, en fin criador del agua, dala sin medida, y lo que la pobre del alma con trabajo por ventura de veinte años de cansar el entendimiento no ha podido acaudalar, hácelo este hortelano celestial en un punto, y crece la fruta y madúrala de manera que se puede sustentar de su huerto, queriéndolo el

Señor. Mas no le da licencia que reparta la fruta, hasta que él esté tan fuerte con lo que ha comido de ella, que no se le vaya en gustaduras y no dándole nada de provecho ni pagándosela a quien la diere, sino que los mantenga y dé de comer a su costa, y quedarse ha él por ventura muerto de hambre. Esto bien entendido va para tales entendimientos, y sabránlo aplicar mejor que yo lo sabré decir, y cánsome.

3. En fin, es que las virtudes quedan ahora más fuertes que en la oración de quietud pasada, que el alma no las puede ignorar, porque se ve otra y no sabe cómo. Comienza a obrar grandes cosas con el olor que dan de sí las flores, que quiere el Señor se abran para que ella vea que tiene virtudes, aunque ve muy bien que no las podía ella -ni ha podido- ganar en muchos años, y que en aquello poquito el celestial hortelano se las dio. Aquí es muy mayor la humildad y más profunda que al alma queda, que en lo pasado; porque ve más claro que poco ni mucho hizo, sino consentir que la hiciese el Señor mercedes y abrazarlas la voluntad.

Paréceme este modo de oración unión muy conocida de toda el alma con Dios, sino que parece quiere Su Majestad dar licencia a las potencias para que entiendan y gocen de lo mucho que obra allí.

4. Acaece algunas y muy muchas veces, estando unida la voluntad (para que vea vuestra merced puede ser esto, y lo entienda cuando lo tuviere; al menos a mí trájome tonta, y por eso lo digo aquí), vese claro y entiéndese que está la voluntad atada y gozando; digo que «se ve claro», y en mucha quietud está sola la voluntad, y está por otra parte el entendimiento y memoria tan libres, que pueden tratar en negocios y entender en obras de caridad.

Esto, aunque parece todo uno, es diferente de la oración de quietud que dije, en parte, porque allí está el alma que no se querría bullir ni menear, gozando en aquel ocio santo de María; en esta oración puede también ser Marta. Así que está casi obrando juntamente en vida activa y contemplativa, y entender en obras de caridad y negocios que convengan a su estado, y leer, aunque no del todo están señores de sí, y entienden bien que está la mejor parte del alma en otro cabo. Es como si estuviésemos hablando con uno y por otra parte nos hablase otra persona, que ni bien estaremos en lo uno ni bien en lo otro..Es cosa que se siente muy claro y da mucha satisfacción y contento cuando se tiene, y es muy gran aparejo para que, en teniendo tiempo de soledad o desocupación de negocios, venga el alma a muy sosegada quietud. Es un andar como una persona que está en sí satisfecha, que no tiene necesidad de comer, sino que siente el estómago contento, de manera que no a todo manjar arrostraría; mas no tan harta que, si los ve buenos, deje de comer de buena gana. Así, no le satisface ni querría entonces contento del mundo, porque en sí tiene el que le satisface más: mayores contentos de Dios, deseos de satisfacer su deseo, de gozar más, de estar con El.

Esto es lo que quiere.

5. Hay otra manera de unión, que aún no es entera unión, mas es más que la que acabo de decir, y no tanto como la que se ha dicho de esta tercera agua.

Gustará vuestra merced mucho, de que el Señor se las dé todas si no las tiene ya, de hallarlo escrito y entender lo que es. Porque una merced es dar el Señor la merced, y otra es entender qué merced es y qué gracia, otra es saber decirla y dar a entender cómo es. Y aunque no parece es menester más de la primera, para no andar el alma confusa y medrosa e ir con más ánimo por el camino del Señor llevando debajo de los pies todas las cosas del mundo, es gran provecho entenderlo y merced; que por cada una es razón alabe mucho al Señor quien la tiene, y quien no, porque la dio Su Majestad a alguno de los que viven, para que nos aprovechase a nosotros.

Ahora pues, acaece muchas veces esta manera de unión que quiero decir (en especial a mí, que me hace Dios esta merced de esta suerte muy muchas), que coge Dios la voluntad y aun el entendimiento, a mi parecer, porque no discurre, sino está ocupado gozando de Dios, como quien está mirando y ve tanto que no sabe hacia dónde mirar; uno por otro se le pierde de vista, que no dará señas de cosa. La memoria queda libre, y junto con la imaginación debe ser; y ella, como se ve sola, es para alabar a Dios la guerra que da y cómo procura desasosegarlo todo. A mí cansada me tiene y aborrecida la tengo, y muchas veces suplico al Señor, si tanto me ha de estorbar, me la quite en estos tiempos. Alguna veces le digo: «¿Cuándo, mi Dios, ha de estar ya toda junta mi alma en vuestra alabanza y no hecha pedazos, sin poder valerse a sí?». Aquí veo el mal que nos causa el pecado, pues así nos sujetó a no hacer lo que queremos de estar siempre ocupados en Dios.

6. Digo que me acaece a veces -y hoy ha sido la una, y así lo tengo bien en la memoria- que veo deshacerse mi alma, por verse junta donde está la mayor parte, y ser imposible, sino que le da tal guerra la memoria e imaginación que no la dejan valer; y como faltan las otras potencias, no valen, aun para hacer mal, nada. Harto hacen en desasosegar. Digo «para hacer mal», porque no tienen fuerza ni paran en un ser. Como el entendimiento no la ayuda poco ni mucho a lo que le representa, no para en nada, sino de uno en otro, que no parece sino de estas mariposistas de las noches, importunas y desasosegadas: así anda de un cabo a otro. En extremo me parece le viene al propio esta comparación, porque aunque no tiene fuerza para hacer ningún mal, importuna a los que la ven.

Para esto no sé qué remedio haya, que hasta ahora no me le ha dado Dios a entender; que de buena gana le tomaría para mí, que me atormenta, como digo, muchas veces. Represéntase aquí nuestra miseria, y muy claro el gran poder de Dios; pues ésta, que queda suelta, tanto nos daña y nos cansa, y las otras que están con Su Majestad, el descanso que nos dan.

7. El postrer remedio que he hallado, a cabo de haberme fatigado hartos años, es lo que dije en la oración de quietud: que no se haga caso de ella más que de un loco, sino dejarla con su tema, que sólo Dios se la puede quitar; y, en fin, aquí por esclava queda. Hémoslo de sufrir con paciencia, como hizo Jacob a Lía, porque harta merced nos hace el Señor que gocemos de Raquel. Digo que «queda esclava», porque, en fin, no puede -por mucho que haga-traer a sí las otras potencias; antes ellas, sin ningún trabajo, la hacen venir muchas veces a sí. Algunas, es Dios servido de haber lástima de verla tan perdida y desasosegada, con deseo de estar con las otras, y consiéntela Su Majestad se queme en el fuego de aquella vela divina, donde las otras están ya hechas polvo, perdido su ser natural, casi estando sobrenatural, gozando tan grandes bienes.

8. En todas estas maneras que de esta postrera agua de fuente he dicho, es tan grande la gloria y descanso del alma, que muy conocidamente aquel gozo y deleite participa de él el cuerpo, y esto muy conocidamente, y quedan tan crecidas las virtudes como he dicho..Parece ha querido el Señor declarar

estos estados en que se ve el alma, a mi parecer, lo más que acá se puede dar a entender.

Trátelo vuestra merced con persona espiritual que haya llegado aquí y tenga letras. Si le dijere que está bien, crea que se lo ha dicho Dios y téngalo en mucho a Su Majestad; porque, como he dicho, andando el tiempo se holgará mucho de entender lo que es, mientras no le diere la gracia (aunque se la dé de gozarlo) para entenderlo. Como le haya dado Su Majestad la primera, con su entendimiento y letras lo entenderá por aquí.

Sea alabado por todos los siglos de los siglos por todo, amén.

Capítulo 18

En que trata del cuarto grado de oración. * - Comienza a declarar por excelente manera la gran dignidad en que el Señor pone al alma que está en este estado. - Es para animar mucho a los que tratan oración, para que se esfuercen a llegar a tan alto estado, pues se puede alcanzar en la tierra, aunque no por merecerlo, sino por la bondad del Señor. -

1. El Señor me enseñe palabras cómo se pueda decir algo de la cuarta agua. Bien es menester su favor, aun más que para la pasada; porque en ella aún siente el alma no está muerta del todo, que así lo podemos decir, pues lo está al mundo; mas, como dije, tiene sentido para entender que está en él y sentir su soledad, y aprovéchase de lo exterior para dar a entender lo que siente, siquiera por señas. En toda la oración y modos de ella que queda dicho, alguna cosa trabaja el hortelano; aunque en estas postreras va el trabajo acompañado de tanta gloria y consuelo del alma, que jamás querría salir de él, y así no se siente por trabajo, sino por gloria.

Acá no hay sentir, sino gozar sin entender lo que se goza. Entiéndese que se goza un bien, adonde juntos se encierran todos los bienes, mas no se comprende este bien. Ocúpanse todos los sentidos en este gozo, de manera que no queda ninguno desocupado para poder en otra cosa, exterior ni interiormente. Antes dábaseles licencia para que, como digo, hagan algunas muestras del gran gozo que sienten; acá el alma goza más sin comparación, y puédese dar a entender muy menos, porque no queda poder en el cuerpo, ni el alma le tiene para poder comunicar aquel gozo. En aquel tiempo todo le sería gran embarazo y tormento y estorbo de su descanso; y digo que si es unión de todas las potencias, que, aunque quiera -estando en ello digo- no puede, y si puede, ya no es unión.

2. El cómo es ésta que llaman unión y lo que es, yo no lo sé dar a entender. En la mística teología se declara, que yo los vocablos no sabré nombrarlos, ni sé entender qué es mente, ni qué diferencia tenga del alma o espíritu tampoco; todo me parece una cosa, bien que el alma alguna vez sale de sí misma, a manera de un fuego que está ardiendo y hecho llama, y algunas veces crece este fuego con ímpetu; esta llama sube muy arriba del fuego, mas no por eso es cosa diferente, sino la misma llama que está en el fuego.

Esto vuestras mercedes lo entenderán -que yo no lo sé más decir-con sus letras. Lo que yo pretendo declarar es qué siente el alma cuando está en esta divina unión.

3. Lo que es unión ya se está entendido, que es dos cosas divisas hacerse una. ¡Oh Señor mío, qué bueno sois! ¡Bendito seáis para siempre! ¡Alaben os, Dios mío, todas las cosas, que así nos amasteis, de manera que con verdad podamos hablar de esta comunicación que aun en este destierro tenéis con las almas!; y aun con las que son buenas es gran largueza y magnanimidad. En fin, vuestra, Señor mío, que dais como quien sois. ¡Oh largueza infinita, cuán magníficas son vuestras obras! Espanta a quien no tiene ocupado el entendimiento en cosas de la tierra, que no tenga ninguno para entender verdades. Pues que hagáis a almas que tanto os han ofendido mercedes tan soberanas, cierto, a mí me acaba el entendimiento, y cuando llego a pensar en esto, no puedo ir adelante. ¿Dónde ha de ir que no sea tornar atrás? Pues daros gracias por tan grandes mercedes, no sabe cómo. Con decir disparates me remedio algunas veces.

4. Acáeceme muchas, cuando acabo de recibir estas mercedes o me las comienza Dios a hacer (que estando en ellas ya he dicho que no hay poder hacer nada), decir: «Señor, mirad lo que hacéis, no olvidéis tan presto tan grandes males míos; ya que para perdonarme lo hayáis olvidado, para poner tasa en las mercedes os suplico se os acuerde. No pongáis, Criador mío, tan precioso licor en vaso tan quebrado, pues habéis ya visto de otras veces que le torno a derramar. No pongáis tesoro semejante adonde aún no está -como ha de estar- perdida del

todo la codicia de consolaciones de la vida, que lo gastará mal gastado. ¿Cómo dais la fuerza de esta ciudad y llaves de la fortaleza de ella a tan cobarde alcaide, que al primer combate de los enemigos los deja entrar dentro? No sea tanto el amor, oh Rey eterno, que pongáis en aventura joyas tan preciosas. Parece, Señor mío, se da ocasión para que se tengan en poco, pues las ponéis en poder de cosa tan ruin, tan baja, tan flaca y miserable, y de tan poco tomo, que ya que trabaje por no las perder con vuestro favor (y no es menester pequeño, según yo soy), no puede dar con ellas a ganar a nadie; en fin, mujer, y no buena, sino ruin. Parece que no sólo se esconden los talentos, sino que se entierran, en ponerlos en tierra tan astrosa. No soléis Vos hacer, Señor, semejantes grandezas y mercedes a un alma, sino para que aproveche a muchas. Ya sabéis, Dios mío, que de toda voluntad y corazón os lo suplico y he suplicado algunas veces, y tengo por bien de perder el mayor bien que se posee en la tierra, por que las hagáis Vos a quien con este bien más aproveche, porque crezca vuestra gloria».

5. Estas y otras cosas me ha acaecido decir muchas veces. Veía después mi necedad y poca humildad. Porque bien sabe el Señor lo que conviene, y que no había fuerzas en mi alma para salvarse, si Su Majestad con tantas mercedes no se las pusiera.

6. También pretendo decir las gracias y efectos que quedan en el alma, y qué es lo que puede de suyo hacer, o si es parte para llegar a tan gran estado.

7. Acaece venir este levantamiento de espíritu o juntamiento con el amor celestial: que, a mi entender, es diferente la unión del levantamiento en esta misma unión. A quien no lo hubiere probado lo postrero, parecerle ha que no; y a mi parecer, que con ser todo uno, obra el Señor de diferente manera; y en el crecimiento del desasir de las criaturas, más mucho en el vuelo del espíritu. Yo he visto claro ser particular merced, aunque, como digo, sea todo uno o lo parezca; mas un fuego pequeño también es fuego como un grande, y ya se ve la diferencia que hay de lo uno a lo otro: en un fuego pequeño, primero que un hierro pequeño se hace ascua, pasa mucho espacio; mas si el fuego es grande, aunque sea mayor.el hierro, en muy poquito pierde del todo su ser, al parecer. Así me parece es en estas dos maneras de mercedes del Señor, y sé que quien hubiere llegado a arrobamientos lo entenderá bien. Si no lo ha

probado, parecerle ha desatino, y ya puede ser; porque querer una como yo hablar en una cosa tal y dar a entender algo de lo que parece imposible aun haber palabras con que lo comenzar, no es mucho que desatine.

8. Mas creo esto del Señor (que sabe Su Majestad que, después de obedecer, es mi intención engolosinar las almas de un bien tan alto) que me ha en ello de ayudar. No diré cosa que no la haya experimentado mucho. Y es así que cuando comencé esta postrera agua a escribir, que me parecía imposible saber tratar cosa más que hablar en griego, que así es ello dificultoso. Con esto, lo dejé y fui a comulgar. ¡Bendito sea el Señor que así favorece a los ignorantes! ¡Oh virtud de obedecer, que todo lo puedes!: aclaró Dios mi entendimiento, unas veces con palabras y otras poniéndome delante cómo lo había de decir, que, como hizo en la oración pasada, Su Majestad parece quiere decir lo que yo no puedo ni sé. Esto que digo es entera verdad, y así lo que fuere bueno es suya la doctrina; lo malo, está claro es del piélago de los males, que soy yo. Y así, digo que si hubiere personas que hayan llegado a las cosas de oración que el Señor ha hecho merced a esta miserable –que debe haber muchas- y quisiesen tratar estas cosas conmigo, pareciéndoles descaminadas, que ayudara el Señor a su sierva para que saliera con su verdad adelante.

9. Ahora, hablando de esta agua que viene del cielo para con su abundancia henchir y hartar todo este huerto de agua, si nunca dejara, cuando lo hubiera menester, de darlo el Señor, ya se ve qué descanso tuviera el hortelano. Y a no haber invierno, sino ser siempre el tiempo templado, nunca faltaran flores y frutas; ya se ve qué deleite tuviera; mas mientras vivimos es imposible: siempre ha de haber cuidado de cuando faltare la una agua procurar la otra.

Esta del cielo viene muchas veces cuando más descuidado está el hortelano. Verdad es que a los principios casi siempre es después de larga oración mental, que de un grado en otro viene el Señor a tomar esta avecita y ponerla en el nido para que descanse. Como la ha visto volar mucho rato, procurando con el entendimiento y voluntad y con todas sus fuerzas buscar a Dios y contentarle, quiérela dar el premio aun en esta vida. ¡Y qué gran premio!, que.basta un momento para quedar pagados todos los trabajos que en ella puede haber.

10. Estando así el alma buscando a Dios, siente con un deleite grandísimo y suave casi desfallecer toda con una manera de desmayo que le va faltando el huelgo y todas las fuerzas corporales, de manera que, si no es con mucha pena, no puede aun menear las manos; los ojos se le cierran sin quererlos cerrar, o si los tiene abiertos, no ve casi nada; ni, si lee, acierta a decir letra, ni casi atina a conocerla bien; ve que hay letra, mas, como el entendimiento no ayuda, no la sabe leer aunque quiera; oye, mas no entiende lo que oye. Así que de los sentidos no se aprovecha nada, si no es para no la acabar de dejar a su placer; y así antes la dañan. Hablar es por demás, que no atina a formar palabra, ni hay fuerza, ya que atinase, para poderla pronunciar; porque toda la fuerza exterior se pierde y se aumenta en las del alma para mejor poder gozar de su gloria. El deleite exterior que se siente es grande y muy conocido.

11. Esta oración no hace daño, por larga que sea. Al menos a mí nunca me le hizo, ni me acuerdo hacerme el Señor ninguna vez esta merced, por mala que estuviese, que sintiese mal, antes quedaba con gran mejoría. Mas ¿qué mal . puede : hacer tan gran bien? Es cosa tan conocida las operaciones exteriores, que no se puede dudar que hubo gran ocasión, pues así quitó las fuerzas con tanto deleite para dejarlas mayores.

12. Verdad es que a los principios pasa en tan breve tiempo –al menos a mí así me acaecía-, que en estas señales exteriores ni en la falta de los sentidos no se da tanto a entender cuando pasa con brevedad. Mas bien se entiende en la sobra de las mercedes que ha sido grande la claridad del sol que ha estado allí, pues así la ha derretido. Y nótese esto, que a mi parecer por largo que sea el espacio de estar el alma en esta suspensión de todas las potencias, es bien breve: cuando estuviese media hora, es muy mucho; yo nunca, a mi parecer, estuve tanto. Verdad es que se puede mal sentir lo que se está, pues no se siente; mas digo que de una vez es muy poco espacio sin tornar alguna potencia en sí. La voluntad es la que mantiene la tela, mas las otras dos potencias presto tornan a importunar. Como la voluntad está queda, tórnalas a suspender y están otro poco y tornan a vivir.

13. En esto se puede asar algunas horas de oración y se pasan. Porque, comenzadas las dos potencias a emborrachar y gustar de aquel vino divino, con facilidad se tornan a perder de

sí para estar muy más ganadas, y acompañan a la voluntad y se gozan todas tres. Mas este estar perdidas del todo y sin ninguna imaginación en nada -que a mi entender también se pierde del todo- digo que es breve espacio; aunque no tan del todo tornan en sí que no pueden estar algunas horas como desatinadas, tornando de poco en poco a cogerlas Dios consigo.

14. Ahora vengamos a lo interior de lo que el alma aquí siente. ¡Dígalo quien lo sabe, que no se puede entender, cuánto más decir! Estaba yo pensando cuando quise escribir esto, acabando de comulgar y de estar en esta misma oración que escribo, qué hacía el alma en aquel tiempo. Díjome el Señor estas palabras: Deshácese toda, hija, para ponerse más en Mí. Ya no es ella la que vive, sino Yo. Como no puede comprender lo que entiende, es no entender entendiendo.

Quien lo hubiere probado entenderá algo de esto, porque no se puede decir más claro, por ser tan oscuro lo que allí pasa. Sólo podré decir que se representa estar junto con Dios, y queda una certidumbre que en ninguna manera se puede dejar de creer. Aquí faltan todas las potencias y se suspenden de manera que en ninguna manera -como he dicho- se entiende que obran. Si estaba pensando en un paso, así se pierde de la memoria como si nunca la hubiera habido de él. Si lee, en lo que leía no hay acuerdo, ni parar. Si rezar, tampoco. Así que a esta mariposilla importuna de la memoria aquí se le queman las alas: ya no puede más bullir. La voluntad debe estar bien ocupada en amar, mas no entiende cómo ama. El entendimiento, si entiende, no se entiende cómo entiende; al menos no puede comprender nada de lo que entiende. A mí no me parece que entiende, porque -como digo- no se entiende. ¡Yo no acabo de entender esto!

15. Acaecióme a mí una ignorancia al principio, que no sabía que estaba Dios en todas las cosas. Y como me parecía estar tan presente, parecíame imposible. Dejar de creer que estaba allí no podía, por parecerme casi claro había entendido estar allí su misma presencia. Los que no tenían letras me decían que estaba sólo por gracia. Yo no lo podía creer; porque, como digo, parecíame estar presente, y así andaba con pena. Un gran letrado de la Orden el.glorioso Santo Domingo me quitó de esta duda, que me dijo estar presente, y cómo se comunicaba con nosotros, que me consoló harto.

Es de notar y entender que siempre esta agua del cielo, este grandisimo favor del Senor, deja el alma con grandisimas ganancias, como ahora dire.

Capítulo 19

Prosigue en la misma materia. - Comienza a declarar los efectos que hace en el alma este grado de oración. - Persuade mucho a que no tornen atrás, aunque después de esta merced tornen a caer, ni dejen la oración. - Dice los daños que vendrán de no hacer esto. – Es mucho de notar y de gran consolación para los flacos y pecadores.

1. Queda el alma de esta oración y unión con grandísima ternura, de manera que se querría deshacer, no de pena, sino de unas lágrimas gozosas. Hállase bañada de ellas sin sentirlo ni saber cuándo ni cómo las lloró; mas dale gran deleite ver aplacado aquel ímpetu del fuego con agua que le hace más crecer. Parece esto algarabía, y pasa así. Acaecídome ha algunas veces en este término de oración estar tan fuera de mí, que no sabía si era sueño o si pasaba en verdad la gloria que había sentido; y de verme llena de agua que sin pena destilaba con tanto ímpetu y presteza que parece lo echaba de sí aquella nube del cielo, veía que no había sino sueño. Esto era a los principios, que pasaba con brevedad.

2. Queda el ánima animosa, que si en aquel punto la hiciesen pedazos por Dios, le sería gran consuelo. Allí son las promesas y determinaciones heroicas, la viveza de los deseos, el comenzar a aborrecer el mundo, el ver muy claro su vanidad, esto muy más aprovechada y altamente que en las oraciones pasadas, y la humildad más crecida; porque ve claro que para aquella excesiva merced y grandiosa no hubo diligencia suya, ni fue parte para traerla ni para tenerla. Vese claro indignísima, porque en pieza adonde entra mucho sol no hay telaraña

escondida: ve su miseria. Va tan fuera la vanagloria, que no le parece la podría tener, porque ya es por vista de ojos lo poco o ninguna cosa que puede, que allí no hubo casi consentimiento, sino que parece, aunque no quiso, le cerraron la puerta a todos los sentidos para que más pudiese gozar del Señor. Quédase sola con El, ¿qué ha de hacer sino amarle? Ni ve ni oye, si no fuese a fuerza de brazos: poco hay que la agradecer. Su vida pasada se le representa después y la gran misericordia de Dios, con gran verdad y sin haber menester andar a caza el entendimiento, que allí ve guisado lo que ha de comer y entender. De sí ve que merece el infierno y que le castigan con gloria. Deshácese en alabanzas de Dios, y yo me querría deshacer ahora. ¡Bendito seáis, Señor mío, que así hacéis de pecina tan sucia como yo, agua tan clara que sea para vuestra mesa! ¡Seáis alabado, oh regalo de los ángeles, que así queréis levantar un gusano tan vil!

3. Queda algún tiempo este aprovechamiento en el alma: puede ya, con entender claro que no es suya la fruta, comenzar a repartir de ella, y no le hace falta a sí. Comienza a dar muestras de alma que guarda tesoros del cielo, y a tener deseo de repartirlos con otros, y suplicar a Dios no sea ella sola la rica. Comienza a aprovechar a los prójimos casi sin entenderlo ni hacer nada de sí; ellos lo entienden, porque ya las flores tienen tan crecido el olor, que les hace desear llegarse a ellas. Entienden que tiene virtudes y ven la fruta que es codiciosa. Querríanle ayudar a comer.

Si esta tierra está muy cavada con trabajos y persecuciones y murmuraciones y enfermedades -que pocos deben llegar aquí sin esto- y si está mullida con ir muy desasida de propio interés, el agua se embebe tanto, que casi nunca se seca; mas si es tierra que aun se está en la tierra y con tantas espinas como yo al principio estaba, y aun no quitada de las ocasiones ni tan agradecida como merece tan gran merced, tórnase la tierra a secar. Y si el hortelano se descuida y el Señor por sola su bondad no torna a querer llover, dad por perdida la huerta, que así me acaeció a mí algunas veces; que, cierto, yo me espanto y, si no hubiera pasado por mí, no lo pudiera creer.

Escríbolo para consuelo de almas flacas, como la mía, que nunca desesperen ni dejen de confiar en la grandeza de Dios. Aunque después de tan encumbradas, como es llegarlas el

Señor aquí,.caigan, no desmayen, si no se quieren perder del todo; que lágrimas todo lo ganan: un agua trae otra.

4. Una de las cosas por que me animé -siendo la que soy- a obedecer en escribir esto y dar cuenta de mi ruin vida y de las mercedes que me ha hecho el Señor, con no servirle sino ofenderle, ha sido ésta. Que cierto, yo quisiera aquí tener gran autoridad para que se me creyera esto. Al Señor suplico Su Majestad la dé. Digo que no desmaye nadie de los que han comenzado a tener oración, con decir: «si torno a ser malo, es peor ir adelante con el ejercicio de ella». Yo lo creo, si se deja la oración y no se enmienda del mal; mas, si no la deja, crea que la sacará a puerto de luz. Hízome en esto gran batería el demonio, y pasé tanto en parecerme poca humildad tenerla, siendo tan ruin, que, como ya he dicho, la dejé año y medio -al menos un año, que del medio no me acuerdo bien- no fuera más, ni fue, que meterme yo misma sin haber menester demonios que me hiciesen ir al infierno. ¡Oh, válgame Dios, qué ceguedad tan grande! ¡Y qué bien acierta el demonio para su propósito en cargar aquí la mano! Sabe el traidor que alma que tenga con perseverancia oración la tiene perdida y que todas las caídas que la hace dar la ayudan, por la bondad de Dios, a dar después mayor salto en lo que es su servicio: ¡algo le va en ello!

5. ¡Oh Jesús mío! ¡Qué es ver un alma que ha llegado aquí, caída en un pecado, cuando Vos por vuestra misericordia la tornáis a dar la mano y la levantáis! ¡Cómo conoce la multitud de vuestras grandezas y misericordias y su miseria! Aquí es el deshacerse de veras y conocer vuestras grandezas; aquí el no osar alzar los ojos; aquí es el levantarlos para conocer lo que os debe; aquí se hace devota de la Reina del Cielo para que os aplaque; aquí invoca los Santos que cayeron después de haberlos Vos llamado, para que la ayuden; aquí es el parecer que todo le viene ancho lo que le dais, porque ve no merece la tierra que pisa; el acudir a los Sacramentos; la fe viva que aquí le queda de ver la virtud que Dios en ellos puso; el alabaros porque dejasteis tal medicina y ungüento para nuestras llagas, que no las sobresanan, sino que del todo las quitan. Espántanse de esto. Y ¿quién, Señor de mi alma, no se ha de espantar de misericordia tan grande y merced tan crecida a traición tan fea y abominable? Que no sé cómo no se me parte el corazón, cuando esto escribo; porque soy ruin.

6. Con estas lagrimillas que aquí lloro, dadas de Vos -agua de tan mal pozo en lo que es de mi parte- parece que os hago pago e.tantas traiciones, siempre haciendo males y procurando deshacer las mercedes que Vos me habéis hecho. Ponedlas Vos, Señor mío, valor; aclarad agua tan turbia, siquiera porque no dé a alguno tentación en echar juicios, como me la ha dado a mí, pensando por qué, Señor, dejáis unas personas muy santas, que siempre os han servido y trabajado, criadas en religión y siéndolo, y no como yo que no tenía más del nombre, y ver claro que no las hacéis las mercedes que a mí. Bien veía yo, Bien mío, que les guardáis Vos el premio para dársele junto, y que mi flaqueza ha menester esto. Ya ellos, como fuertes, os sirven sin ello y los tratáis como a gente esforzada y no interesal.

7. Mas con todo, sabéis Vos, mi Señor, que clamaba muchas veces delante de Vos, disculpando a las personas que me murmuraban, porque me parecía les sobraba razón. Esto era ya, Señor, después que me teníais por vuestra bondad para que tanto no os ofendiese, y yo estaba ya desviándome de todo lo que me parecía os podía enojar; que en haciendo yo esto, comenzasteis, Señor, a abrir vuestros tesoros para vuestra sierva. No parece esperabais otra cosa sino que hubiese voluntad y aparejo en mí para recibirlos, según con brevedad comenzasteis a no sólo darlos, sino a querer entendiesen me los dabais.

8. Esto entendido, comenzó a tenerse buena opinión de la que todas aún no tenían bien entendido cuán mala era, aunque mucho se traslucía. Comenzó la murmuración y persecución de golpe y, a mi parecer, con mucha causa; y así no tomaba con nadie enemistad, sino suplicábaos a Vos miraseis la razón que tenían. Decían que me quería hacer santa y que inventaba novedades no habiendo llegado entonces con gran parte aun a cumplir toda mi Regla, ni a las muy buenas y santas monjas que en casa había (ni creo llegaré, si Dios por su bondad no lo hace todo de su parte), sino antes lo era yo para quitar lo bueno y poner costumbres que no lo eran; al menos hacía lo que podía para ponerlas, y en el mal podía mucho. Así que sin culpa suya me culpaban. No digo eran sólo monjas, sino otras personas; descubríanme verdades, porque lo permitíais Vos.

9. Una vez rezando las Horas, como yo algunas tenía esta tentación, llegué al verso que dice: Justus es, Domine, y tus

juicios; comencé a pensar cuán gran verdad era, que en esto no tenía el demonio fuerza jamás para tentarme de manera que yo dudase tenéis Vos, mi Señor, todos los bienes, ni en ninguna cosa de la fe,.antes me parecía mientras más sin camino natural iban, más firme la tenía, y me daba devoción grande: en ser todopoderoso quedaban conclusas en mí todas las grandezas que hicierais Vos, y en esto -como digo- jamás tenía duda. Pues pensando cómo con justicia permitíais a muchas que había -como tengo dicho- muy vuestras siervas, y que no tenían los regalos y mercedes que me hacíais a mí, siendo la que era, respondísteisme, Señor: Sírveme tú a Mí, y no te metas en eso. Fue la primera palabra que entendí hablarme Vos, y así me espantó mucho.

Porque después declararé esta manera de entender, con otras cosas, no lo digo aquí, que es salir del propósito, y creo harto he salido: casi no sé lo que me he dicho. No puede ser menos, mi hijo, sino que ha vuestra merced de sufrir estos intervalos; porque cuando veo lo que Dios me ha sufrido y me veo en este estado, no es mucho pierda el tino de lo que digo y he de decir. Plega al Señor que siempre sean esos mis desatinos y que no permita ya Su Majestad tengayo poder para ser contra El un punto, antes en éste que estoy me consuma.

10. Basta ya para ver sus grandes misericordias, no una sino muchas veces que ha perdonado tanta ingratitud. A San Pedro una vez que lo fue, a mí muchas; que con razón me tentaba el demonio no pretendiese amistad estrecha con quien trataba enemistad tan pública. ¡Qué ceguedad tan grande la mía! ¿Adónde pensaba, Señor mío, hallar remedio sino en Vos? ¡Qué disparate huir de la luz para andar siempre tropezando! ¡Qué humildad tan soberbia inventaba en mí el demonio: apartarme de estar arrimada a la columna y báculo que me ha de sustentar para no dar tan gran caída! Ahora me santiguo y no me parece que he pasado peligro tan peligroso como esta invención que el demonio me enseñaba por vía de humildad. Poníame en el pensamiento que cómo cosa tan ruin y habiendo recibido tantas mercedes, había de llegarme a la oración; que me bastaba rezar lo que debía, como todas; mas que aun pues esto no hacía bien, cómo quería hacer más; que era poco acatamiento y tener en poco las mercedes de Dios. Bien era pensar y

entender esto; mas ponerlo por obra fue el grandísimo mal. Bendito seáis Vos, Señor, que así me remediasteis.

11. Principio de la tentación que hacía a Judas me parece ésta, sino que no osaba el traidor tan al descubierto; mas él viniera de poco en poco a dar conmigo adonde dio con él. Miren esto, por amor de.Dios, todos los que tratan oración. Sepan que el tiempo que estuve sin ella era mucho más perdida mi vida; mírese qué buen remedio me daba el demonio y qué donosa humildad; un desasosiego en mí grande. Mas ¿cómo había de sosegar mi alma? Apartábase la cuitada de su sosiego; tenía presentes las mercedes y favores; veía los contentos de acá ser asco. Cómo pudo pasar, me espanto. Era con esperanza que nunca yo pensaba (a lo que ahora me acuerdo, porque debe haber esto más de veinte y un años), dejaba de estar determinada de tornar a la oración; mas esperaba a estar muy limpia de pecados. ¡Oh, qué mal encaminada iba en esta esperanza! Hasta el día del juicio me la libraba el demonio, para de allí llevarme al infierno.

12. Pues teniendo oración y lección -que era ver verdades y el ruin camino que llevaba- e importunando al Señor con lágrimas muchas veces, era tan ruin que no me podía valer, apartada de esto, puesta en pasatiempos con muchas ocasiones y pocas ayudas -y osaré decir ninguna sino para ayudarme a caer-, ¿qué esperaba sino lo dicho?

Creo tiene mucho delante de Dios un fraile de Santo Domingo, gran letrado, que él me despertó de este sueño; él me hizo, como creo he dicho, comulgar de quince a quince días; y del mal, no tanto. Comencé a tornar en mí, aunque no dejaba de hacer ofensas al Señor; mas como no había perdido el camino, aunque poco a poco, cayendo y levantando, iba por él; y el que no deja de andar e ir adelante, aunque tarde, llega. No me parece es otra cosa perder el camino sino dejar la oración. ¡Dios nos libre, por quien El es!

13. Queda de aquí entendido -y nótese mucho, por amor del Señor- que aunque un alma llegue a hacerla Dios tan grandes mercedes en la oración, que no se fíe de sí, pues puede caer, ni se ponga en ocasiones en ninguna manera. Mírese mucho, que va mucho; que el engaño que aquí puede hacer el demonio después, aunque la merced sea cierto de Dios, es aprovecharse el traidor de la misma merced en lo que puede, y a personas no

crecidas en las virtudes, ni mortificadas, ni desasidas; porque aquí no quedan fortalecidas tanto que baste, como adelante diré, para ponerse en las ocasiones y peligros, por grandes deseos y determinaciones que tengan. Es excelente doctrina ésta, y no mía, sino enseñada de Dios; y así querría que personas ignorantes, como yo, la supiesen. Porque aunque esté un alma en este estado, no ha de fiar de sí para salir a combatir, porque hará harto en defenderse. Aquí son menester.armas para defenderse de los demonios, y aún no tienen fuerzas para pelear contra ellos y traerlos debajo de los pies, como hacen los que están en el estado que diré después.

14. Este es el engaño con que coge el demonio: que, como se ve un alma tan llegada a Dios y ve la diferencia que hay del bien del cielo al de la tierra y el amor que la muestra el Señor, de este amor nace confianza y seguridad de no caer de lo que goza; parécele que ve claro el premio, que no es posible ya en cosa que aun para la vida es tan deleitosa y suave, dejarla por cosa tan baja y sucia como es el deleite; y con esta confianza quítale el demonio la poca que ha de tener de sí; y, como digo, pónese en los peligros y comienza con buen celo a dar de la fruta sin tasa, creyendo que ya no hay que temer de sí. Y esto no va con soberbia, que bien entiende el alma que no puede de sí nada, sino de mucha confianza de Dios sin discreción, porque no mira que aún tiene pelo malo. Puede salir del nido, y sácala Dios; mas aún no están para volar; porque las virtudes aún no están fuertes, ni tiene experiencia para conocer los peligros, ni sabe el daño que hace en confiar de sí.

15. Esto fue lo que a mí me destruyó. Y para esto y para todo hay gran necesidad de maestros y trato con personas espirituales. Bien creo que alma que llega Dios a este estado, si muy del todo no deja a Su Majestad, que no la dejará de favorecer ni la dejará perder. Mas cuando, como he dicho, cayere, mire, mire por amor del Señor no la engañe en que deje la oración, como hacía a mí con humildad falsa, como ya lo he dicho y muchas veces lo querría decir. Fíe de la bondad de Dios, que es mayor que todos los males que podemos hacer, y no se acuerda de nuestra ingratitud, cuando nosotros, conociéndonos, queremos tornar a su amistad, ni de las mercedes que nos ha hecho para castigarnos por ellas; antes ayudan a perdonarnos más presto,

como a gente que ya era de su casa y ha comido, como dicen, de su pan.

Acuérdense de sus palabras y miren lo que ha hecho conmigo, que primero me cansé de ofenderle, que Su Majestad dejó de perdonarme. Nunca se cansa de dar ni se pueden agotar sus misericordias; no nos cansemos nosotros de recibir.

Sea bendito para siempre, amén, y alábenle todas las cosas.

Capítulo 20

En que trata la diferencia que hay de unión a arrobamiento. –Declara qué cosa es arrobamiento, y dice algo del bien que tiene el alma que el Señor por su bondad llega a él. - Dice los efectos que hace. - Es de mucha admiración.

1. Querría saber declarar con el favor de Dios la diferencia que hay de unión a arrobamiento o elevamiento o vuelo que llaman de espíritu o arrebatamiento, que todo es uno. Digo que estos diferentes nombres todo es una cosa, y también se llama éxtasis. Es grande la ventaja que hace a la unión. Los efectos muy mayores hace y otras hartas operaciones, porque la unión parece principio y medio y fin, y lo es en lo interior; mas así como estotros fines son en más alto grado, hace los efectos interior y exteriormente. Declárelo el Señor, como ha hecho lo demás, que, cierto, si Su Majestad no me hubiera dado a entender por qué modos y maneras se puede algo decir, yo no supiera.

2. Consideremos ahora que esta agua postrera, que hemos dicho, es tan copiosa que, si no es por no lo consentir la tierra, podemos creer que se está con nosotros esta nube de la gran Majestad acá en esta tierra. Mas cuando este gran bien le agradecemos, acudiendo con obras según nuestras fuerzas, coge el Señor el alma, digamos ahora, a manera que las nubes cogen los vapores de la tierra, y levántala toda de ella (helo oído así esto de que cogen las nubes los vapores, o el sol), y sube la nube al cielo y llévala consigo, y comiénzala a mostrar cosas del reino que le tiene aparejado. No sé si la comparación cuadra, mas en hecho de verdad ello pasa así.

3. En estos arrobamientos parece no anima el alma en el cuerpo, y así se siente muy sentido faltar de él el calor natural;

vase enfriando, aunque con grandísima suavidad y deleite. Aquí no hay ningún remedio de resistir, que en la unión, como estamos en nuestra tierra, remedio hay: aunque con pena y fuerza, resistir se puede casi siempre. Acá, las más veces, ningún remedio hay, sino que muchas, sin prevenir el pensamiento ni ayuda ninguna, viene un ímpetu tan acelerado y fuerte, que veis y sentís levantarse esta nube o esta águila caudalosa y cogeros con sus alas..

4. Y digo que se entiende y veisos llevar, y no sabéis dónde. Porque, aunque es con deleite, la flaqueza de nuestro natural hace temer a los principios, y es menester ánima determinada y animosa -mucho más que para lo que queda dicho- para arriscarlo todo, venga lo que viniere, y dejarse en las manos de Dios e ir adonde nos llevaren, de grado, pues os llevan aunque os pese. Y en tanto extremo, que muy muchas veces querría yo resistir, y pongo todas mis fuerzas, en especial algunas que es en público y otras hartas en secreto, temiendo ser engañada. Algunas podía algo, con gran quebrantamiento: como quien pelea con un jayán fuerte, quedaba después cansada; otras era imposible, sino que me llevaba el alma y aun casi ordinario la cabeza tras ella, sin poderla tener, y algunas toda el cuerpo, hasta levantarle.

5. Esto ha sido pocas, porque como una vez fuese adonde estábamos juntas en el coro y yendo a comulgar, estando de rodillas, dábame grandísima pena, porque me parecía cosa muy extraordinaria y que había de haber luego mucha nota; y así mandé a las monjas (porque es ahora después que tengo oficio de Priora), no lo dijesen. Mas otras veces, como comenzaba a ver que iba a hacer el Señor lo mismo (y una estando personas principales de señoras, que era la fiesta de la vocación, en un sermón), tendíame en el suelo y allegábanse a tenerme el cuerpo, y todavía se echaba de ver. Supliqué mucho al Señor que no quisiese ya darme más mercedes que tuviesen muestras exteriores; porque yo estaba cansada ya de andar en tanta cuenta y que aquella merced podía Su Majestad hacérmela sin que se entendiese. Parece ha sido por su bondad servido de oírme, que nunca más hasta ahora lo he tenido; verdad es que ha poco.

6. Es así que me parecía, cuando quería resistir, que desde debajo de los pies me levantaban fuerzas tan grandes que no

sé cómo lo comparar, que era con mucho más ímpetu que estotras cosas de espíritu, y así quedaba hecha pedazos; porque es una pelea grande y, en fin, aprovecha poco cuando el Señor quiere, que no hay poder contra su poder. Otras veces es servido de contentarse con que veamos nos quiere hacer la merced y que no queda por Su Majestad, y resistiéndose por humildad, deja los mismos efectos que si del todo se consintiese.

7. A los que esto hace son grandes: lo uno, muéstrase el gran poder del Señor y cómo no somos parte, cuando Su Majestad.quiere, de detener tan poco el cuerpo como el alma, ni somos señores de ello; sino que, mal que nos pese, vemos que hay superior y que estas mercedes son dadas de El y que nosotros no podemos en nada nada, e imprímese mucha humildad. Y aun yo confieso que gran temor me hizo; al principio, grandísimo; porque verse así levantar un cuerpo de la tierra, que aunque el espíritu le lleva tras sí y es con suavidad grande si no se resiste, no se pierde el sentido; al menos yo estaba de manera en mí, que podía entender era llevada. Muéstrase una majestad de quien puede hacer aquello, que espeluza los cabellos, y queda un gran temor de ofender a tan gran Dios; éste, envuelto en grandísimo amor que se cobra de nuevo a quien vemos le tiene tan grande a un gusano tan podrido, que no parece se contenta con llevar tan de veras el alma a Sí, sino que quiere el cuerpo, aun siendo tan mortal y de tierra tan sucia como por tantas ofensas se ha hecho.

8. También deja un desasimiento extraño, que yo no podré decir cómo es. Paréceme que puedo decir es diferente en alguna manera, -digo, más que estotras cosas de sólo espíritu-; porque ya que estén cuanto al espíritu con todo desasimiento de las cosas, aquí parece quiere el Señor el mismo cuerpo lo ponga por obra, y hácese una extrañeza nueva para con las cosas de la tierra, que es muy penosa la vida.

9. Después da una pena, que ni la podemos traer a nosotros ni venida se puede quitar. Yo quisiera harto dar a entender esta gran pena y creo no podré, mas diré algo si supiere. Y hase de notar, que estas cosas son ahora muy a la postre, después de todas las visiones y revelaciones que escribiré; y el tiempo que solía tener oración, adonde el Señor me daba tan grandes gustos y regalos, ahora, ya que eso no cesa algunas veces, las más y lo más ordinario es esta pena que ahora diré.

Es mayor y menor. De cuando es mayor quiero ahora decir, porque, aunque adelante diré de estos grandes ímpetus que me daban cuando me quiso el Señor dar los arrobamientos, no tiene más que ver, a mi parecer, que una cosa muy corporal a una muy espiritual, y creo no lo encarezco mucho. Porque aquella pena parece, aunque la siente el alma, es en compañía del cuerpo; entrambos parece participan de ella, y no es con el extremo del desamparo que en ésta..Para la cual -como he dicho- no somos parte, sino muchas veces a deshora viene un deseo que no sé cómo se mueve, y de este deseo, que penetra toda el alma en un punto, se comienza tanto a fatigar, que sube muy sobre sí y de todo lo criado, y pónela Dios tan desierta de todas las cosas, que por mucho que ella trabaje, ninguna que la acompañe le parece hay en la tierra, ni ella la querría, sino morir en aquella soledad. Que la hablen y ella se quiera hacer toda la fuerza posible a hablar, aprovecha poco; que su espíritu, aunque ella más haga, no se quita de aquella soledad.

Y con parecerme que está entonces lejísimo Dios, a veces comunica sus grandezas por un modo el más extraño que se puede pensar; y así no se sabe decir, ni creo lo creerá ni entenderá sino quien hubiere pasado por ello; porque no es la comunicación para consolar, sino para mostrar la razón que tiene de fatigarse de estar ausente de bien que en sí tiene todos los bienes.

10. Con esta comunicación crece el deseo y el extremo de soledad en que se ve, con una pena tan delgada y penetrativa que, aunque el alma se estaba puesta en aquel desierto, que al pie de la letra me parece se puede entonces decir (y por ventura lo dijo el real Profeta estando en la misma soledad, sino que como a santo se la daría el Señor a sentir en más excesiva manera): Vigilavi, et factus sum sicut passer solitarius in tecto; y así, se me representa este verso entonces que me parece lo veo yo en mí, y consuélame ver que han sentido otras personas tan gran extremo de soledad, cuánto más tales.

Así parece que está el alma no en sí, sino en el tejado o techo de sí misma y de todo lo criado; porque aun encima de lo muy superior del alma me parece que está.

11. Otras veces parece anda el alma como necesitadísima, diciendo y preguntando a sí misma: ¿Dónde está tu Dios? Es de mirar que el romance de estos versos yo no sabía bien el que

era, y después que lo entendía me consolaba de ver que me los había traído el Señor a la memoria sin procurarlo yo. Otras me acordaba de lo que dice San Pablo, que está crucificado al mundo. No digo yo que sea esto así, que ya lo veo; mas paréceme que está así el alma, que ni del cielo le viene consuelo ni está en él, ni de la tierra le quiere ni está en ella, sino como crucificada entre el cielo y la tierra, padeciendo sin venirle socorro de ningún cabo. Porque el que le viene del cielo (que es, como he dicho, una noticia de Dios tan.admirable, muy sobre todo lo que podemos desear), es para más tormento; porque acrecienta el deseo de manera que, a mi parecer, la gran pena algunas veces quita el sentido, sino que dura poco sin él.

Parecen unos tránsitos de la muerte, salvo que trae consigo un tan gran contento este padecer, que no sé yo a qué lo comparar. Ello es un recio martirio sabroso, pues todo lo que se le puede representar al alma de la tierra, aunque sea lo que le suele ser más sabroso, ninguna cosa admite; luego parece lo lanza de sí.

Bien entiende que no quiere sino a su Dios; mas no ama cosa particular de El, sino todo junto le quiere y no sabe lo que quiere. Digo «no sabe», porque no representa nada la imaginación; ni, a mi parecer, mucho tiempo de lo que está así no obran las potencias. Como en la unión y arrobamiento el gozo, aquí la pena las suspende.

12. ¡Oh Jesús! ¡Quién pudiera dar a entender bien a vuestra merced esto, aun para que me dijera lo que es, porque es en lo que ahora anda siempre mi alma!

Lo más ordinario, en viéndose desocupada, es puesta en estas ansias de muerte, y teme, cuando ve que comienzan, porque no se ha de morir; mas llegada a estar en ello, lo que hubiese de vivir querría en este padecer; aunque es tan excesivo, que el sujeto le puede mal llevar, y así algunas veces se me quitan todos los pulsos casi, según dicen las que algunas veces se llegan a mí de las hermanas que ya más lo entienden, y las canillas muy abiertas, y las manos tan yertas que yo no las puedo algunas veces juntar; y así me queda dolor hasta otro día en los pulsos y en el cuerpo, que parece me han descoyuntado.

13. Yo bien pienso alguna vez ha de ser el Señor servido, si va adelante como ahora, que se acabe con acabar la vida, que, a mi parecer, bastante es tan gran pena para ello, sino que no

lo merezco yo. Toda la ansia es morirme entonces. Ni me acuerdo de purgatorio, ni de los grandes pecados que he hecho, por donde merecía el infierno. Todo se me olvida con aquella ansia de ver a Dios; y aquel desierto y soledad le parece mejor que toda la compañía del mundo. Si algo la podría dar consuelo, es tratar con quien hubiese pasado por este tormento; y ver que, aunque se queje de él, nadie le parece la ha de creer, también la atormenta; que esta pena es tan crecida que no querría soledad como otras, ni compañía sino con quien se pueda quejar. Es como uno que tiene la soga a la garganta y se está ahogando, que procura tomar huelgo. Así me parece que este deseo de compañía es de nuestra flaqueza; que como nos pone la pena en peligro de muerte (que esto sí, cierto, hace; yo me he visto en este peligro algunas veces con grandes enfermedades y ocasiones, como he dicho, y creo podría decir es éste tan grande como todos), así el deseo que el cuerpo y alma tienen de no se apartar es el que pide socorro para tomar huelgo y, con decirlo y quejarse y divertirse, buscar remedio para vivir muy contra voluntad del espíritu o de lo superior del alma, que no querría salir de esta pena.

15. No sé yo si atino a lo que digo o si lo sé decir, mas, a todo mi parecer, pasa así. Mire vuestra merced qué descanso puede tener en esta vida, pues el que había -que era la oración y soledad, porque allí me consolaba el Señor- es ya lo más ordinario este tormento, y es tan sabroso y ve el alma que es de tanto precio, que ya le quiere más que todos los regalos que solía tener. Parécele más seguro, porque es camino de cruz, y en sí tiene un gusto muy de valor, a mi parecer, porque no participa con el cuerpo sino pena, y el alma es la que padece y goza sola del gozo y contento que da este padecer.

No sé yo cómo puede ser esto, mas así pasa, que, a mi parecer, no trocaría esta merced que el Señor me hace (que bien de su mano —y como he dicho- nonada adquirida de mí, porque es muy muy sobrenatural) por todas las que después diré; no digo juntas, sino tomada cada una por sí. Y no se deje de tener acuerdo que es después de todo lo que va escrito en este libro y en lo que ahora me tiene el Señor.

Digo que estos ímpetus es después de las mercedes que aquí van, que me ha hecho el Señor.

16. Estando yo a los principios con temor (como me acaece casi en cada merced que me hace el Señor, hasta que con ir adelante Su Majestad asegura), me dijo que no temiese y que tuviese en más esta merced que todas las que me había hecho; que en esta pena se purificaba el alma, y se labra o purifica como el oro en el crisol,.para poder mejor poner los esmaltes de sus dones, y que se purgaba allí lo que había de estar en purgatorio.

Bien entendía yo era gran merced, mas quedé con mucha más seguridad, y mi confesor me dice que es bueno. Y aunque yo temí, por ser yo tan ruin, nunca podía creer que era malo; antes, el muy sobrado bien me hacía temer, acordándome cuán mal lo tengo merecido. Bendito sea el Señor que tan bueno es. Amén.

17. Parece que he salido de propósito, porque comencé a decir de arrobamientos y esto que he dicho aun es más que arrobamiento, y así deja los efectos que he dicho.

18. Ahora tornemos a arrobamiento, de lo que en ellos es más ordinario. Digo que muchas veces me parecía me dejaba el cuerpo tan ligero, que toda la pesadumbre de él me quitaba, y algunas era tanto, que casi no entendía poner los pies en el suelo. Pues cuando está en el arrobamiento, el cuerpo queda como muerto, sin poder nada de sí muchas veces, y como le toma se queda: si en pie, si sentado, si las manos abiertas, si cerradas. Porque aunque pocas veces se pierde el sentido, algunas me ha acaecido a mí perderle del todo, pocas y poco rato. Mas lo ordinario es que se turba y aunque no puede hacer nada de sí cuanto a lo exterior, no deja de entender y oír como cosa de lejos.

No digo que entiende y oye cuando está en lo subido de él (digo subido, en los tiempos que se pierden las potencias, porque están muy unidas con Dios), que entonces no ve ni oye ni siente, a mi parecer; mas, como dije en la oración de unión pasada, este transformamiento del alma del todo en Dios dura poco; mas eso que dura, ninguna potencia se siente, ni sabe lo que pasa allí. No debe ser para que se entienda mientras vivimos en la tierra, al menos no lo quiere Dios, que no debemos ser capaces para ello. Yo esto he visto por mí.

19. Diráme vuestra merced que cómo dura alguna vez tantas horas el arrobamiento, y muchas veces. Lo que pasa por mí es

que –como dije en la oración pasada- gózase con intervalos. Muchas veces se engolfa el alma o la engolfa el Señor en sí, por mejor decir, y teniéndola así un poco, quédase con sola la voluntad. Paréceme es.este bullicio de estotras dos potencias como el que tiene una lengüecilla de estos relojes de sol, que nunca para; mas cuando el sol de justicia quiere, hácelas detener.

Esto digo que es poco rato. Mas como fue grande el ímpetu, y levantamiento de espíritu, y aunque éstas tornen a bullirse, queda engolfada la voluntad, hace, como señora del todo, aquella operación en el cuerpo; porque, ya que las otras dos potencias bullidoras la quieren estorbar, de los enemigos los menos: no la estorben también los sentidos; y así hace que estén suspendidos, porque lo quiere así el Señor. Y por la mayor parte están cerrados los ojos, aunque no queramos cerrarlos; y si abiertos alguna vez, como ya dije, no atina ni advierte lo que ve.

20. Aquí es mucho menos lo que puede hacer de sí, para que cuando se tornaren las potencias a juntar no haya tanto que hacer. Por eso, a quien el Señor diere esto, no se desconsuele cuando se vea así atado el cuerpo muchas horas, y a veces el entendimiento y memoria divertidos. Verdad es que lo ordinario es estar embebidas en alabanzas de Dios o en querer comprender y entender lo que ha pasado por ellas; y aun para esto no están bien despiertas, sino como una persona que ha mucho dormido y soñado, y aún no acaba de despertar.

21. Declárome tanto en esto, porque sé que hay ahora, aun en este lugar, personas a quien el Señor hace estas mercedes, y si los que las gobiernan no han pasado por esto, por ventura les parecerá que han de estar como muertas en arrobamiento, en especial si no son letrados, y lastima lo que se padece con los confesores que no lo entienden, como yo diré después. Quizá yo no sé lo que digo. Vuestra merced lo entenderá, si atino en algo, pues el Señor le ha ya dado experiencia de ello, aunque como no es de mucho tiempo, quizá no habrá mirádolo tanto como yo.

Así que, aunque mucho lo procuro, por buenos ratos no hay fuerza en el cuerpo para poderse menear; todas las llevó el alma consigo. Muchas veces queda sano -que estaba bien enfermo y lleno de grandes dolores- y con más habilidad, porque es cosa grande lo que allí se da, y quiere el Señor algunas veces -

como digo- lo goce el cuerpo, pues ya obedece a lo que quiere el alma. Después que torna en sí, si ha sido grande el arrobamiento, acaece andar un día o dos y aun tres tan absortas las potencias, o como embobecida, que no parece anda en sí.

22. Aquí es la pena de haber de tornar a vivir. Aquí le nacieron las alas para bien volar. Ya se le ha caído el pelo malo. Aquí se levanta ya del todo la bandera por Cristo, que no parece otra cosa sino que este alcaide de esta fortaleza se sube o le suben a la torre más alta a levantar la bandera por Dios. Mira a los de abajo como quien está en salvo. Ya no teme los peligros, antes los desea, como quien por cierta manera se le da allí seguridad de la victoria. Vese aquí muy claro en lo poco que todo lo de acá se ha de estimar y lo nonada que es. Quien está de lo alto, alcanza muchas cosas. Ya no quiere querer, ni tener libre albedrío no querría, y así lo suplica al Señor. Dale las llaves de su voluntad.

Hele aquí el hortelano hecho alcaide. No quiere hacer cosa, sino la voluntad del Señor, ni serlo él de sí ni de nada ni de un pero de esta huerta, sino que, si algo bueno hay en ella, lo reparta Su Majestad; que de aquí adelante no quiere cosa propia, sino que haga de todo conforme a su gloria y a su voluntad.

23. Y en hecho de verdad pasa así todo esto, si los arrobamientos son verdaderos, que queda el alma con los efectos y aprovechamiento que queda dicho. Y si no son estos, dudaría yo mucho serlos de parte de Dios, antes temería no sean los rabiamientos que dice San Vicente. Esto entiendo yo y he visto por experiencia: quedar aquí el alma señora de todo y con libertad en una hora y menos, que ella no se puede conocer. Bien ve que no es suyo, ni sabe cómo se le dio tanto bien, mas entiende claro el grandísimo provecho que cada rapto de estos trae.

No hay quien lo crea si no ha pasado por ello; y así no creen a la pobre alma, como la han visto ruin y tan presto la ven pretender cosas tan animosas; porque luego da en no se contentar con servir en poco al Señor, sino en lo más que ella puede. Piensan es tentación y disparate. Si entendiesen no nace de ella sino del Señor a quien ya ha dado las llaves de su voluntad, no se espantarían.

24. Tengo para mí que un alma que allega a este estado, que ya ella no habla ni hace cosa por sí, sino que de todo lo que ha

de hacer tiene cuidado este soberano Rey. ¡Oh, válgame Dios, qué claro se ve aquí la declaración del verso, y cómo se entiende tenía razón y la tendrán todos de pedir alas de paloma! Entiéndese claro es vuelo el que da el espíritu para levantarse de todo lo criado, y de sí mismo el primero; mas es vuelo suave, es vuelo deleitoso, vuelo sin ruido.

25. ¡Qué señorío tiene un alma que el Señor llega aquí, que lo mire todo sin estar enredada en ello! ¡Qué corrida está del tiempo que lo estuvo! ¡Qué espantada de su ceguedad! ¡Qué lastimada de los que están en ella, en especial si es gente de oración y a quien Dios ya regala! Querría dar voces para dar a entender qué engañados están, y aun así lo hace algunas veces, y lluévenle en la cabeza mil persecuciones. Tiénenla por poco humilde y que quiere enseñar a de quien había de aprender, en especial si es mujer. Aquí es el condenar -y con razón-, porque no saben el ímpetu que la mueve, que a veces no se puede valer, ni puede sufrir no desengañar a los que quiere bien y desea ver sueltos de esta cárcel de esta vida, que no es menos ni le parece menos en la que ella ha estado.

26. Fatígase del tiempo en que miró puntos de honra y en el engaño que traía de creer que era honra lo que el mundo llama honra; ve que es grandísima mentira y que todos andamos en ella; entiende que la verdadera honra no es mentirosa, sino verdadera, teniendo en algo lo que es algo, y lo que no es nada tenerlo en nonada, pues todo es nada y menos que nada lo que se acaba y no contenta a Dios.

27. Ríese de sí, del tiempo que tenía en algo los dineros y codicia de ellos, aunque en ésta nunca creo -y es así verdad- confesé culpa; harta culpa era tenerlos en algo. Si con ellos se pudiera comprar el bien que ahora veo en mí, tuviéralos en mucho; mas ve que este bien se gana con dejarlo todo. ¿Qué es esto que se compra con estos dineros que deseamos? ¿Es cosa de precio? ¿Es cosa durable? ¿O para qué los queremos? Negro descanso se procura, que tan caro cuesta. Muchas veces se procura con ellos el infierno y se compra fuego perdurable y pena sin fin. ¡Oh, si todos diesen en tenerlos por tierra sin provecho, qué concertado andaría el mundo, qué sin tráfagos! ¡Con qué amistad se tratarían todos si faltase interés de honra y de dineros! Tengo para mí se remediaría todo.

28. Ve de los deleites tan gran ceguedad, y cómo con ellos compra trabajo, aun para esta vida, y desasosiego. ¡Qué inquietud! ¡Qué poco contento! ¡Qué trabajar en vano!.Aquí no sólo las telarañas ve de su alma y las faltas grandes, sino un polvito que haya, por pequeño que sea, porque el sol está muy claro; y así, por mucho que trabaje un alma en perfeccionarse, si de veras la coge este Sol, toda se ve muy turbia. Es como el agua que está en un vaso, que si no le da el sol está muy claro; si da en él, vese que está todo lleno de motas. Al pie de la letra es esta comparación. Antes de estar el alma en este éxtasis, parécele que trae cuidado de no ofender a Dios y que conforme a sus fuerzas hace lo que puede; mas llegada aquí, que le da este sol de justicia que la hace abrir los ojos, ve tanta motas, que los querría tornar a cerrar; porque aún no es tan hija de esta águila caudalosa, que pueda mirar este sol de en hito en hito; mas, por poco que los tenga abiertos, vese toda turbia. Acuérdase del verso que dice; ¿Quién será justo delante de Ti?.

29. Cuando mira este divino sol, deslúmbrale la claridad. Como se mira a sí, el barro la tapa los ojos: ciega está esta palomita. Así acaece muy muchas veces quedarse así ciega del todo, absorta, espantada, desvanecida de tantas grandezas como ve. Aquí se gana la verdadera humildad, para no se le dar nada de decir bienes de sí, ni que lo digan otros. Reparte el Señor del huerto la fruta y no ella, y así no se le pega nada a las manos. Todo el bien que tiene va guiado a Dios. Si algo dice de sí, es para su gloria. Sabe que no tiene nada él allí y, aunque quiera, no puede ignorarlo, porque lo ve por vista de ojos, que, mal que le pese, se los hace cerrar a las cosas del mundo, y que los tenga abiertos para entender verdades.

Capítulo 21

Prosigue y acaba este postrer grado de oración. * - Dice lo que siente el alma que está en él de tornar a vivir en el mundo, y de la luz que la da el Señor de los engaños de él. - Tiene buena doctrina.

1. Pues acabando en lo que iba, digo que no ha menester aquí consentimiento de esta alma; ya se le tiene dado, y sabe que con voluntad se entregó en sus manos y que no le puede engañar, porque es sabedor de todo. No es como acá, que está toda la vida llena de engaños y dobleces: cuando pensáis tenéis una voluntad.ganada, según lo que os muestra, venís a entender que todo es mentira. No hay ya quien viva en tanto tráfago, en especial si hay algún poco de interés.

¡Bienaventurada alma que la trae el Señor a entender verdades! ¡Oh, qué estado éste para los reyes! ¡Cómo les valdría mucho más procurarle, que no gran señorío! ¡Qué rectitud habría en el reino! ¡Qué de males se excusarían y habrían excusado! Aquí no se teme perder vida ni honra por amor de Dios. ¡Qué gran bien éste para quien está más obligado a mirar la honra del Señor, que todos los que son menos, pues han de ser los reyes a quien sigan! Por un punto de aumento en la fe y de haber dado luz en algo a los herejes, perdería mil reinos, y con razón. Otro ganar es. Un reino que no se acaba. Que con sola una gota que gusta un alma de esta agua de él, parece asco todo lo de acá. Pues cuando fuere estar engolfada en todo ¿qué será?

2. ¡Oh Señor! Si me dierais estado para decir a voces esto, no me creyeran, como hacen a muchos que lo saben decir de otra suerte que yo; mas al menos satisficiérame yo. Paréceme que tuviera en poco la vida por dar a entender una sola verdad de éstas; no sé después lo que hiciera, que no hay que fiar de mí.

Con ser la que soy, me dan grandes ímpetus por decir esto a los que mandan, que me deshacen. De que no puedo más, tórnome a Vos, Señor mío, a pediros remedio para todo; y bien sabéis Vos que muy de buena gana me desposeería yo de las mercedes que me habéis hecho, con quedar en estado que no os ofendiese, y se las daría a los reyes; porque sé que sería imposible consentir cosas que ahora se consienten, ni dejar de haber grandísimos bienes.

3. ¡Oh Dios mío! Dadles a entender a lo que están obligados, pues los quisisteis Vos señalar en la tierra de manera, que aun he oído decir hay señales en el cielo cuando lleváis a alguno. Que, cierto, cuando pienso esto, me hace devoción que queráis Vos, Rey mío, que hasta en esto entiendan os han de imitar en vida, pues en alguna manera hay señal en el cielo, como cuando moristeis Vos, en su muerte.

4. Mucho me atrevo. Rómpalo vuestra merced si mal le parece, y crea se lo diría mejor en presencia, si pudiese o pensase me han de creer, porque los encomiendo a Dios mucho, y querría me aprovechase. Todo lo hace aventurar la vida, que deseo muchas veces estar sin ella, y era por poco precio aventurar a ganar mucho..Porque no hay ya quien viva, viendo por vista de ojos el gran engaño en que andamos y la ceguedad que traemos.

5. Llegada un alma aquí, no es sólo deseos los que tiene por Dios; Su Majestad la da fuerzas para ponerlos por obra. No se le pone cosa delante, en que piense le sirve, a que no se abalance; y no hace nada, porque -como digo- ve claro que no es todo nada, sino contentar a Dios. El trabajo es que no hay qué se ofrezca a las que son de tan poco provecho como yo. Sed Vos, Bien mío, servido venga algún tiempo en que yo pueda pagar algún cornado de lo mucho que os debo. Ordenad Vos, Señor, como fuereis servido, cómo esta vuestra sierva os sirva en algo. Mujeres eran otras y han hecho cosas heroicas por amor de Vos. Yo no soy para más de parlar, y así no queréis Vos, Dios mío, ponerme en obras. Todo se va en palabras y deseos cuanto he de servir, y aun para esto no tengo libertad, porque por ventura faltara en todo. Fortaleced Vos mi alma y disponedla primero, Bien de todos los bienes y Jesús mío, y ordenad luego modos cómo haga algo por Vos, que no hay ya quien sufra recibir tanto y no pagar nada. Cueste lo que costare, Señor,

no queráis que vaya delante de Vos tan vacías las manos, pues conforme a las obras se ha de dar el premio. Aquí está mi vida, aquí está mi honra y mi voluntad; todo os lo he dado, vuestra soy, disponed de mí conforme a la vuestra. Bien veo yo, mi Señor, lo poco que puedo; mas llegada a Vos, subida en esta atalaya adonde se ven verdades, no os apartando demí, todo lo podré; que si os apartáis, por poco que sea, iré adonde estaba, que era al infierno.

6. ¡Oh, qué es un alma que se ve aquí, haber de tornar a tratar con todos, a mirar y ver esta farsa de esta vida tan mal concertada, a gastar el tiempo en cumplir con el cuerpo, durmiendo y comiendo! Todo la cansa, no sabe cómo huir, vese encadenada y presa. Entonces siente más verdaderamente el cautiverio que traemos con los cuerpos, y la miseria de la vida. Conoce la razón que tenía San Pablo de suplicar a Dios le librase de ella. Da voces con él. Pide a Dios libertad, como otras veces he dicho; mas aquí es con tan gran ímpetu muchas veces, que parece se quiere salir el alma del cuerpo a buscar esta libertad, ya que no la sacan. Anda como vendida en tierra ajena, y lo que más la fatiga es no hallar muchos que se quejen con ella y pidan esto, sino lo más ordinario es desear vivir. ¡Oh, si no estuviésemos asidos a nada ni tuviésemos puesto nuestro contento en cosa de la tierra, cómo la pena que nos daría.vivir siempre sin él templaría el miedo de la muerte con el deseo de gozar de la vida verdadera!

7. Considero algunas veces cuando una como yo, por haberme el Señor dado esta luz, con tan tibia caridad y tan incierto el descanso verdadero por no lo haber merecido mis obras, siento tanto verme en este destierro muchas veces, ¿qué sería el sentimiento de los santos? ¿Qué debía de pasar San Pablo y la Magdalena y otros semejantes, en quien tan crecido estaba este fuego de amor de Dios? Debía ser un continuo martirio.

Paréceme que quien me da algún alivio y con quien descanso de tratar, son las personas que hallo de estos deseos; digo deseos con obras; digo con obras, porque hay algunas personas que, a su parecer, están desasidas, y así lo publican y había ello de ser, pues su estado lo pide y los muchos años que ha que algunas han comenzado camino de perfección, mas conoce bien esta alma desde muy lejos los que lo son de palabras, o los que ya estas palabras han confirmado con obras; porque tiene entendido el poco provecho que hacen los unos y el mucho los otros, y es cosa que a quien tiene experiencia lo ve muy claramente.

8. Pues dicho ya estos efectos que hacen los arrobamientos que son de espíritu de Dios... , verdad es que hay más o menos. Digo menos, porque a los principios, aunque hace estos efectos, no están experimentados con obras, y no se puede así entender que los tiene. Y también va creciendo la perfección y procurando no haya memoria de telaraña, y esto requiere algún tiempo. Y mientras más crece el amor y humildad en el alma, mayor olor dan de sí estas flores de virtudes, para sí y para los otros. Verdad es que de manera puede obrar el Señor en el alma en un rapto de estos, que quede poco que trabajar al alma en adquirir perfección, porque no podrá nadie creer, si no lo experimenta, lo que el Señor la da aquí, que no hay diligencia nuestra que a esto llegue, a mi parecer. No digo que con el favor del Señor, ayudándose muchos años, por los términos que escriben los que han escrito de oración, principios y medios, no llegarán a la perfección y desasimiento mucho con hartos trabajos; mas no en tan breve tiempo como, sin ninguno nuestro, obra el Señor aquí y determinadamente saca el alma de la tierra y le da señorío sobre lo que hay en ella, aunque en esta alma no haya más merecimientos.que había en la mía, que no lo puedo más encarecer, porque era casi ninguno.

9. El por qué lo hace Su Majestad, es porque quiere, y como quiere hácelo, y aunque no haya en ella disposición, la dispone para recibir el bien que Su Majestad le da. Así que no todas veces los da porque se lo han merecido en granjear bien el huerto -aunque es muy cierto a quien esto hace bien y procura desasirse, no dejar de regalarle-, sino que es su voluntad mostrar su grandeza algunas veces en la tierra que es más ruin, como tengo dicho, y dispónela para todo bien, de manera que parece no es ya parte en cierta manera para tornar a vivir en las ofensas de Dios que solía. Tiene el pensamiento tan habituado a entender lo que es verdadera verdad, que todo lo demás le parece juego de niños. Ríese entre sí algunas veces cuando ve a personas graves de oración y religión hacer mucho caso de unos puntos de honra que esta alma tiene ya debajo de los pies. Dicen que es discreción y autoridad de su estado para más aprovechar. Sabe ella muy bien que aprovecharía más en

un día que pospusiese aquella autoridad de estado por amor de Dios, que con ella en diez años.

10. Así vive vida trabajosa y con siempre cruz, mas va en gran crecimiento. Cuando parece a los que la tratan, están muy en la cumbre. Desde a poco están muy más mejoradas, porque siempre las va favoreciendo más Dios. Es alma suya. Es El que la tiene ya a cargo, y así le luce. Porque parece asistentemente la está siempre guardando para que no le ofenda, y favoreciendo y despertando para que le sirva.

En llegando mi alma a que Dios la hiciese esta tan gran merced, cesaron mis males y me dio el Señor fortaleza para salir de ellos, y no me hacía más estar en las ocasiones y con gente que me solía distraer, que si no estuviera, antes me ayudaba lo que me solía dañar. Todo me era medios para conocer más a Dios y amarle y ver lo que le debía y pesarme de la que había sido.

11. Bien entendía yo no venía aquello de mí ni lo había ganado con mi diligencia, que aún no había habido tiempo para ello. Su Majestad me había dado fortaleza para ello por su sola bondad. Hasta ahora, desde que me comenzó el Señor a hacer esta merced de estos arrobamientos, siempre ha ido creciendo esta fortaleza, y por su bondad me ha tenido de su mano para no tornar atrás. Ni me.parece, como es así, hago nada casi de mi parte, sino que entiendo claro el Señor es el que obra.

Y por esto me parece que a almas que el Señor hace estas mercedes que, yendo con humildad y temor, siempre entendiendo el mismo Señor lo hace y nosotros casi nonada, que se podía poner entre cualquiera gente; aunque sea más distraída y viciosa, no le hará al caso, ni moverá en nada; antes, como he dicho, le ayudará y serle ha modo para sacar muy mayor aprovechamiento. Son ya almas fuertes que escoge el Señor para aprovechar a otras; aunque esta fortaleza no viene de sí. De poco en poco, en llegando el Señor aquí un alma, le va comunicando muy grandes secretos.

12. Aquí son las verdaderas revelaciones en este éxtasis y las grandes mercedes y visiones, y todo aprovecha para humillar y fortalecer el alma y que tenga en menos las cosas de esta vida y conozca más claro las grandezas del premio que el Señor tiene aparejado a los que le sirven. Plega a Su Majestad sea alguna parte la grandísima largueza que con esta miserable

pecadora ha tenido, para que se esfuercen y animen los que esto leyeren a dejarlo todo del todo por Dios. Pues tan cumplidamente paga Su Majestad, que aun en esta vida se ve claro el
premia y la ganancia que tienen los que le sirven, (.que sera en
la otra?

Capítulo 22

En que trata cuán seguro camino es para los contemplativos no levantar el espíritu a cosas altas si el Señor no le levanta, y cómo ha de ser el medio para la más subida contemplación la Humanidad de Cristo. - Dice de un engaño en que ella estuvo un tiempo. – Es muy provechoso este capítulo.

1. Una cosa quiero decir, a mi parecer importante; si a vuestra merced le pareciere bien, servirá de aviso, que podría ser haberle menester; porque en algunos libros que están escritos de oración tratan que, aunque el alma no puede por sí llegar a este estado, porque es todo obra sobrenatural que el Señor obra en ella, que podrá ayudarse levantando el espíritu de todo lo criado y subiéndole.con humildad, después de muchos años que haya ido por la vida purgativa, y aprovechando por la iluminativa. No sé yo bien por qué dicen «iluminativa»; entiendo que de los que van aprovechando.

Y avisan mucho que aparten de sí toda imaginación corpórea y que se lleguen a contemplar en la Divinidad; porque dicen que, aunque sea la Humanidad de Cristo, a los que llegan ya tan adelante, que embaraza o impide a la más perfecta contemplación. Traen lo que dijo el Señor a los Apóstoles cuando la venida del Espíritu Santo -digo cuando subió a los cielos- para este propósito. Paréceme a mí que si tuvieran la fe, como la tuvieron después que vino el Espíritu Santo, de que era Dios y hombre, no les impidiera, pues no se dijo esto a la Madre de Dios, aunque le amaba más que todos.

Porque les parece que como esta obra toda es espíritu, que cualquier cosa corpórea la puede estorbar o impedir; y que considerarse en cuadrada manera, y que está Dios de todas partes y verse engolfado en El, es lo que han de procurar. Esto bien me parece a mí, algunas veces; mas apartarse del todo de Cristo y que entre en cuenta este divino Cuerpo con nuestras miserias ni con todo lo criado, no lo puedo sufrir. Plega a Su Majestad que me sepa dar a entender.

2. Yo no lo contradigo, porque son letrados y espirituales, y saben lo que dicen, y por muchos caminos y vías lleva Dios las almas. Cómo ha llevado la mía quiero yo ahora decir -en lo demás no me entremeto- y en el peligro en que me vi por querer conformarme con lo que leía. Bien creo que quien llegare a tener unión y no pasare adelante -digo a arrobamientos y visiones y otras mercedes que hace Dios a las almas-, que tendrá lo dicho por lo mejor, como yo lo hacía; y si me hubiera estado en ello, creo nunca hubiera llegado a lo que ahora, porque a mi parecer es engaño. Ya puede ser yo sea la engañada; mas diré lo que me acaeció.

3. Como yo no tenía maestro y leía en estos libros, por donde poco a poco yo pensaba entender algo (y después entendí que, si el Señor no me mostrara, yo pudiera poco con los libros deprender, porque no era nada lo que entendía hasta que Su Majestad por.experiencia me lo daba a entender, ni sabía lo que hacía), en comenzando a tener algo de oración sobrenatural, digo de quietud, procuraba desviar toda cosa corpórea, aunque ir levantando el alma yo no osaba, que, como era siempre tan ruin, veía que era atrevimiento. Mas parecíame sentir la presencia de Dios, como es así, y procuraba estarme recogida con El; y es oración sabrosa, si Dios allí ayuda, y el deleite mucho. Y como se ve aquella ganancia y aquel gusto, ya no había quien me hiciese tornar a la Humanidad, sino que, en hecho de verdad, me parecía me era impedimento. ¡Oh Señor de mi alma y Bien mío, Jesucristo crucificado! No me acuerdo vez de esta opinión que tuve, que no me da pena, y me parece que hice una gran traición, aunque con ignorancia.

4. Había sido yo tan devota toda mi vida de Cristo. Porque esto era ya a la postre (digo a la postre de antes que el Señor me hiciese estas mercedes de arrobamientos y visiones), y en tanto extremo duró muy poco estar en esta opinión. Y así siempre tornaba a mi costumbre de holgarme con este Señor, en especial cuando comulgaba. Quisiera yo siempre traer delante de los ojos su retrato e imagen, ya que no podía traerle tan

esculpido en mi alma como yo quisiera. ¿Es posible, Señor mío, que cupo en mi pensamiento ni una hora que Vos me habíais de impedir para mayor bien? ¿De dónde me vinieron a mí todos los bienes sino de Vos? No quiero pensar que en esto tuve culpa, porque me lastimo mucho, que cierto era ignorancia; y así quisisteis Vos, por vuestra bondad, remediarla con darme quien me sacase de este yerro, y después con que os viese yo tantas veces, como adelante diré, para que más claro entendiese cuán grande era, y que lo dijese a muchas personas que lo he dicho, y para que lo pusiese ahora aquí.

5. Tengo para mí que la causa de no aprovechar más muchas almas y llegar a muy gran libertad de espíritu, cuando llegan a tener oración de unión, es por esto. Paréceme que hay dos razones en que puedo fundar mi razón, y quizá no digo nada, mas lo que dijere helo visto por experiencia, que se hallaba muy mal mi alma hasta que el Señor la dio luz; porque todos sus gozos eran a sorbos, y salida de allí, no se hallaba con la compañía que después para los trabajos y tentaciones..La una es, que va un poco de poca humildad tan solapada y escondida, que no se siente. Y ¿quién será el soberbio y miserable, como yo, que cuando hubiere trabajado toda su vida con cuantas penitencias y oraciones y persecuciones se pudieren imaginar, no se halle por muy rico y muy bien pagado, cuando le consienta el Señor estar al pie de la Cruz con San Juan? No sé en qué seso cabe no se contentar con esto, sino en el mío que de todas maneras fue perdido en lo que había de ganar.

6. Pues si todas veces la condición o enfermedad, por ser penoso pensar en la Pasión, no se sufre, ¿quién nos quita estar con El después de resucitado, pues tan cerca le tenemos en el Sacramento, adonde ya está glorificado, y no le miraremos tan fatigado y hecho pedazos, corriendo sangre, cansado por los caminos, perseguido de los que hacía tanto bien, no creído de los Apóstoles? Porque, cierto, no todas veces hay quien sufra pensar en tantos trabajos como pasó. Hele aquí sin pena, lleno de gloria, esforzando a los unos, animando a los otros, antes que subiese a los cielos, compañero nuestro en el Santísimo Sacramento, que no parece fue en su mano apartarse un momento de nosotros. ¡Y que haya sido en la mía apartarme yo de Vos, Señor mío, por más serviros! Que ya cuando os ofendía, no os conocía; ¡mas que, conociéndoos, pensase ganar más por

este camino! ¡Oh, qué mal camino llevaba, Señor! Ya me parece iba sin camino, si Vos no me tornarais a él, que en veros cabe mí, he visto todos los bienes. No me ha venido trabajo que, mirándoos a Vos cuál estuvisteis delante de los jueces, no se me haga bueno de sufrir. Con tan buen amigo presente, con tan buen capitán que se puso en lo primero en el padecer, todo se puede sufrir: es ayuda y da esfuerzo; nunca falta; es amigo verdadero. Y veo yo claro, y he visto después, que para contentar a Dios y que nos haga grandes mercedes, quiere sea por manos de esta Humanidad sacratísima, en quien dijo Su Majestad se deleita. Muy muy muchas veces lo he visto por experiencia. Hámelo dicho el Señor. He visto claro que por esta puerta hemos de entrar, si queremos nos muestre la soberana Majestad grandes secretos.

7. Así que vuestra merced, señor, no quiera otro camino, aunque esté en la cumbre de contemplación; por aquí va seguro. Este Señor nuestro es por quien nos vienen todos los bienes. El le enseñará. Mirando su vida, es el mejor dechado. ¿Qué más queremos de un tan buen amigo al lado, que no nos dejará en los.trabajos y tribulaciones, como hacen los del mundo?

Bienaventurado quien de verdad le amare y siempre le trajere cabe sí. Miremos al glorioso San Pablo, que no parece se le caía de la boca siempre Jesús, como quien le tenía bien en el corazón. Yo he mirado con cuidado, después que esto he entendido, de algunos santos, grandes contemplativos, y no iban por otro camino. San Francisco da muestra de ello en las llagas; San Antonio de Padua, el Niño; San Bernardo se deleitaba en la Humanidad; Santa Catalina de Sena... otros muchos que vuestra merced sabrá mejor que yo.

8. Esto de apartarse de lo corpóreo, bueno debe ser, cierto, pues gente tan espiritual lo dice; mas, a mi parecer, ha de ser estando el alma muy aprovechada, porque hasta esto, está claro, se ha de buscar al Criador por las criaturas. Todo es como la merced el Señor hace a cada alma; en eso no me entremeto. Lo que querría dar a entender es que no ha de entrar en esta cuenta la sacratísima Humanidad de Cristo. Y entiéndase bien este punto, que querría saberme declarar.

9. Cuando Dios quiere suspender todas las potencias, como en los modos de oración que quedan dichos hemos visto, claro

está que, aunque no queramos, se quita esta presencia. Enton- ces vaya enhorabuena; dichosa tal pérdida que es para gozar más de lo que nos parece se pierde; porque entonces se em- plea el alma toda en amar a quien el entendimiento ha trabaja- do conocer, y ama lo que no comprendió, y goza de lo que no pudiera tan bien gozar si no fuera perdiéndose a sí, para, como digo, más ganarse. Mas que nosotros de maña y con cuidado nos acostumbremos a no procurar con todas nuestras fuerzas traer delante siempre –y pluguiese al Señor fuese siempre- es- ta sacratísima Humanidad, esto digo que no me parece bien y que es andar el alma en el aire, como dicen; porque parece no trae arrimo, por mucho que le parece anda llena de Dios. Es gran cosa, mientras vivimos y somos humanos, traerle humano, que éste es el otro inconveniente que digo hay. El primero, ya comencé a decir es un poco de falta de humildad de quererse levantar el alma hasta que el Señor la levante, y no contentarse con meditar cosa tan preciosa, y querer ser María antes que haya trabajado con Marta. Cuando el Señor quiere que lo sea, aunque sea desde el primer día, no hay que temer; mas comi- dámonos nosotros, como ya creo otra vez he dicho..Esta motita de poca humildad, aunque no parece es nada, para querer aprovechar en la contemplación hace mucho daño.

10. Tornando al segundo punto, nosotros no somos ángeles, sino tenemos cuerpo. Querernos hacer ángeles estando en la tierra –y tan en la tierra como yo estaba- es desatino, sino que ha menester tener arrimo el pensamiento para lo ordinario. Ya que algunas veces el alma salga de sí o ande muchas tan llena de Dios que no haya menester cosa criada para recogerla, esto no es tan ordinario, que en negocios y persecuciones y traba- jos, cuando no se puede tener tanta quietud, y en tiempo de se- quedades, es muy buen amigo Cristo, porque le miramos Hom- bre y vémosle con flaquezas y trabajos, y es compañía y, hab- iendo costumbre, es muy fácil hallarle cabe sí, aunque veces vendrán que lo uno ni lo otro se pueda.

Para esto es bien lo que ya he dicho: no nos mostrar a procu- rar consolaciones de espíritu; venga lo que viniere, abrazado con la cruz, es gran cosa. Desierto quedó este Señor de toda consolación; solo le dejaron en los trabajos; no le dejemos no- sotros, que, para más sufrir, El nos dará mejor la mano que nuestra diligencia, y se ausentará cuando viere que conviene y que quiere el Señor sacar el alma de sí, como he dicho.

11. Mucho contenta a Dios ver un alma que con humildad pone por tercero a su Hijo y le ama tanto, que aun queriendo Su Majestad subirle a muy gran contemplación -como tengo dicho-, se conoce por indigno, diciendo con San Pedro: Apartaos de mí, que soy hombre pecador.

Esto he probado. De este arte ha llevado Dios mi alma. Otros irán –como he dicho- por otro atajo. Lo que yo he entendido es que todo este cimiento de la oración va fundado en humildad y que mientras más se abaja un alma en la oración, más la sube Dios. No me acuerdo haberme hecho merced muy señalada, de las que adelante diré, que no sea estando deshecha de verme tan ruin. Y aun procuraba Su Majestad darme a entender cosas para ayudarme a conocerme, que yo no las supiera imaginar.

Tengo para mí que cuando el alma hace de su parte algo para ayudarse en esta oración de unión, que aunque luego luego parece la aprovecha, que como cosa no fundada se tornará muy presto a caer; y he miedo que nunca llegará a la verdadera pobreza de espíritu, que es no buscar consuelo ni gusto en la oración -que los de la tierra ya están dejados-, sino consolación en los trabajos por amor de El que siempre vivió en ellos, y estar en ellos y en las sequedades quieta. Aunque algo se sienta, no para dar inquietud y la pena que a algunas personas, que, si no están siempre trabajando con el entendimiento y con tener devoción, piensan que va todo perdido, como si por su trabajo se mereciese tanto bien.

No digo que no se procure y estén con cuidado delante de Dios; mas que si no pudieren tener aun un buen pensamiento, como otra vez he dicho, que no se maten; siervos sin provecho somos, ¿qué pensamos poder?

12. Más quiere el Señor que conozcamos esto y andemos hechos asnillos para traer la noria del agua que queda dicha, que, aunque cerrados los ojos y no entendiendo lo que hacen, sacarán más que el hortelano con toda su diligencia. Con libertad se ha de andar en este camino, puestos en las manos de Dios. Si Su Majestad nos quisiere subir a ser de los de su cámara y secreto, ir de buena gana; si no, servir en oficios bajos y no sentarnos en el mejor lugar, como he dicho alguna vez. Dios tiene cuidado más que nosotros y sabe para lo que es cada uno.

¿De qué sirve gobernarse a sí quien tiene dada ya toda su voluntad a Dios?

A mi parecer, muy menos se sufre aquí que en el primer grado de la oración, y mucho más daña. Son bienes sobrenatural. Si uno tiene mala voz, por mucho que se esfuerce a cantar no se le hace buena; si Dios quiere dársela, no ha él menester antes dar voces. Pues supliquemos siempre nos haga mercedes, rendida el alma, aunque confiada de la grandeza de Dios. Pues para que esté a los pies de Cristo la dan licencia, que procure no quitarse de allí, esté como quiera; imite a la Magdalena, que de que esté fuerte, Dios la llevará al desierto.

13. Así que vuestra merced, hasta que halle quien tenga más experiencia que yo y lo sepa mejor, estése en esto. Si son personas que comienzan a gustar de Dios, no las crea, que les parece les aprovecha y gustan más ayudándose. ¡Oh, cuando Dios quiere, cómo viene al descubierto sin estas ayuditas!; que, aunque más hagamos, arrebata el espíritu, como un gigante tomaría una paja, y no basta resistencia. ¡Qué manera para creer que, cuando El quiere, espera a que vuele el sapo por sí mismo! Y aun más dificultoso y pesado me parece levantarse nuestro espíritu, si Dios no le levanta; porque está cargado de tierra y de mil impedimentos, y aprovéchale poco querer volar; que, aunque es más su natural que del sapo, está ya tan metido en el cieno, que lo perdió por su culpa.

14. Pues quiero concluir con esto: que siempre que se piense de Cristo, nos acordemos del amor con que nos hizo tantas mercedes y cuán grande nos le mostró Dios en darnos tal prenda del que nos tiene; que amor saca amor. Y aunque sea muy a los principios y nosotros muy ruines, procuremos ir mirando esto siempre y despertándonos para amar; porque si una vez nos hace el Señor merced que se nos imprima en el corazón este amor, sernos ha todo fácil y obraremos muy en breve y muy sin trabajo. Dénosle Su Majestad -pues sabe lo mucho que nos conviene- por el que El nos tuvo y por su glorioso Hijo, a quien tan a su costa nos le mostró, amén.

15. Una cosa querría preguntar a vuestra merced: cómo en comenzando el Señor a hacer mercedes a un alma, tan subidas, como es ponerla en perfecta contemplación, que de razón había de quedar perfecta del todo luego (de razón, sí por cierto, porque quien tan gran merced recibe no había más de querer

consuelos de la tierra), pues ¿por qué en arrobamiento y en cuando está ya el alma más habituada a recibir mercedes, parece que trae consigo los efectos tan más subidos, y mientras más, más desasida, pues en un punto que el Señor llega la puede dejar santificada, como después, andando el tiempo, la deja el mismo Señor con perfección en las virtudes?.

Esto quiero yo saber, que no lo sé. Mas bien sé es diferente lo que Dios deja de fortaleza cuando al principio no dura más que cerrar y abrir los ojos y casi no se siente sino en los efectos que deja, o cuando va más a la larga esta merced. Y muchas veces paréceme a mí si es el no se disponer del todo luego el alma, hasta que el Señor poco a poco la cría y la hace determinar y da fuerzas de varón, para que dé del todo con todo en el suelo. Como lo hizo con la Magdalena con brevedad, hácelo en otras personas, conforme a lo que ellas hacen en dejar a Su Majestad hacer. No acabamos de creer que aun en esta vida da Dios ciento por uno.

16. También pensaba yo esta comparación: que puesto que sea todo uno lo que se da a los que más adelante van que en el principio, es como un manjar que comen de él muchas personas, y las que comen poquito, quédales sólo buen sabor por un rato; as.que más, ayuda a sustentar; las que comen mucho, da vida y fuerza; y tantas veces se puede comer y tan cumplido de este manjar de vida, que ya no coman cosa que les sepa bien sino él; porque ve el provecho que le hace, y tiene ya tan hecho el gusto a esta suavidad, que querría más no vivir que haber de comer otras cosas que no sean sino para quitar el buen sabor que el buen manjar dejó.

También una compañía santa no hace su conversación tanto provecho de un día como de muchos; y tantos pueden ser los que estemos con ella, que seamos como ella, si nos favorece Dios. Y en fin, todo está en lo que Su Majestad quiere y a quien quiere darlo; mas mucho va en determinarse, a quien ya comienza a recibir esta merced, en desasirse de todo y tenerla en lo que es razón.

17. También me parece que anda Su Majestad a probar quién le quiere, si no uno, si no otro, descubriendo quién es con deleite tan soberano, por avivar la fe -si está muerta- de lo que nos ha de dar, diciendo: «Mirad, que esto es una gota del mar grandísimo de bienes», por no dejar nada por hacer con

los que ama, y como ve que le reciben, así da y se da. Quiere a quien le quiere. Y ¡qué bien querido! Y ¡qué buen amigo!

¡Oh Señor de mi alma, y quién tuviera palabras para dar a entender qué dais a los que se fían de Vos, y qué pierden los que llegan a este estado, y se quedan consigo mismos! No queréis Vos esto, Señor, pues más que esto hacéis Vos, que os venís a una posada tan ruin como la mía. ¡Bendito seáis por siempre jamás!

18. Torno a suplicar a vuestra merced que estas cosas que he escrito de oración, si las tratare con personas espirituales, lo sean. Porque si no saben más de un camino o se han quedado en el medio, no podrán así atinar. Y hay algunas que desde luego las lleva Dios por muy subido camino, y paréceles que así podrán los otros aprovechar allí y quietar el entendimiento y no se aprovechar de medios de cosas corpóreas, y quedarse han secos como un palo. Y algunos que hayan tenido un poco de quietud, luego piensan que como tienen lo uno pueden hacer lo otro; y en lugar de aprovechar, desaprovecharán, como he dicho. Así que en todo es menester experiencia y discreción. El Señor nos la dé por su bondad.

Capítulo 23

En que torna a tratar del discurso de su vida, y cómo comenzó a tratar de más perfección, y por qué medios. - Es provechoso para las personas que tratan de gobernar almas que tienen oración saber cómo se han de haber en los principios, y el provecho que le hizo saberla llevar.

1. Quiero ahora tornar adonde dejé de mi vida, -que me he detenido, creo, más de lo que me había de detener-, porque se entienda mejor lo que está por venir. Es otro libro nuevo de aquí adelante, digo otra vida nueva. La de hasta aquí era mía; la que he vivido desde que comencé a declarar estas cosas de oración, es que vivía Dios en mí, a lo que me parecía; porque entiendo yo era imposible salir en tan poco tiempo de tan malas costumbres y obras. Sea el Señor alabado que me libró de mí.

2. Pues comenzando a quitar ocasiones y a darme más a la oración, comenzó el Señor a hacerme las mercedes, como quien deseaba, a lo que pareció, que yo las quisiese recibir. Comenzó Su Majestad a darme muy ordinario oración de quietud, y muchas veces de unión, que duraba mucho rato. Yo, como en estos tiempos habían acaecido grandes ilusiones en mujeres y engaños que las había hecho el demonio, comencé a temer, como era tan grande el deleite y suavidad que sentía, y muchas veces sin poderlo excusar, puesto que veía en mí por otra parte una grandísima seguridad que era Dios, en especial cuando estaba en la oración, y veía que quedaba de allí muy mejorada y con más fortaleza. Mas en distrayéndome un poco, tornaba a temer y a pensar si quería el demonio, haciéndome entender que era bueno, suspender el entendimiento para quitarme la

oración mental y que no pudiese pensar en la Pasión ni aprovecharme del entendimiento, que me parecía a mí mayor pérdida, como no lo entendía.

3. Mas como Su Majestad quería ya darme luz para que no le ofendiese ya y conociese lo mucho que le debía, creció de suerte este miedo, que me hizo buscar con diligencia personas espirituales con quien tratar, que ya tenía noticia de algunos, porque habían venido aquí los de la Compañía de Jesús, a quien yo -sin conocer a.ninguno- era muy aficionada, de sólo saber el modo que llevaban de vida y oración; mas no me hallaba digna de hablarlos ni fuerte para obedecerlos, que esto me hacía más temer, porque tratar con ellos y ser la que era hacíaseme cosa recia.

4. En esto anduve algún tiempo, hasta que ya, con mucha batería que pasé en mí y temores, me determiné a tratar con una persona espiritual para preguntarle qué era la oración que yo tenía, y que me diese luz, si iba errada, y hacer todo lo que pudiese por no ofender a Dios. Porque la falta -como he dicho- que veía en mí de fortaleza me hacía estar tan tímida.

¡Qué engaño tan grande, válgame Dios, que para querer ser buena me apartaba del bien! En esto debe poner mucho el demonio en el principio de la virtud, porque yo no podía acabarlo conmigo. Sabe él que está todo el medio de un alma en tratar con amigos de Dios, y así no había término para que yo a esto me determinase. Aguardaba a enmendarme primero, como cuando dejé la oración, y por ventura nunca lo hiciera, porque estaba ya tan caída en cosillas de mala costumbre que no acababa de entender eran malas, que era menester ayuda de otros y darme la mano para levantarme. Bendito sea el Señor que, en fin, la suya fue la primera.

5. Como yo vi iba tan adelante mi temor, porque crecía la oración, parecióme que en esto había algún gran bien o grandísimo mal. Porque bien entendía ya era cosa sobrenatural lo que tenía, porque algunas veces no lo podía resistir. Tenerlo cuando yo quería, era excusado. Pensé en mí que no tenía remedio si no procuraba tener limpia conciencia y apartarme de toda ocasión, aunque fuese de pecados veniales, porque, siendo espíritu de Dios, clara estaba la ganancia; si era demonio, procurando yo tener contento al Señor y no ofenderle, poco daño me podía hacer, antes él quedaría con pérdida.

Determinada en esto y suplicando siempre a Dios me ayudase, procurando lo dicho algunos días, vi que no tenía fuerza mi alma para salir con tanta perfección a solas, por algunas aficiones que tenía a cosas que, aunque de suyo no eran muy malas, bastaban para estragarlo todo.

6. Dijéronme de un clérigo letrado que había en este lugar, que comenzaba el Señor a dar a entender a la gente su bondad y buena vida. Yo procuré por medio de un caballero santo que hay en este lugar. Es casado, mas de vida tan ejemplar y virtuosa, y de tanta oración y caridad, que en todo él resplandece su bondad y perfección. Y con mucha razón, porque grande bien ha venido a muchas almas por su medio, por tener tantos talentos, que, aun con no le ayudar su estado, no puede dejar con ellos de obrar. Mucho entendimiento y muy apacible para todos. Su conversación no pesada, tan suave y agraciada, junto con ser recta y santa, que da contento grande a los que trata. Todo lo ordena para gran bien de las almas que conversa, y no parece trae otro estudio sino hacer por todos los que él ve se sufre y contentar a todos.

7. Pues este bendito y santo hombre, con su industria, me parece fue principio para que mi alma se salvase. Su humildad a mí espántame, que con haber, a lo que creo, poco menos de cuarenta años que tiene oración -no sé si son dos o tres menos-, y lleva toda la vida de perfección, que, a lo que parece, sufre su estado. Porque tiene una mujer tan gran sierva de Dios y de tanta caridad, que por ella no se pierde; en fin, como mujer de quien Dios sabía había de ser tan gran siervo suyo, la escogió. Estaban deudos suyos casados con parientes míos. Y también con otro harto siervo de Dios, que estaba casado con una prima mía, tenía mucha comunicación.

8. Por esta vía procuré viniese a hablarme este clérigo que digo tan siervo de Dios, que era muy su amigo, con quien pensé confesarme y tener por maestro. Pues trayéndole para que me hablase, y yo con grandísima confusión de verme presente de hombre tan santo, dile parte de mi alma y oración, que confesarme no quiso: dijo que era muy ocupado, y era así. Comenzó con determinación santa a llevarme como a fuerte, que de razón había de estar según la oración vio que tenía, para que en ninguna manera ofendiese a Dios.

Yo, como vi su determinación tan de presto en cosillas que, como digo, yo no tenía fortaleza para salir luego con tanta perfección, afligíme; y como vi que tomaba las cosas de mi alma como cosa que en una vez había de acabar con ella, yo veía que había menester mucho más cuidado.

9. En fin, entendí no eran por los medios que él me daba por donde yo me había de remediar, porque eran para alma más perfecta; y yo, aunque en las mercedes de Dios estaba adelante, estaba muy en los principios en las virtudes y mortificación. Y cierto, si no hubiera de tratar más de con él, yo creo nunca medrara mi alma; porque de la aflicción que me daba de ver cómo yo no hacía -ni me.parece podía- lo que él me decía, bastaba para perder la esperanza y dejarlo todo. Algunas veces me maravillo, que siendo persona que tiene gracia particular en comenzar a llegar almas a Dios, cómo no fue servido entendiese la mía ni se quisiese encargar de ella, y veo fue todo para mayor bien mío, porque yo conociese y tratase gente tan santa como la de la Compañía de Jesús.

10. De esta vez quedé concertada con este caballero santo, para que alguna vez me viniese a ver. Aquí se vio su gran humildad, querer tratar con persona tan ruin como yo. Comenzóme a visitar y a animarme y decirme que no pensase que en un día me había de apartar de todo, que poco a poco lo haría Dios; que en cosas bien livianas había él estado algunos años, que no las había podido acabar consigo. ¡Oh humildad, qué grandes bienes haces adonde estás y a los que se llegan a quien la tiene! Decíame este santo (que a mi parecer con razón le puedo poner este nombre) flaquezas, que a él le parecían que lo eran, con su humildad, para mi remedio; y mirado conforme a su estado, no era falta ni imperfección, y conforme al mío, era grandísima tenerlas.

Yo no digo esto sin propósito, porque parece me alargo en menudencias, e importan tanto para comenzar a aprovechar un alma y sacarla a volar (que aún no tiene plumas, como dicen), que no lo creerá nadie, sino quien ha pasado por ello. Y porque espero yo en Dios vuestra merced ha de aprovechar muchas, lo digo aquí, que fue toda mi salud saberme curar y tener humildad y caridad para estar conmigo, y sufrimiento de ver que no en todo me enmendaba. Iba con discreción, poco a poco dando maneras para vencer el demonio. Yo le comencé a tener tan grande amor, que no había para mí mayor descanso que el día que le veía, aunque eran pocos. Cuando tardaba, luego me fatigaba mucho, pareciéndome que por ser tan ruin no me veía.

11. Como él fue entendiendo mis imperfecciones tan grandes, y aun serían pecados (aunque después que le traté, más enmendada estaba), y como le dije las mercedes que Dios me hacía, para que me diese luz, díjome que no venía lo uno con lo otro, que aquellos regalos eran ya de personas que estaban muy aprovechadas y mortificadas, que no podía dejar de temer mucho, porque le parecía mal espíritu en algunas cosas, aunque no se determinaba, mas que pensase bien todo lo que entendía de mi oración y se lo dijese. Y era el trabajo que yo no sabía poco ni mucho decir lo que era mi oración; porque esta merced de saber entender qué es, y saberlo decir, ha poco que me lo dio Dios.

12. Como me dijo esto, con el miedo que yo traía, fue grande mi aflicción y lágrimas. Porque, cierto, yo deseaba contentar a Dios y no me podía persuadir a que fuese demonio; mas temía por mis grandes pecados me cegase Dios para no lo entender.

Mirando libros para ver si sabría decir la oración que tenía, hallé en uno que se llama Subida del Monte, en lo que toca a unión del alma con Dios, todas las señales que yo tenía en aquel no pensar nada, que esto era lo que yo más decía: que no podía pensar nada cuando tenía aquella oración; y señalé con unas rayas las partes que eran, y dile el libro para que él y el otro clérigo que he dicho, santo y siervo de Dios, lo mirasen y me dijesen lo que había de hacer; y que, si les pareciese, dejaría la oración del todo, que para qué me había yo de meter en esos peligros; pues a cabo de veinte años casi que había que la tenía, no había salido con ganancia, sino con engaños del demonio, que mejor era no la tener; aunque también esto se me hacía recio, porque ya yo había probado cuál estaba mi alma sin oración.

Así que todo lo veía trabajoso, como el que está metido en un río, que a cualquier parte que vaya de él teme más peligro, y él se está casi ahogando. Es un trabajo muy grande éste, y de éstos he pasado muchos, como diré adelante; que aunque parece no importa, por ventura hará provecho entender cómo se ha de probar el espíritu.

13. Y es grande, cierto, el trabajo que se pasa, y es menester tiento, en especial con mujeres, porque es mucha nuestra flaqueza y podría venir a mucho mal diciéndoles muy claro es demonio; sino mirarlo muy bien, y apartarlas de los peligros que puede haber, y avisarlas en secreto pongan mucho y le tengan ellos, que conviene. Y en esto hablo como quien le cuesta harto trabajo no le tener algunas personas con quien he tratado mi oración, sino preguntando unos y otros, por bien me han hecho harto daño, que se han divulgado cosas que estuvieran bien secretas -pues no son para todos- y parecía las publicaba yo. Creo sin culpa suya lo ha permitido el Señor para que yo padeciese. No digo que decían lo que trataba con ellos en confesión; mas, como eran personas a quien yo daba cuenta por mis temores para que me diesen luz, parecíame a mí habían de callar. Con todo, nunca osaba callar cosa a personas semejantes.

Pues digo que se avise con mucha discreción, animándolas y aguardando tiempo, que el Señor las ayudará como ha hecho a mí; que si no, grandísimo daño me hiciera, según era temerosa y medrosa. Con el gran mal de corazón que tenía, espántome cómo no me hizo mucho mal.

14. Pues como di el libro, y hecha relación de mi vida y pecados lo mejor que pude por junto (que no confesión, por ser seglar, mas bien di a entender cuán ruin era), los dos siervos de Dios miraron con gran caridad y amor lo que me convenía. Venida la respuesta que yo con harto temor esperaba, y habiendo encomendado a muchas personas que me encomendasen a Dios y yo con harta oración aquellos días, con harta fatiga vino a mí y díjome que, a todo su parecer de entrambos, era demonio; que lo que me convenía era tratar con un padre de la Compañía de Jesús, que como yo le llamase diciendo tenía necesidad vendría, y que le diese cuenta de toda mi vida por una confesión general, y de mi condición, y todo con mucha claridad; que por la virtud del sacramento de la confesión le daría Dios más luz; que eran muy experimentados en cosas de espíritu; que no saliese de lo que me dijese en todo, porque estaba en mucho peligro si no había quien me gobernase.

15. A mí me dio tanto temor y pena, que no sabía qué me hacer. Todo era llorar. Y estando en un oratorio muy afligida, no sabiendo qué había de ser de mí, leí en un libro -que parece el Señor me lo puso en las manos- que decía San Pablo: Que era

Dios muy fiel, que nunca a los que le amaban consentía ser del demonio engañados. Esto me consoló mucho. Comencé a tratar de mi confesión general y poner por escrito todos los males y bienes, un discurso de mi vida lo más claramente que yo entendí y supe, sin dejar nada por decir. Acuérdome que como vi, después que lo escribí, tantos males y casi ningún bien, que me dio una aflicción y fatiga grandísima.

También me daba pena que me viesen en casa tratar con gente tan.santa como los de la Compañía de Jesús, porque temía mi ruindad y parecíame quedaba obligada más a no lo ser y quitarme de mis pasatiempos, y si esto no hacía, que era peor; y así, procuré con la sacristana y portera no lo dijesen a nadie. Aprovechóme poco, que acertó a estar a la puerta, cuando me llamaron, quien lo dijo por todo el convento. Mas ¡qué de embarazos pone el demonio y qué de temores a quien se quiere llegar a Dios!

16. Tratando con aquel siervo de Dios -que lo era harto y bien avisado- toda mi alma, como quien bien sabía este lenguaje, me declaró lo que era y me animó mucho. Dijo ser espíritu de Dios muy conocidamente, sino que era menester tornar de nuevo a la oración: porque no iba bien fundada, ni había comenzado a entender mortificación (y era así, que aun el nombre no me parece entendía), y que en ninguna manera dejase la oración, sino que me esforzase mucho, pues Dios me hacía tan particulares mercedes; que qué sabía si por mis medios quería el Señor hacer bien a muchas personas, y otras cosas (que parece profetizó lo que después el Señor ha hecho conmigo); que tendría mucha culpa si no respondía a las mercedes que Dios me hacía.

En todo me parecía hablaba en él el Espíritu Santo para curar mi alma, según se imprimía en ella.

17. Hízome gran confusión. Llevóme por medios que parecía del todo me tornaba otra. ¡Qué gran cosa es entender un alma! Díjome tuviese cada día oración en un paso de la Pasión, y que me aprovechase de él, y que no pensase sino en la Humanidad, y que aquellos recogimientos y gustos resistiese cuanto pudiese, de manera que no los diese lugar hasta que él me dijese otra cosa.

18. Dejóme consolada y esforzada, y el Señor que me ayudó y a él para que entendiese mi condición y cómo me había de

gobernar. Quedé determinada de no salir de lo que me mandase en ninguna cosa, y así lo hice hasta hoy. Alabado sea el Señor, que me ha dado gracia para obedecer a mis confesores, aunque imperfectamente; y casi siempre han sido de estos benditos hombres de la Compañía de Jesús; aunque imperfectamente, como digo, los he seguido.

Conocida mejoría comenzó a tener mi alma, como ahora diré.

Capítulo 24

Prosigue en lo comenzado, y dice cómo fue aprovechándose su alma después que comenzó a obedecer, y lo poco que le aprovechaba el resistir las mercedes de Dios, y cómo Su Majestad se las iba dando más cumplidas.

1. Quedó mi alma de esta confesión tan blanda, que me parecía no hubiera cosa a que no me dispusiera; y así comencé a hacer mudanza en muchas cosas, aunque el confesor no me apretaba, antes parecía hacía poco caso de todo. Y esto me movía más, porque lo llevaba por modo de amar a Dios y como que dejaba libertad y no apremio, si yo no me le pusiese por amor. Estuve así casi dos meses, haciendo todo mi poder en resistir los regalos y mercedes de Dios. Cuanto a lo exterior, veíase la mudanza, porque ya el Señor me comenzaba a dar ánimo para pasar por algunas cosas que decían personas que me conocían, pareciéndoles extremos, y aun en la misma casa. Y de lo que antes hacía, razón tenían, que era extremo; mas de lo que era obligada al hábito y profesión que hacía, quedaba corta.

2. Gané de este resistir gustos y regalos de Dios, enseñarme Su Majestad. Porque antes me parecía que para darme regalos en la oración era menester mucho arrinconamiento, y casi no me osaba bullir. Después vi lo poco que hacía al caso; porque cuando más procuraba divertirme, más me cubría el Señor de aquella suavidad y gloria, que me parecía toda me rodeaba y que por ninguna parte podía huir, y así era. Yo traía tanto cuidado, que me daba pena. El Señor le traía mayor a hacerme mercedes y a señalarse mucho más que solía en estos dos meses, para que yo mejor entendiese no era más en mi mano.

Comencé a tomar de nuevo amor a la sacratísima Humanidad. Comenzóse a asentar la oración como edificio que ya llevaba cimiento, y a aficionarme a más penitencia, de que yo estaba descuidada por ser tan grandes mis enfermedades. Díjome aquel varón santo que me confesó, que algunas cosas no me podrían dañar; que por ventura me daba Dios tanto mal, porque yo no hacía penitencia, me la quería dar Su Majestad. Mandábame hacer algunas mortificaciones no muy sabrosas para mí. Todo lo hacía, porque parecíame que me lo mandaba el Señor, y dábale gracia para que me lo mandase de manera que yo le obedeciese. Iba ya sintiendo mi alma cualquiera ofensa que hiciese a Dios, por pequeña que fuese, de manera que si alguna cosa superflua traía, no podía recogerme hasta que me la quitaba. Hacía mucha oración porque el Señor me tuviese de su mano; pues trataba con sus siervos, permitiese no tornase atrás, que me parecía fuera gran delito y que habían ellos de perder crédito por mí.

3. En este tiempo vino a este lugar el padre Francisco, que era duque de Gandía y había algunos años que, dejándolo todo, había entrado en la Compañía de Jesús. Procuró mi confesor, y el caballero que he dicho también vino a mí, para que le hablase y diese cuenta de la oración que tenía, porque sabía iba adelante en ser muy favorecido y regalado de Dios, que como quien había mucho dejado por El, aun en esta vida le pagaba. Pues después que me hubo oído, díjome que era espíritu de Dios y que le parecía que no era bien ya resistirle más, que hasta entonces estaba bien hecho, sino que siempre comenzase la oración en un paso de la Pasión, y que si después el Señor me llevase el espíritu, que no lo resistiese, sino que dejase llevarle a Su Majestad, no lo procurando yo. Como quien iba bien adelante, dio la medicina y consejo, que hace mucho en esto la experiencia. Dijo que era yerro resistir ya más.

Yo quedé muy consolada, y el caballero también holgábase mucho que dijese era de Dios, y siempre me ayudaba y daba avisos en lo que podía, que era mucho.

4. En este tiempo mudaron a mi confesor de este lugar a otro, lo que yo sentí muy mucho, porque pensé me había de tornar a ser ruin y no me parecía posible hallar otro como él. Quedó mi alma como en un desierto, muy desconsolada y temerosa. No sabía qué hacer de mí. Procuróme llevar una parienta

mía a su casa, y yo procuré ir luego a procurar otro confesor en la Compañía. Fue el Señor servido que comencé a tomar amistad con una señora viuda, de mucha calidad y oración, que trataba con ellos mucho. Hízome confesar a su confesor, y estuve en su casa muchos días. Vivía cerca. Yo me holgaba por tratar mucho con ellos, que, de sólo.entender la santidad de su trato, era grande el provecho que mi alma sentía.

5. Este Padre me comenzó a poner en más perfección. Decíame que para del todo contentar a Dios no había de dejar nada por hacer; también con harta maña y blandura, porque no estaba aún mi alma nada fuerte, sino muy tierna, en especial en dejar algunas amistades que tenía. Aunque no ofendía a Dios con ellas, era mucha afición, y parecíame a mí era ingratitud dejarlas, y así le decía que, pues no ofendía a Dios, que por qué había de ser desagradecida. El me dijo que lo encomendase a Dios unos días y rezase el himno de Veni, Creator, porque me diese luz de cuál era lo mejor. Habiendo estado un día mucho en oración y suplicando al Señor me ayudase a contentarle en todo, comencé el himno, y estándole diciendo, vínome un arrebatamiento tan súbito que casi me sacó de mí, cosa que yo no pude dudar, porque fue muy conocido. Fue la primera vez que el Señor me hizo esta merced de arrobamientos. Entendí estas palabras: Ya no quiero que tengas conversación con hombres, sino con ángeles. A mí me hizo mucho espanto, porque el movimiento del ánima fue grande, y muy en el espíritu se me dijeron estas palabras, y así me hizo temor, aunque por otra parte gran consuelo, que en quitándoseme el temor que –a mi parecer- causó la novedad, me quedó.

6. Ello se ha cumplido bien, que nunca más yo he podido asentar en amistad ni tener consolación ni amor particular sino a personas que entiendo le tienen a Dios y le procuran servir, ni ha sido en mi mano, ni me hace el caso ser deudos ni amigos. Si no entiendo esto o es persona que trata de oración, esme cruz penosa tratar con nadie. Esto es así, a todo mi parecer, sin ninguna falta.

7. Desde aquel día yo quedé tan animosa para dejarlo todo por Dios como quien había querido en aquel momento -que no me parece fue más- dejar otra a su sierva. Así que no fue menester mandármelo más; que como me veía el confesor tan asida en esto, no había osado determinadamente decir que lo

hiciese. Debía aguardar a que el Señor obrase, como lo hizo. Ni yo pensé salir con ello, porque ya yo misma lo había procurado, y era tanta la pena que me daba, que como cosa que me parecía no era inconveniente, lo dejaba; ya aquí me dio el Señor libertad y fuerza para ponerlo por obra. Así se lo dije al confesor y lo dejé todo conforme a como me lo mandó. Hizo harto provecho a quien yo trataba ver en mí esta determinación.

8. Sea Dios bendito por siempre, que en un punto me dio la libertad que yo, con todas cuantas diligencias había hecho muchos años había, no pude alcanzar conmigo, haciendo hartas veces tan gran fuerza, que me costaba harto de mi salud. Como fue hecho de quien es poderoso y Señor verdadero de todo, ninguna pena me dio.

Capítulo 25

En que trata el modo y manera cómo se entienden estas hablas que hace Dios al alma sin oírse, y de algunos engaños que puede haber en ello, y en qué se conocerá cuándo lo es. - Es de mucho provecho para quien se viere en este grado de oración, porque se declara muy bien, y de harta doctrina.

1. Paréceme será bien declarar cómo es este hablar que hace Dios al alma y lo que ella siente, para que vuestra merced lo entienda. Porque desde esta vez que he dicho que el Señor me hizo esta merced, es muy ordinario hasta ahora, como se verá en lo que está por decir.

Son unas palabras muy formadas, mas con los oídos corporales no se oyen, sino entiéndense muy más claro que si se oyesen; y dejarlo de entender, aunque mucho se resista, es por demás. Porque cuando acá no queremos oír, podemos tapar los oídos o advertir a otra cosa, de manera que, aunque se oiga, no se entienda. En esta plática que hace Dios al alma no hay remedio ninguno, sino que, aunque me pese, me hacen escuchar y estar el entendimiento tan entero para entender lo que Dios quiere entendamos, que no basta querer ni no querer. Porque el que todo lo puede, quiere que entendamos se ha de hacer lo que quiere y se muestra señor verdadero de nosotros. Esto tengo muy experimentado, porque me duró casi dos años el resistir, con el gran miedo que traía, y ahora lo pruebo algunas veces, mas poco me aprovecha.

2. Yo querría declarar los engaños que puede haber aquí (aunque a quien tiene mucha experiencia paréceme será poco o ninguno, mas ha de ser mucha la experiencia) y la diferencia que hay cuando es espíritu bueno o cuando es malo, o cómo

puede también ser aprensión del mismo entendimiento -que podría acaecer- o hablar el mismo espíritu a sí mismo. Esto no sé yo si puede ser, mas aún hoy me ha parecido que sí. Cuando es de Dios, tengo muy probado en muchas cosas que se me decían dos o tres años antes, y todas se han cumplido, y hasta ahora ninguna ha salido mentira, y otras cosas adonde se ve claro ser espíritu de Dios, como después se dirá.

3. Paréceme a mí que podría una persona, estando encomendando una cosa a Dios con gran afecto y aprensión, parecerle entiende alguna cosa si se hará o no, y es muy posible; aunque a quien ha entendido de estotra suerte, verá claro lo que es, porque es mucha la diferencia, y si es cosa que el entendimiento fabrica, por delegado que vaya, entiende que ordena él algo y que habla; que no es otra cosa sino ordenar uno la plática, o escuchar lo que otro le dice; y verá el entendimiento que entonces no escucha, pues que obra; y las palabras que él fabrica son como cosa sorda, fantaseada, y no con la claridad que estotras. Y aquí está en nuestra mano divertirnos, como callar cuando hablamos; en estotro no hay términos.

Y otra señal más que todas: que no hace operación. Porque estotra que habla el Señor es palabras y obras; y aunque las palabras no sean de devoción, sino de represión, a la primera disponen un alma, y la habilita y enternece y da luz y regala y quieta; y si estaba con sequedad o alboroto y desasosiego de alma, como con la mano se le quita, y aun mejor, que parece quiere el Señor se entienda que es poderoso y que sus palabras son obras.

4. Paréceme que hay la diferencia que si nosotros hablásemos u oyésemos, ni más ni menos. Porque lo que hablo, como he dicho, voy ordenando con el entendimiento lo que digo. Mas si me hablan, no hago más de oír sin ningún trabajo.

Lo uno va como una cosa que no nos podemos bien determinar si es, como uno que está medio dormido; estotro es voz tan clara que no se pierde una sílaba de lo que se dice. Y acaece ser a tiempos que está el entendimiento y alma tan alborotada y distraída, que no acertaría a concertar una buena razón, y halla guisadas grandes sentencias que le dicen, que ella, aun estando muy recogida, no pudiera alcanzar, y a la primera palabra, como digo, la mudan toda. En especial si está en arrobamiento, que las potencias están suspendidas, ¿cómo se entenderán cosas que no habían venido a la memoria aun antes? ¿Cómo vendrán entonces, que no obra casi, y la imaginación está como embobada?

5. Entiéndase que cuando se ven visiones o se entienden estas palabras, a mi parecer, nunca es en tiempo que está unida el alma en el mismo arrobamiento; que en este tiempo -como ya dejo declarado, creo en la segunda agua- del todo se pierden todas las potencias y a mi parecer allí ni se puede ver ni entender ni oír: está en otro poder toda, y en este tiempo, que es muy breve, no me parece la deja el Señor para nada libertad. Pasado este breve tiempo, que se queda aún en el arrobamiento el alma, es esto que digo; porque quedan las potencias de manera que, aunque no están perdidas, casi nada obran; están como absortas y no hábiles para concertar razones. Hay tantas para entender la diferencia, que si una vez se engañase, no serán muchas.

6. Y digo que si es alma ejercitada y está sobre aviso, lo verá muy claro; porque dejadas otras cosas por donde se ve lo que he dicho, ningún efecto hace, ni el alma lo admite (porque estotro, mal que nos pese), y no se da crédito, antes se entiende que es devanear del entendimiento, casi como no se haría caso de una persona que sabéis tiene frenesí. Estotro es como si lo oyésemos a una persona muy santa o letrada y de gran autoridad, que sabemos no nos ha de mentir. Y aun es baja comparación, porque traen algunas veces una majestad consigo estas palabras, que, sin acordarnos quién las dicen, si son de reprensión hacen temblar, y si son de amor, hacen deshacerse en amar. Y son cosas, como he dicho, que estaban bien lejos de la memoria, y dícense tan de presto sentencias tan grandes, que era menester mucho tiempo para haberlas de ordenar, y en ninguna manera me parece se puede entonces ignorar no ser cosa fabricada de nosotros.

Así que en esto no hay que me detener, que por maravilla me parece puede haber engaño en persona ejercitada, si ella misma de advertencia no se quiere engañar.

7. Acaecídome ha muchas veces, si tengo alguna duda, no creer lo que me dicen, y pensar si se me antojó (esto después de pasado, que entonces es imposible), y verlo cumplido desde a mucho tiempo; porque hace el Señor que quede en la memoria, que no se puede olvidar. Y lo que es del entendimiento es

como primer movimiento del pensamiento, que pasa y se olvida. Estotro es como obra que, aunque se olvide algo y pase tiempo, no tan del todo que se pierda la memoria de que, en fin, se dijo, salvo si no ha mucho tiempo o son palabras de favor o doctrina; mas de profecía no hay olvidarse, a mi parecer, al menos a mí, aunque tengo poca memoria.

8. Y torno a decir que me parece si un alma no fuese tan desalmada que lo quiera fingir (que sería harto mal) y decir que lo entiende no siendo así; mas dejar de ver claro que ella lo ordena y lo parla entre sí, paréceme no lleva camino, si ha entendido el espíritu de Dios, que si no, toda su vida podrá estarse en ese engaño y parecerle que entiende, aunque yo no sé cómo. O esta alma lo quiere entender, o no: si se está deshaciendo de lo que entiende y en ninguna manera querría entender nada por mil temores y otras muchas causas que hay para tener deseo de estar quieta en su oración sin estas cosas, ¿cómo da tanto espacio al entendimiento que ordene razones? Tiempo es menester para esto. Acá sin perder ninguno, quedamos enseñadas y se entienden cosas que parece era menester un mes para ordenarlas, y el mismo entendimiento y alma quedan espantadas de algunas cosas que se entienden.

9. Esto es así, y quien tuviere experiencia verá que es al pie de la letra todo lo que he dicho. Alabo a Dios porque lo he sabido así decir. Y acabo con que me parece, siendo del entendimiento, cuando lo quisiésemos lo podríamos entender, y cada vez que tenemos oración nos podría parecer entendemos. Mas en estotro no es así, sino que estaré muchos días que aunque quiera entender algo es imposible, y cuando otras veces no quiero, como he dicho, lo tengo de entender.

Paréceme que quien quisiese engañar a los otros, diciendo que entiende de Dios lo que es de sí, que poco le cuesta decir que lo oye con los oídos corporales; y es así cierto con verdad, que jamás pensé había otra manera de oír ni entender hasta que lo vi por mí; y así, como he dicho, me cuesta harto trabajo.

10. Cuando es demonio, no sólo no deja buenos efectos, mas déjalos malos. Esto me ha acaecido no más de dos o tres veces, y he sido luego avisada del Señor cómo era demonio. Dejado la gran sequedad que queda, es una inquietud en el alma a manera de otras muchas veces que ha permitido el Señor que tenga grandes tentaciones y trabajos de alma de diferentes maneras;

y aunque me atormenta hartas veces, como adelante diré, es una inquietud que no se sabe entender de dónde viene, sino que parece resiste el alma y se alborota y aflige sin saber de qué, porque lo que él dice no es malo sino bueno. Pienso si siente un espíritu a otro. El gusto y deleite que él da, a mi parecer, es diferente en gran manera.

Podrá él engañar con estos gustos a quien no tuviere o hubiere tenido otros de Dios.

11. De veras digo gustos, una recreación suave, fuerte, impresa, deleitosa, quieta; que unas devocioncitas del alma, de lágrimas y otros sentimientos pequeños, que al primer airecito de persecución se pierden estas florecitas, no las llamo devociones, aunque son buenos principios y santos sentimientos, mas no para determinar estos efectos de buen espíritu o malo. Y así es bien andar siempre con gran aviso, porque cuando a personas que no están más adelante en la oración que hasta esto, fácilmente podrían ser engañadas si tuviesen visiones o revelaciones.

Yo nunca tuve cosa de estas postreras hasta haberme Dios dado, por sólo su bondad, oración de unión, si no fue la primera vez que dije, que ha muchos años, que vi a Cristo, que pluguiera a Su Majestad entendiera yo era verdadera visión como después lo he entendido, que no me fuera poco bien. Ninguna blandura queda en el alma, sino como espantada y con gran disgusto.

12. Tengo por muy cierto que el demonio no engañará -ni lo permitirá Dios- a alma que de ninguna cosa se fía de sí y está fortalecida en la fe, que entienda ella de sí que por un punto de ella morirá mil muertes. Y con este amor a la fe, que infunde luego Dios, que es una fe viva, fuerte, siempre procura ir conforme a lo que tiene la Iglesia, preguntando a unos y a otros, como quien tiene ya hecho asiento fuerte en estas verdades, que no la moverían cuantas revelaciones pueda imaginar -aunque viese abiertos los cielos- un punto de lo que tiene la Iglesia.

Si alguna vez se viese vacilar en su pensamiento contra esto, o detenerse en decir: «pues si Dios me dice esto, también puede ser verdad, como lo que decía a los santos» (no digo que lo crea, sino que el demonio la comience a tentar por primer movimiento; que detenerse en ello ya se ve que es malísimo, mas aun primeros.movimientos muchas veces en este caso creo no vendrán si el alma está en esto tan fuerte como la hace el Señor a quien da estas cosas, que le parece desmenuzaría los demonios sobre una verdad de lo que tiene la Iglesia, muy pequeña), [13] digo que si no viere en sí esta fortaleza grande y que ayude a ella la devoción o visión, que no la tenga por segura.

Porque, aunque no se sienta luego el daño, poco a poco podría hacerse grande. Que, a lo que yo veo y sé de experiencia, de tal manera queda el crédito de que es Dios, que vaya conforme a la Sagrada Escritura, y como un tantico torciese de esto, mucha más firmeza sin comparación me parece tendría en que es demonio que ahora tengo de que es Dios, por grande que la tenga. Porque entonces no es menester andar a buscar señales ni qué espíritu es, pues está tan clara esta señal para creer que es demonio, que si entonces todo el mundo me asegurase que es Dios, no lo creería. El caso es que, cuando es demonio parece que se esconden todos los bienes y huyen del alma, según queda desabrida y alborotada y sin ningún efecto bueno. Porque aunque parece pone deseos, no son fuertes. La humildad que deja es falsa, alborotada y sin suavidad. Paréceme que a quien tiene experiencia del buen espíritu, lo entenderá.

14. Con todo, puede hacer muchos embustes el demonio, y así no hay cosa en esto tan cierta que no lo sea más temer e ir siempre con aviso, y tener maestro que sea letrado y no le callar nada, y con esto ningún daño puede venir; aunque a mí hartos me han venido por estos temores demasiados que tienen algunas personas. En especial me acaeció una vez que se habían juntado muchos a quien yo daba gran crédito -y era razón se le diese- que, aunque yo ya no trataba sino con uno, y cuando él me lo mandaba hablaba a otros, unos con otros trataban mucho de mi remedio, que me tenían mucho amor y temían no fuese engañada. Yo también traía grandísimo temor cuando no estaba en la oración, que estando en ella y haciéndome el Señor alguna merced, luego me aseguraba.

Creo eran cinco o seis, todos muy siervos de Dios. Y díjome mi confesor que todos se determinaban en que era demonio, que no comulgase tan a menudo y que procurase distraerme de suerte que no tuviese soledad..Yo era temerosa en extremo, como he dicho. Ayudábame el mal de corazón, que aun en una pieza sola no osaba estar de día muchas veces. Yo, como vi que tantos lo afirmaban y yo no lo podía creer, diome grandísimo escrúpulo, pareciendo poca humildad; porque todos eran más de buena vida sin comparación que yo, y letrados, que por qué no los había de creer. Forzábame lo que podía para creerlo, y pensaba que mi ruin vida y que conforme a esto debían de decir verdad.

15. Fuime de la iglesia con esta aflicción y entréme en un oratorio, habiéndome quitado muchos días de comulgar, quitada la soledad, que era todo mi consuelo, sin tener persona con quien tratar, porque todos eran contra mí: unos me parecía burlaban de mí cuando de ello trataba, como que se me antojaba; otros avisaban al confesor que se guardase de mí; otros decían que era claro demonio; sólo el confesor, que, aunque conformaba con ellos por probarme -según después supe-, siempre me consolaba y me decía que, aunque fuese demonio, no ofendiendo yo a Dios, no me podía hacer nada, que ello se me quitaría, que lo rogase mucho a Dios. Y él y todas las personas que confesaba lo hacían harto, y otras muchas, y yo toda mi oración, y cuantos entendía eran siervos de Dios, porque Su Majestad me llevase por otro camino. Y esto me duró no sé si dos años, que era continuo pedirlo al Señor.

16. A mí ningún consuelo me bastaba, cuando pensaba que era posible que tantas veces me había de hablar el demonio. Porque de que no tomaba horas de soledad para oración, en conversación me hacía el Señor recoger y, sin poderlo yo excusar, me decía lo que era servido y, aunque me pesaba, lo había de oír.

17. Pues estándome sola, sin tener una persona con quien descansar, ni podía rezar ni leer, sino como persona espantada de tanta tribulación y temor de si me había de engañar el demonio, toda alborotada y fatigada, sin saber qué hacer de mí. En esta aflicción me vi algunas y muchas veces, aunque no me parece ninguna en tanto extremo. Estuve así cuatro o cinco horas, que consuelo del cielo ni de la tierra no había para mí, sino que me dejó el Señor padecer, temiendo mil peligros. ¡Oh Señor mío, cómo sois Vos el amigo verdadero; y como poderoso, cuando queréis podéis, y nunca dejáis de querer si os quieren! ¡Alaben os todas las cosas, Señor del mundo! ¡Oh, quién diese voces por él, para decir cuán fiel sois a vuestros amigos! Todas

las cosas faltan; Vos Señor de todas ellas, nunca faltáis. Poco es lo que dejáis padecer a quien os ama. ¡Oh Señor mío!, ¡qué delicada y pulida y sabrosamente los sabéis tratar! ¡Quién nunca se hubiera detenido en amar a nadie sino a Vos! Parece, Señor, que probáis con rigor a quien os ama, para que en el extremo del trabajo se entienda el mayor extremo de vuestro amor. ¡Oh Dios mío, quién tuviera entendimiento y letras y nuevas palabras para encarecer vuestras obras como lo entiende mi alma! Fáltame todo, Señor mío; mas si Vos no me desamparáis, no os faltaré yo a Vos. Levántense contra mí todos los letrados; persíganme todas las cosas criadas, atorméntenme los demonios, no me faltéis Vos, Señor, que ya tengo experiencia de la ganancia con que sacáis a quien sólo en Vos confía.

18. Pues estando en esta gran fatiga (aún entonces no había comenzado a tener ninguna visión), solas estas palabras bastaban para quitármela y quietarme del todo: No hayas miedo, hija, que Yo soy y no te desampararé; no temas. Paréceme a mí, según estaba, que era menester muchas horas para persuadirme a que me sosegase y que no bastara nadie.

Heme aquí con solas estas palabras sosegada, con fortaleza, con ánimo, con seguridad, con una quietud y luz que en un punto vi mi alma hecha otra, y me parece que con todo el mundo disputara que era Dios. ¡Oh, qué buen Dios! ¡Oh, qué buen Señor y qué poderoso! No sólo da el consejo, sino el remedio. Sus palabras son obras. ¡Oh, válgame Dios, y cómo fortalece la fe y se aumenta el amor!

19. Es así, cierto, que muchas veces me acordaba de cuando el Señor mandó a los vientos que estuviesen quedos, en la mar, cuando se levantó la tempestad y así decía yo: ¿Quién es éste que así le obedecen todas mis potencias, y da luz en tan gran oscuridad en un momento, y hace blando un corazón que parecía piedra, da agua de lágrimas suaves adonde parecía había de haber mucho tiempo sequedad? ¿Quién pone estos deseos? ¿Quién da este ánimo? Que me acaeció pensar: ¿de qué temo? ¿Qué es esto? Yo deseo servir a este Señor. No pretendo otra cosa sino contentarle. No quiero contento ni descanso ni otro bien sino hacer su voluntad (que de esto bien cierta estaba, a mi parecer, que lo podía afirmar). Pues si este Señor es poderoso, como veo que lo es y sé que lo es, y que son sus esclavos los demonios (y de esto no hay que dudar, pues es fe), siendo

yo sierva de este Señor y Rey, ¿qué mal me pueden ellos hacer a mí? ¿Por qué no he yo de tener fortaleza para combatirme con todo el infierno?.Tomaba una cruz en la mano y parecía verdaderamente darme Dios ánimo, que yo me vi otra en un breve tiempo, que no temiera tomarme con ellos a brazos, que me parecía fácilmente con aquella cruz los venciera a todos. Y así dije: «ahora venid todos, que siendo sierva del Señor yo quiero ver qué me podéis hacer».

20. Es sin duda que me parecía me habían miedo, porque yo quedé sosegada y tan sin temor de todos ellos, que se me quitaron todos los miedos que solía tener, hasta hoy. Porque, aunque algunas veces los veía, como diré después, no los he habido más casi miedo, antes me parecía ellos me le habían a mí. Quedóme un señorío contra ellos bien dado del Señor de todos, que no se me da más de ellos que de moscas. Parécenme tan cobardes que, en viendo que los tienen en poco, no les queda fuerza. No saben estos enemigos de hecho acometer, sino a quien ven que se les rinde, o cuando lo permite Dios para más bien de sus siervos que los tienten y atormenten. Pluguiese a Su Majestad temiésemos a quien hemos de temer y entendiésemos nos puede venir mayor daño de un pecado venial que de todo el infierno junto, pues es ello así.

21. ¡Qué espantados nos traen estos demonios, porque nos queremos nosotros espantar con otros asimientos de honras y haciendas y deleites!, que entonces, juntos ellos con nosotros mismos que nos somos contrarios amando y queriendo lo que hemos de aborrecer, mucho daño nos harán. Porque con nuestras mismas armas les hacemos que peleen contra nosotros, poniendo en sus manos con las que nos hemos de defender. Esta es la gran lástima. Mas si todo lo aborrecemos por Dios, y nos abrazamos con la cruz, y tratamos servirle de verdad, huye él de estas verdades como de pestilencia. Es amigo de mentiras, y la misma mentira; no hará pacto con quien anda en verdad.

Cuando él ve oscurecido el entendimiento, ayuda lindamente a que se quiebren los ojos; porque si a uno ve ya ciego en poner su descanso en cosas vanas, y tan vanas que parecen las de este mundo cosa de juego de niños, ya él ve que éste es niño, pues trata como tal, y atrévese a luchar con él una y muchas veces.

22. Plega al Señor que no sea yo de éstos, sino que me favorezca Su Majestad para entender por descanso lo que es descanso, y por.honra lo que es honra, y por deleite lo que es deleite, y no todo al revés, y ¡una higa para todos los demonios!, que ellos me temerán a mí. No entiendo estos miedos: «¡demonio! ¡demonio!», adonde podemos decir: «¡Dios ¡Dios!», y hacerle temblar. Sí, que ya sabemos que no se puede menear si el Señor no lo permite. ¿Qué es esto? Es sin duda que tengo ya más miedo a los que tan grande le tienen al demonio que a él mismo; porque él no me puede hacer nada, y estotros, en especial si son confesores, inquietan mucho, y he pasado algunos años de tan gran trabajo, que ahora me espanto cómo lo he podido sufrir. ¡Bendito sea el Señor que tan de veras me ha ayudado!.

Capítulo 26

Prosigue en la misma materia. - Va declarando y diciendo cosas que le han acaecido, que la hacían perder el temor y afirmar que era buen espíritu el que la hablaba.

1. Tengo por una de las grandes mercedes que me ha hecho el Señor este ánimo que me dio contra los demonios. Porque andar un alma acobardada y temerosa de nada sino de ofender a Dios, es grandísimo inconveniente. Pues tenemos Rey todopoderoso y tan gran Señor que todo lo puede y a todos sujeta, no hay qué temer, andando -como he dicho- en verdad delante de Su Majestad y con limpia conciencia. Para esto, como he dicho, querría yo todos los temores: para no ofender en un punto a quien en el mismo punto nos puede deshacer; que contento Su Majestad, no hay quien sea contra nosotros que no lleve las manos en la cabeza.

Podráse decir que así es, mas que ¿quién será esta alma tan recta que del todo le contente?, y que por eso teme. -No la mía, por cierto, que es muy miserable y sin provecho y llena de mil miserias. Mas no ejecuta Dios como las gentes, que entiende nuestras flaquezas. Mas por grandes conjeturas siente el alma en sí si le ama de verdad, porque las que llegan a este estado no anda el amor disimulado como a los principios, sino con tan grandes ímpetus y deseo de ver a Dios, como después diré o queda ya dicho: todo cansa, todo fatiga, todo atormenta. Si no es con Dios o por Dios, no hay descanso que no canse, porque se ve ausente de.su verdadero descanso, y así es cosa muy clara que, como digo, no pasa en disimulación.

2. Acaecióme otras veces verme con grandes tribulaciones y murmuraciones sobre cierto negocio que después diré, de casi todo el lugar adonde estoy y de mi Orden, y afligida con muchas ocasiones que había para inquietarme, y decirme el

Señor: ¿De qué temes? ¿No sabes que soy todopoderoso? Yo cumpliré lo que te he prometido (y así se cumplió bien después), y quedar luego con una fortaleza, que de nuevo me parece me pusiera en emprender otras cosas, aunque me costasen más trabajos, para servirle, y me pusiera de nuevo a padecer.

Es esto tantas veces, que no lo podría yo contar. Muchas las que me hacía reprensiones y hace, cuando hago imperfecciones, que bastan a deshacer un alma; al menos traen consigo el enmendarse, porque Su Majestad -como he dicho- da el consejo y el remedio. Otras, traerme a la memoria mis pecados pasados, en especial cuando el Señor me quiere hacer alguna señalada merced, que parece ya se ve el alma en el verdadero juicio; porque le representan la verdad con conocimiento claro, que no sabe adónde se meter. Otras avisarme de algunos peligros míos y de otras personas, cosas por venir, tres o cuatro años antes muchas, y todas se han cumplido. Algunas podrá ser señalar. Así que hay tantas cosas para entender que es Dios, que no se puede ignorar, a mi parecer.

3. Lo más seguro es (yo así lo hago, y sin esto no tendría sosiego, ni es bien que mujeres le tengamos, pues no tenemos letras) y aquí no puede haber daño sino muchos provechos, como muchas veces me ha dicho el Señor, que no deje de comunicar toda mi alma y las mercedes que el Señor me hace, con el confesor, y que sea letrado, y que le obedezca. Esto muchas veces. Tenía yo un confesor que me mortificaba mucho y algunas veces me afligía y daba gran trabajo, porque me inquietaba mucho, y era el que más me aprovechó, a lo que me parece. Y aunque le tenía mucho amor, tenía algunas tentaciones por dejarle, y parecíame me estorbaban aquellas penas que me daba de la oración. Cada vez que estaba determinada a esto, entendía luego que no lo hiciese, y una reprensión que me deshacía más que cuanto el confesor hacía. Algunas veces me fatigaba: cuestión por un cabo y reprensión por.otro, y todo lo había menester, según tenía poco doblada la voluntad.

Díjome una vez que no era obedecer si no estaba determinada a padecer; que pusiese los ojos en lo que El había padecido, y todo se me haría fácil.

4. Aconsejóme una vez un confesor que a los principios me había confesado, que ya que estaba probado ser buen espíritu, que callase y no diese ya parte a nadie, porque mejor era ya

estas cosas callarlas. A mí no me pareció mal, porque yo sentía tanto cada vez que las decía al confesor, y era tanta mi afrenta, que mucho más que confesar pecados graves lo sentía algunas veces; en especial si eran las mercedes grandes, parecíame no me habían de creer y que burlaban de mí. Sentía yo tanto esto, que me parecía era desacato a las maravillas de Dios, que por esto quisiera callar. Entendí entonces que había sido muy mal aconsejada de aquel confesor, que en ninguna manera callase cosa al que me confesaba, porque en esto había gran seguridad, y haciendo lo contrario podría ser engañarme alguna vez.

5. Siempre que el Señor me mandaba una cosa en la oración, si el confesor me decía otra, me tornaba el mismo Señor a decir que le obedeciese; después Su Majestad le volvía para que me lo tornase a mandar.

Cuando se quitaron muchos libros de romance, que no se leyesen, yo sentí mucho, porque algunos me daba recreación leerlos y yo no podía ya, por dejarlos en latín; me dijo el Señor. No tengas pena, que Yo te daré libro vivo. Yo no podía entender por qué se me había dicho esto, porque aún no tenía visiones. Después, desde a bien pocos días, lo entendí muy bien, porque he tenido tanto en qué pensar y recogerme en lo que veía presente, y ha tenido tanto amor el Señor conmigo para enseñarme de muchas maneras, que muy poca o casi ninguna necesidad he tenido de libros; Su Majestad ha sido el libro verdadero adonde he visto las verdades ¡Bendito sea tal libro, que deja imprimido lo que se ha de leer y hacer, de manera que no se puede olvidar! ¿Quién ve al Señor cubierto de llagas y afligido con persecuciones que no las abrace y las ame y las desee? ¿Quién ve algo de la gloria que da a los que le sirven que no conozca es todo nonada cuanto se puede hacer y padecer, pues tal premio esperamos? ¿Quién ve los tormentos que pasan los condenados, que no se le hagan deleites los tormentos de acá en su comparación, y conozcan lo mucho que deben al Señor en haberlos librado tantas veces de aquel lugar?

6. Porque con el favor de Dios se dirá más de algunas cosas, quiero ir adelante en el proceso de mi vida. Plega al Señor haya sabido declararme en esto que he dicho. Bien creo que quien tuviere experiencia lo entenderá y verá que he atinado a decir algo; quien no, no me espanto le parezca desatino todo.

Basta decirlo yo para quedar disculpado, ni yo culpare a quien lo dijere.

El Senor me deje atinar en cumplir su voluntad. Amen.

Capítulo 27

En que trata otro modo con que enseña el Señor al alma y sin hablarla la da a entender su voluntad por una manera admirable.
–Trata también de declarar una visión y gran merced que la hizo el Señor no imaginaria. - Es mucho de notar este capítulo.

1. Pues tornando al discurso de mi vida, yo estaba con esta aflicción de penas y con grandes oraciones como he dicho que se hacían porque el Señor me llevase por otro camino que fuese más seguro, pues éste me decían era tan sospechoso. Verdad es que, aunque yo lo suplicaba a Dios, por mucho que quería desear otro camino, como veía tan mejorada mi alma, si no era alguna vez cuando estaba muy fatigada de las cosas que me decían y miedos que me ponían, no era en mi mano desearlo, aunque siempre lo pedía. Yo me veía otra en todo. No podía, sino poníame en las manos de Dios, que El sabía lo que me convenía, que cumpliese en mí lo que era su voluntad en todo.

Veía que por este camino le llevaba para el cielo, y que antes iba al infierno. Que había de desear esto ni creer que era demonio, no me podía forzar a mí, aunque hacía cuanto podía por creerlo y desearlo, mas no era en mi mano. Ofrecía lo que hacía, si era alguna buena obra, por eso. Tomaba santos devotos porque me librasen del demonio. Andaba novenas. Encomendábame a San Hilarión, a San Miguel Angel, con quien por esto tomé nuevamente devoción; y otros muchos santos importunaba mostrase el Señor la verdad, digo que lo acabasen con Su Majestad.

2. A cabo de dos años que andaba con toda esta oración mía y de otras personas para lo dicho, o que el Señor me llevase por otro camino, o declarase la verdad, porque eran muy

continuo las hablas que he dicho me hacía el Señor, me acaeció esto: estando un día del glorioso San Pedro en oración, vi cabe mí o sentí, por mejor decir, que con los ojos del cuerpo ni del alma no vi nada, mas parecíame estaba junto cabe mi Cristo y veía ser El el que me hablaba, a mi parecer. Yo, como estaba ignorantísima de que podía haber semejante visión, diome gran temor al principio, y no hacía sino llorar, aunque, en diciéndome una palabra sola de asegurarme, quedaba como solía, quieta y con regalo y sin ningúntemor. Parecíame andar siempre a mi lado Jesucristo, y como no era visión imaginaria, no veía en qué forma; mas estar siempre al lado derecho, sentíalo muy claro, y que era testigo de todo lo que yo hacía, y que ninguna vez que me recogiese un poco o no estuviese muy divertida podía ignorar que estaba cabe mí.

3. Luego fui a mi confesor, harto fatigada, a decírselo. Preguntóme que en qué forma le veía. Yo le dije que no le veía. Díjome que cómo sabía yo que era Cristo. Yo le dije que no sabía cómo, mas que no podía dejar de entender estaba cabe mí y lo veía claro y sentía, y que el recogimiento del alma era muy mayor, en oración de quietud y muy continua, y los efectos que eran muy otros que solía tener, y que era cosa muy clara. No hacía sino poner comparaciones para darme a entender; y, cierto, para esta manera de visión, a mi parecer, no la hay que mucho cuadre. Así como es de las más subidas (según después me dijo un santo hombre y de gran espíritu, llamado Fray Pedro de Alcántara, de quien después haré mención, y me han dicho otros letrados grandes, y que es adonde menos se puede entremeter el demonio de todas), así no hay términos para decirla acá las que poco sabemos, que los letrados mejor lo darán a entender. Porque si digo que con los ojos del cuerpo ni del alma no lo veo, porque no es imaginaria visión, ¿cómo entiendo y me afirmo con más claridad que está cabe mí que si lo viese? Porque parecer que es como una persona que está a oscuras, que no ve a otra que está cabe ella, o si es ciega, no va bien. Alguna semejanza tiene, mas no mucha, porque siente con los sentidos, o la oye hablar o menear, o la toca. Acá no hay nada de esto, ni se ve oscuridad, sino que se representa por una noticia al alma más clara que el sol. No digo que se ve sol ni claridad, sino una luz que, sin ver luz, alumbra el entendimiento,

para que goce el alma de tan gran bien. Trae consigo grandes bienes.

4. No es como una presencia de Dios que se siente muchas veces, en especial los que tienen oración de unión y quietud, que parece en queriendo comenzar a tener oración hallamos con quién hablar, y parece entendemos nos oye por los efectos y sentimientos espirituales que sentimos de gran amor y fe, y otras determinaciones, con ternura. Esta gran merced es de Dios, y téngalo en mucho a quien lo ha dado, porque es muy subida oración, mas no es visión, que entiéndese que está allí Dios por los efectos que, como digo, hace al alma, que por aquel modo quiere Su Majestad darse a sentir. Acá vese claro que está aquí Jesucristo, hijo de la Virgen. En estotra oración represéntanse unas influencias de la Divinidad; aquí, junto con éstas, se ve nos acompaña y quiere hacer mercedes también la Humanidad Sacratísima.

5. Pues preguntóme el confesor: ¿quién dijo que era Jesucristo? -. El me lo dice muchas veces, respondí yo; mas antes que me lo dijese se imprimió en mi entendimiento que era El, y antes de esto me lo decía y no le veía. Si una persona que yo nunca hubiese visto sino oído nuevas de ella, me viniese a hablar estando ciega o en gran oscuridad, y me dijese quién era, lo creería, mas no tan determinadamente lo podría afirmar ser aquella persona como si la hubiera visto. Acá sí, que sin verse, se imprime con una noticia tan clara que no parece se puede dudar; que quiere el Señor esté tan esculpido en el entendimiento, que no se puede dudar más que lo que se ve, ni tanto. Porque en esto algunas veces nos queda sospecha, si se nos antojó; acá, aunque de presto dé esta sospecha, queda por una parte gran certidumbre que no tiene fuerza la duda.

6. Así es también en otra manera que Dios enseña el alma y la habla de la manera que queda dicha. Es un lenguaje tan del cielo, que acá se puede mal dar a entender aunque más queramos decir, si el Señor por experiencia no lo enseña. Pone el Señor lo que quiere que el alma entienda, en lo muy interior del alma, y allí lo representa sin imagen ni forma de palabras, sino a manera de esta visión que queda dicha. Y nótese mucho esta manera de hacer Dios que entienda el alma lo que El quiere y grandes verdades y misterios; porque muchas veces lo que entiendo cuando el Señor me declara alguna visión que quiere Su

Majestad representarme es así, y paréceme que es adonde el demonio se puede entremeter menos, por estas razones. Si ellas no son buenas, yo me debo engañar.

7. Es una cosa tan de espíritu esta manera de visión y de lenguaje, que ningún bullicio hay en las potencias ni en los sentidos, a mi parecer, por donde el demonio pueda sacar nada. Esto es alguna vez y con brevedad, que otras bien me parece a mí que no están suspendidas las potencias ni quitados los sentidos, sino muy en sí; que no es siempre esto en contemplación, antes muy pocas veces; mas éstas que son, digo que no obramos nosotros nada ni hacemos nada. Todo parece obra el Señor.

Es como cuando ya está puesto el manjar en el estómago, sin comerle, ni saber nosotros cómo se puso allí, mas entiende bien que está, aunque aquí no se entiende el manjar que es, ni quién le puso. Acá sí; mas cómo se puso no lo sé, que ni se vio, ni se entiende, ni jamás se había movido a desearlo, ni había venido a mi noticia podía ser.

8. En la habla que hemos dicho antes, hace Dios al entendimiento que advierta, aunque le pese, a entender lo que se dice, que allá parece tiene el alma otros oídos con que oye, y que la hace escuchar y que no se divierta; como a uno que oyese bien y no le consistiesen tapar los oídos y le hablasen junto a voces, aunque no quisiese, lo oiría; y, en fin, algo hace, pues está atento a entender lo que le hablan. Acá, ninguna cosa; que aun esto poco que es sólo escuchar, que hacía en lo pasado, se le quita. Todo lo halla guisado y comido; no hay más que hacer de gozar, como uno que sin deprender ni haber trabajado nada para saber leer ni tampoco hubiese estudiado nada, hallase toda la ciencia sabida ya en sí, sin saber cómo ni dónde, pues aun nunca había trabajado aun para desprender el abecé.

9. Esta comparación postrera me parece declara algo de este don celestial, porque se ve el alma en un punto sabia, y tan declarado el misterio de la Santísima Trinidad y de otras cosas muy subidas, que no hay teólogo con quien no se atreviese a disputar la verdad de estas grandezas. Quédase tan espantada, que basta una merced de éstas para trocar toda un alma y hacerla no amar cosa, sino a quien ve que, sin trabajo ninguno suyo, la hace capaz de tan grandes bienes y le comunica secretos y trata con ella con tanta amistad y amor que no se sufre

escribir. Porque hace algunas mercedes que consigo traen la sospecha, por ser de tanta admiración y hechas a quien tan poco las ha merecido, que si no hay muy viva fe no se podrán creer. Y así yo pienso decir pocas de las que el Señor me ha hecho a mí -si no me mandaren otra cosa-, si no son algunas visiones que pueden para alguna cosa aprovechar, o para que, a quien el Señor las diere, no se espante pareciéndole imposible, como hacía yo, o para declararle el modo y camino por donde el Señor me ha llevado, que es lo que me mandan escribir.

10. Pues tornando a esta manera de entender, lo que me parece es que quiere el Señor de todas maneras tenga esta alma alguna noticia de lo que pasa en el cielo, y paréceme a mí que así como allá sin hablar se entiende (lo que yo nunca supe cierto es así, hasta que el Señor por su bondad quiso que lo viese y me lo mostró en un arrobamiento), así es acá, que se entienden Dios y el alma con sólo querer Su Majestad que lo entienda, sin otro artificio para darse a entender el amor que se tienen estos dos amigos. Como acá si dos personas se quieren mucho y tienen buen entendimiento, aun sin señas parece que se entienden con sólo mirarse. Esto debe ser aquí, que sin ver nosotros cómo, de en hito en hito se miran estos dos amantes, como lo dice el Esposo a la Esposa en los Cantares; a lo que creo, lo he oído que es aquí.

11. ¡Oh benignidad admirable de Dios, que así os dejáis mirar de unos ojos que tan mal han mirado como los de mi alma! ¡Queden ya, Señor, de esta vista acostumbrados en no mirar cosas bajas, ni que les contente ninguna fuera de Vos! ¡Oh ingratitud de los mortales! ¿Hasta cuándo ha de llegar? Que sé yo por experiencia que es verdad esto que digo, y que es lo menos de lo que Vos hacéis con un alma que traéis a tales términos, lo que se puede decir. ¡Oh almas que habéis comenzado a tener oración y las que tenéis verdadera fe!, ¿qué bienes podéis buscar aun en esta vida – dejemos lo que se gana para sin fin-, que sea como el menor de éstos?.

12. Mirad que es así cierto, que se da Dios a Sí a los que todo lo dejan por El. No es aceptador de personas; a todos ama. No tiene nadie excusa por ruin que sea, pues así lo hace conmigo trayéndome a tal estado. Mirad que no es cifra lo que digo, de lo que se puede decir; sólo va dicho lo que es menester para darse a entender esta manera de visión y merced que hace

Dios al alma; mas no puedo decir lo que se siente cuando el Señor la da a entender secretos y grandezas suyas, el deleite tan sobre cuantos acá se pueden entender, que bien con razón hace aborrecer los deleites de la vida, que son basura todos juntos. Es asco traerlos a ninguna comparación aquí, aunque sea para gozarlos sin fin, y de estos que da el Señor sola una gota de agua del gran río caudaloso que nos está aparejado.

13. ¡Vergüenza es y yo cierto la he de mí y, si pudiera haber afrenta en el cielo, con razón estuviera yo allá más afrentada que nadie! ¿Por qué hemos de querer tantos bienes y deleites y gloria para sin fin, todos a costa del buen Jesús? ¿No lloraremos siquiera con las hijas de Jerusalén, ya que no le ayudemos a llevar la cruz con el Cirineo? ¿Que con placeres y pasatiempos hemos de gozar lo que El nos ganó a costa de tanta sangre? -Es imposible. ¿Y con honras vanas pensamos remedar un desprecio como El sufrió para que nosotros reinemos para siempre?-No lleva camino, errado, errado va el camino. Nunca llegaremos allá.

Dé voces vuestra merced en decir estas verdades, pues Dios me quitó a mi esta libertad. A mí me las querría dar siempre, y óigome tan tarde y entendí a Dios, como se verá por lo escrito, que me es gran confusión hablar en esto, y así quiero callar. Sólo diré lo que algunas veces considero. Plega al Señor me traiga a términos que yo pueda gozar de este bien.

14. ¡Qué gloria accidental será y qué contento de los bienaventurados que ya gozan de esto, cuando vieren que, aunque tarde, no les quedó cosa por hacer por Dios de las que le fue posible, ni dejaron cosa por darle de todas las maneras que pudieron, conforme a sus fuerzas y estado, y el que más, más! ¡Qué rico se hallará el que todas las riquezas dejó por Cristo! ¡Qué honrado el que no quiso honra por El, sino que gustaba de verse muy abatido! ¡Qué sabio el que se holgó de que le tuviesen por loco, pues lo llamaron a la misma Sabiduría! ¡Qué pocos hay ahora, por nuestros pecados! Ya, ya parece se acabaron los que las gentes tenían por locos, de verlos hacer obras heroicas de verdaderos amadores de Cristo. ¡Oh mundo, mundo, cómo vas ganando honra en haber pocos que te conozcan!

15. Mas ¡si pensamos se sirve ya más Dios de que nos tengan por sabios y por discretos! -Eso, eso debe ser, según se usa discreción. Luego nos parece es poca edificación no andar con

mucha compostura y autoridad cada uno en su estado. Hasta el fraile y clérigo y monja nos parecerá que traer cosa vieja y remendada es novedad y dar escándalo a los flacos; y aun estar muy recogidos y tener oración, según está el mundo y tan olvidadas las cosas de perfección de grandes ímpetus que tenían los santos, que pienso hace más daño a las desventuras que pasan en estos tiempos, que no haría escándalo a nadie dar a entender los religiosos por obras, como lo dicen por palabras, en lo poco que se ha de tener el mundo; que de estos escándalos el Señor saca de ellos grandes provechos. Y si unos se escandalizan, otros se remuerden. Siquiera que hubiese un dibujo de lo que pasó por Cristo y sus Apóstoles, pues ahora más que nunca es menester.

16. ¡Y qué bueno nos le llevó Dios ahora en el bendito Fray Pedro de Alcántara! No está ya el mundo para sufrir tantaperfección. Dicen que están las saludes más flacas y que no son los tiempos pasados. Este santo hombre de este tiempo era; estaba grueso el espíritu como en los otros tiempos, y así tenía el mundo debajo de los pies. Que, aunque no anden desnudos, ni hagan tan áspera penitencia como él, muchas cosas hay -como otras veces he dicho-para repisar el mundo, y el Señor las enseña cuando ve ánimo. ¡Y cuán grande le dio Su Majestad a este santo que digo, para hacer cuarenta y siete años tan áspera penitencia, como todos saben! Quiero decir algo de ella, que sé es toda verdad.

17. Díjome a mí y a otra persona, de quien se guardaba poco (y a mí el amor que me tenía era la causa, porque quiso el Señor le tuviese para volver por mí y animarme en tiempo de tanta necesidad, como he dicho y diré), paréceme fueron cuarenta años los que me dijo había dormido sola hora y media entre noche y día, y que éste era el mayor trabajo de penitencia que había tenido en los principios, de vencer el sueño, y para esto estaba siempre o de rodillas o en pie. Lo que dormía era sentado, y la cabeza arrimada a un maderillo que tenía hincado en la pared. Echado, aunque quisiera, no podía, porque su celda -como se sabe- no era más larga de cuatro pies y medio..En todos estos años jamás se puso la capilla, por grandes soles y aguas que hiciese, ni cosa en los pies ni vestida; sino un hábito de sayal, sin ninguna otra cosa sobre las carnes, y éste tan angosto como se podía sufrir, y un mantillo de lo mismo encima.

Decíame que en los grandes fríos se le quitaba, y dejaba la puerta y ventanilla abierta de la celda, para que con ponerse después el manto y cerrar la puerta, contentaba al cuerpo, para que sosegase con más abrigo. Comer a tercer día era muy ordinario; y díjome que de qué me espantaba, que muy posible era a quien se acostumbraba a ello. Un su compañero me dijo que le acaecía estar ocho días sin comer. Debía ser estando en oración, porque tenía grandes arrobamientos e ímpetus de amor de Dios, de que una vez yo fui testigo.

18. Su pobreza era extrema y mortificación en la mocedad, que me dijo que le había acaecido estar tres años en una casa de su Orden y no conocer fraile, si no era por el habla; porque no alzaba los ojos jamás, y así a las partes que de necesidad había de ir no sabía, sino íbase tras los frailes. Esto le acaecía por los caminos. A mujeres jamás miraba; esto muchos años. Decíame que ya no se le daba más ver que no ver. Mas era muy viejo cuando le vine a conocer, y tan extrema su flaqueza, que no parecía sino hecho de raíces de árboles.

Con toda esta santidad era muy afable, aunque de pocas palabras, si no era con preguntarle. En éstas era muy sabroso, porque tenía muy lindo entendimiento. Otras cosas muchas quisiera decir, sino que he miedo dirá vuestra merced que para qué me meto en esto, y con él lo he escrito. Y así lo dejo con que fue su fin como la vida, predicando y amonestando a sus frailes. Como vio ya se acababa, dijo el salmo de Laetatus sum in his quae dicta sunt mihi, e, hincado de rodillas, murió.

19. Después ha sido el Señor servido yo tenga más en él que en la vida, aconsejándome en muchas cosas. Hele visto muchas veces con grandísima gloria. Díjome la primera que me apareció, que bienaventurada penitencia que tanto premio había merecido y otras muchas cosas. Un año antes que muriese, me apareció estando ausente, y supe se había de morir, y se lo avisé. Estando algunas leguas de aquí cuando expiró, me apareció y dijo cómo se iba a descansar. Yo no lo creí, y díjelo a algunas personas, y desde a ocho días vino la nueva cómo era muerto, o comenzado a vivir para siempre, por mejor decir..

20. Hela aquí acabada esta aspereza de vida con tan gran gloria. Paréceme que mucho más me consuela que cuando acá estaba. Díjome una vez el Señor que no le pedirían cosa en su nombre que no la oyese. Muchas que le he encomendado pida

al Señor, las he visto cumplidas. Sea bendito por siempre, amén.

21. Mas ¡qué hablar he hecho, para despertar a vuestra merced a no estimar en nada cosa de esta vida, como si no lo supiese, o no estuviera ya determinado a dejarlo todo y puéstolo por obra! Veo tanta perdición en el mundo, que, aunque no aproveche más decirlo yo de cansarme de escribirlo, me es descanso; que todo es contra mí lo que digo. El Señor me perdone lo que en este caso le he ofendido, y vuestra merced, que le canso sin propósito. Parece que quiero haga penitencia de lo que yo en esto pequé.

Capítulo **28**

En que trata las grandes mercedes que la hizo el Señor y cómo le apareció la primera vez. - Declara qué es visión imaginaria. – Dice los grandes efectos y señales que deja cuando es de Dios. – Es muy provechoso capítulo y mucho de notar.

1 Tornando a nuestro propósito, pasé algunos días, pocos, con esta visión muy continua, y hacíame tanto provecho, que no salía de oración, y aun cuanto hacía, procuraba fuese de suerte que no descontentase al que claramente veía estaba por testigo. Y aunque a veces temía, con lo mucho que me decían, durábame poco el temor, porque el Señor me aseguraba. Estando un día en oración, quiso el Señor mostrarme solas las manos con tan grandísima hermosura que no lo podría yo encarecer. Hízome gran temor, porque cualquier novedad me le hace grande en los principios de cualquiera merced sobrenatural que el Señor me haga. Desde a pocos días, vi también aquel divino rostro, que del todo me parece me dejó absorta. No podía yo entender por qué el Señor se mostraba así poco a poco, pues después me había de hacer merced de que yo le viese del todo, hasta después que he entendido que me iba Su Majestad llevando conforme a mi flaqueza natural. ¡Sea bendito por siempre!, porque tanta gloria junta, tan bajo y ruin sujeto no la pudiera sufrir. Y como quien esto sabía, iba el piadoso Señor disponiendo.

2. Parecerá a vuestra merced que no era menester mucho esfuerzo para ver unas manos y rostro tan hermoso. -Sonlo tanto los cuerpos glorificados, que la gloria que traen consigo ver cosa tan sobrenatural hermosa desatina; y así me hacía tanto temor, que toda me turbaba y alborotaba, aunque después

quedaba con certidumbre y seguridad y con tales efectos, que presto se perdía el temor.

3. Un día de San Pablo, estando en misa, se me representó toda esta Humanidad sacratísima como se pinta resucitado, con tanta hermosura y majestad como particularmente escribí a vuestra merced cuando mucho me lo mandó, y hacíaseme harto de mal, porque no se puede decir que no sea deshacerse; mas lo mejor que supe, ya lo dije, y así no hay para qué tornarlo a decir aquí. Sólo digo que, cuando otra cosa no hubiese para deleitar la vista en el cielo sino la gran hermosura de los cuerpos glorificados, es grandísima gloria, en especial ver la Humanidad de Jesucristo, Señor nuestro, aun acá que se muestra Su Majestad conforme a lo que puede sufrir nuestra miseria; ¿qué será adonde del todo se goza tal bien?

4. Esta visión, aunque es imaginaria, nunca la vi con los ojos corporales, ni ninguna, sino con los ojos del alma. Dicen los que lo saben mejor que yo, que es más perfecta la pasada que ésta, y ésta más mucho que las que se ven con los ojos corporales. Esta dicen que es la más baja y adonde más ilusiones puede hacer el demonio, aunque entonces no podía yo entender tal, sino que deseaba, ya que se me hacía esta merced, que fuese viéndola con los ojos corporales, para que no me dijese el confesor se me antojaba. Y también después de pasada me acaecía –esto era luego luego- pensar yo también esto: que se me había antojado. Y fatigábame de haberlo dicho al confesor, pensando si le había engañado. Este era otro llanto, e iba a él y decíaselo. Preguntábame que si me parecía a mí así o si había querido engañar. Yo le decía la verdad, porque, a mi parecer, no mentía, ni tal había pretendido, ni por cosa del mundo dijera una cosa por otra. Esto bien lo sabía él, y así procuraba sosegarme, y yo sentía tanto en irle con estas cosas, que no sé cómo el demonio me ponía lo había de fingir para atormentarme a mí misma..Mas el Señor se dio tanta prisa a hacerme esta merced y declarar esta verdad, que bien presto se me quitó la duda de si era antojo, y después veo muy claro mi bobería; porque, si estuviera muchos años imaginando cómo figurar cosa tan hermosa, no pudiera ni supiera, porque excede a todo lo que acá se puede imaginar, aun sola la blancura y resplandor.

5. No es resplandor que deslumbre, sino una blancura suave y el resplandor infuso, que da deleite grandísimo a la vista y no

la cansa, ni la claridad que se ve para ver esta hermosura tan divina. Es una luz tan diferente de las de acá, que parece una cosa tan deslustrada la claridad del sol que vemos, en comparación de aquella claridad y luz que se representa a la vista, que no se querrían abrir los ojos después. Es como ver un agua clara, que corre sobre cristal y reverbera en ello el sol, a una muy turbia y con gran nublado y corre por encima de la tierra. No porque se representa sol, ni la luz es como la del sol; parece, en fin, luz natural y estotra cosa artificial. Es luz que no tiene noche, sino que, como siempre es luz, no la turba nada. En fin, es de suerte que, por gran entendimiento que una persona tuviese, en todos los días de su vida podría imaginar cómo es. Y pónela Dios delante tan presto, que aun no hubiera lugar para abrir los ojos, si fuera menester abrirlos; mas no hace más estar abiertos que cerrados, cuando el Señor quiere; que, aunque no queramos, se ve. No hay divertimiento que baste, ni hay poder resistir, ni basta diligencia ni cuidado para ello. Esto tengo yo bien experimentado, como diré.

6. Lo que yo ahora querría decir es el modo cómo el Señor se muestra por estas visiones. No digo que declararé de qué manera puede ser poner esta luz tan fuerte en el sentido interior, y en el entendimiento imagen tan clara, que parece verdaderamente está allí, porque esto es de letrados. No ha querido el Señor darme a entender el cómo, y soy tan ignorante y de tan rudo entendimiento, que, aunque mucho me lo han querido declarar, no he aun acabado de entender el cómo. Y esto es cierto, que aunque a vuestra merced le parezca que tengo vivo entendimiento, que no le tengo; porque en muchas cosas lo he experimentado, que no comprende más de lo que le dan de comer, como dicen. Algunas veces se espantaba el que me confesaba de mis ignorancias; y jamás me di a entender, ni aun lo deseaba, cómo hizo Dios esto o pudo ser esto, ni lo preguntaba, aunque -como he dicho- de muchos años acá trataba con buenos letrados. Si era una cosa pecado o no, esto sí;.en lo demás no era menester más para mí de pensar hízolo Dios todo, y veía que no había de qué me espantar, sino por qué le alabar; y antes me hacen devoción las cosas dificultosas, y mientras más, más.

7. Diré, pues, lo que he visto por experiencia. El cómo el Señor lo hace, vuestra merced lo dirá mejor, y declarará todo lo

que fuere oscuro y yo no supiere decir. Bien me parecía en algunas cosas que era imagen lo que veía, mas por otras muchas no, sino que era el mismo Cristo, conforme a la claridad con que era servido mostrárseme. Unas veces era tan en confuso, que me parecía imagen, no como los dibujos de acá, por muy perfectos que sean, que hartos he visto buenos; es disparate pensar que tiene semejanza lo uno con lo otro en ninguna manera, no más ni menos que la tiene una persona viva a su retrato, que por bien que esté sacado no puede ser tan al natural, que, en fin, se ve es cosa muerta. Mas dejemos esto, que aquí viene bien y muy al pie de la letra.

8. No digo que es comparación, que nunca son tan cabales, sino verdad, que hay la diferencia que de lo vivo a lo pintado, no más ni menos. Porque si es imagen, es imagen viva; no hombre muerto, sino Cristo vivo; y da a entender que es hombre y Dios; no como estaba en el sepulcro, sino como salió de él después de resucitado; y viene a veces con tan grande majestad, que no hay quien pueda dudar sino que es el mismo Señor, en especial en acabando de comulgar, que ya sabemos que está allí, que nos lo dice la fe. Represéntase tan señor de aquella posada, que parece toda deshecha el alma se ve consumir en Cristo. ¡Oh Jesús mío!, ¡quién pudiese dar a entender la majestad con que os mostráis! Y cuán Señor de todo el mundo y de los cielos y de otros mil mundos y sin cuento mundos y cielos que Vos crearais, entiende el alma, según con la majestad que os representáis, que no es nada para ser Vos señor de ello.

9. Aquí se ve claro, Jesús mío, el poco poder de todos los demonios en comparación del vuestro, y cómo quien os tuviere contento puede repisar el infierno todo. Aquí ve la razón que tuvieron los demonios de temer cuando bajasteis al limbo, y tuvieran de desear otros mil infiernos más bajos para huir de tan gran majestad, y veo que queréis dar a entender al alma cuán grande es, y el poder que tiene esta sacratísima Humanidad junto con la Divinidad. Aquí se representa bien qué será el día del juicio ver esta majestad de este Rey, y verle con rigor para los malos. Aquí es la verdadera humildad que deja en el alma, de ver su miseria, que no la puede ignorar. Aquí la confusión y verdadero arrepentimiento de los pecados, que aun con verle que muestra amor, no sabe adonde se meter, y así se deshace toda.

Digo que tiene tan grandísima fuerza esta visión, cuando el Señor quiere mostrar al alma mucha parte de su grandeza y majestad, que tengo por imposible, si muy sobrenatural no la quisiese el Señor ayudar con quedar puesta en arrobamiento y éxtasis (que pierde el ver la visión de aquella divina presencia con gozar), sería, como digo, imposible sufrirla ningún sujeto.

¿Es verdad que se olvida después? -Tan imprimida queda aquella majestad y hermosura, que no hay poderlo olvidar, si no es cuando quiere el Señor que padezca el alma una sequedad y soledad grande que diré adelante, que aun entonces de Dios parece se olvida. Queda el alma otra, siempre embebida. Parécele comienza de nuevo amor vivo de Dios en muy alto grado, a mi parecer; que, aunque la visión pasada que dije que representa Dios sin imagen es más subida, que para durar la memoria conforme a nuestra flaqueza, para traer bien ocupado el pensamiento, es gran cosa el quedar representado y puesta en la imaginación tan divina presencia. Y casi vienen juntas estas dos maneras de visión siempre; y aun es así que lo vienen, porque con los ojos del alma vese la excelencia y hermosura y gloria de la santísima Humanidad, y por estotra manera que queda dicha se nos da a entender cómo es Dios y poderoso y que todo lo puede y todo lo manda y todo lo gobierna y todo lo hinche su amor.

10. Es muy mucho de estimar esta visión, y sin peligro, a mi parecer, porque en los efectos se conoce no tiene fuerza aquí el demonio. Paréceme que tres o cuatro veces me ha querido representar de esta suerte al mismo Señor en representación falsa: toma la forma de carne, mas no puede contrahacerla con la gloria que cuando es de Dios. Hace representaciones para deshacer la verdadera visión que ha visto el alma; mas así la resiste de sí y se alborota y se desabre e inquieta, que pierde la devoción y gusto que antes tenía, y queda sin ninguna oración.

A los principios fue esto -como he dicho- tres o cuatro veces. Es cosa tan diferentísima, que, aun quien hubiere tenido sola oración.de quietud, creo lo entenderá por los efectos que quedan dichos en las hablas. Es cosa muy conocida y, si no se quiere dejar engañar un alma, no me parece la engañará, si anda con humildad y simplicidad. A quien hubiere tenido verdadera visión de Dios, desde luego casi se siente; porque, aunque comienza con regalo y gusto, el alma lo lanza de sí; y aun, a mi parecer, debe ser diferente el gusto; y no muestra apariencia de amor puro y casto. Muy en breve da a entender quién es. Así que, adonde hay experiencia, a mi parecer, no podrá el demonio hacer daño.

11. Pues ser imaginación esto, es imposible de toda imposibilidad. Ningún camino lleva, porque sola la hermosura y blancura de una mano es sobre toda nuestra imaginación: pues sin acordarnos de ello ni haberlo jamás pensado, ver en un punto presentes cosas que en gran tiempo no pudieran concertarse con la imaginación, porque va muy más alto -como ya he dicho- de lo que acá podemos comprender... ; así que esto es imposible. Y si pudiésemos algo en esto, aun se ve claro por estotro que ahora diré: porque si fuese representado con el entendimiento, dejado que no haría las grandes operaciones que esto hace, ni ninguna (porque sería como uno que quisiese hacer que dormía y estáse despierto porque no le ha venido el sueño: él, como si tiene necesidad o flaqueza en la cabeza, lo desea, adormécese él en sí y hace sus diligencias y a las veces parece hace algo, mas si no es sueño de veras, no le sustentará ni dará fuerza a la cabeza, antes a las veces queda más desvanecida), así sería en parte acá, quedar el alma desvanecida, mas no sustentada y fuerte, antes cansada y disgustada. Acá no se puede encarecer la riqueza que queda: aun al cuerpo da salud y queda confortado.

12. Esta razón, con otras, daba yo cuando me decían que era demonio y que se me antojaba -que fue muchas veces- y ponía comparaciones como yo podía y el Señor me daba a entender. Mas todo aprovechaba poco. Porque como había personas muy santas en este lugar (y yo en su comparación una perdición) y no los llevaba Dios por este camino, luego era el temor en ellos; que mis pecados parece lo hacían, que de uno en otro se rodeaba de manera, que lo venían a saber, sin decirlo yo sino a mi confesor o a quien él me mandaba.

13. Yo les dije una vez que si los que me decían esto me dijeran que a una persona que hubiese acabado de hablar y la conociese mucho, que no era ella, sino que se me antojaba, que ellos lo.sabían, que sin duda yo lo creyera más que lo que había visto. Mas si esta persona me dejara algunas joyas y se me quedaban en las manos por prendas de mucho amor, y que antes no tenía ninguna y me veía rica siendo pobre, que no podría

creerlo, aunque yo quisiese. Y que estas joyas se las podría mostrar, porque todos los que me conocían veían claro estar otra mi alma, y así lo decía mi confesor. Porque era muy grande la diferencia en todas las cosas, y no disimulada, sino muy con claridad lo podían todos ver. Porque, como antes era tan ruin, decía yo que no podía creer que si el demonio hacía esto para engañarme y llevarme al infierno, tomase medio tan contrario como era quitarme los vicios y poner virtudes y fortaleza. Porque veía claro con estas cosas quedar en una vez otra.

14. Mi confesor, como digo -que era un padre bien santo de la Compañía de Jesús-, respondía esto mismo según yo supe. Era muy discreto y de gran humildad, y esta humildad tan grande me acarreó a mí hartos trabajos; porque, con ser de mucha oración y letrado, no se fiaba de sí, como el Señor no le llevaba por este camino. Pasólos harto grandes conmigo de muchas maneras. Supe que le decían que se guardase de mí, no le engañase el demonio con creerme algo de lo que le decía. Traíanle ejemplos de otras personas. Todo esto me fatigaba a mí. Temía que no había de haber con quién me confesar, sino que todos habían de huir de mí. No hacía sino llorar.

15. Fue providencia de Dios querer él durar en oírme, sino que era tan gran siervo de Dios, que a todo se pusiera por El. Y así me decía que no ofendiese yo a Dios ni saliese de lo que él me decía; que no hubiese miedo me faltase. Siempre me animaba y sosegaba. Mandábame siempre que no le callase ninguna cosa. Yo así lo hacía. El me decía que haciendo yo esto, que aunque fuese demonio, no me haría daño, antes sacaría el Señor bien del mal que él quería hacer a mi alma. Procuraba perfeccionarla en todo lo que él podía. Yo, como traía tanto miedo, obedecíale en todo, aunque imperfectamente, que harto pasó conmigo tres años y más, que me confesó, con estos trabajos; porque en grandes persecuciones que tuve, y cosas hartas que permitía el Señor me juzgasen mal, y muchas estando sin culpa, con todo venían a él y era culpado por mí, estando él sin ninguna culpa.

16. Fuera imposible, si no tuviera tanta santidad -y el Señor que le animaba- poder sufrir tanto, porque había de responder a los que les.parecía iba perdida, y no le creían; y por otra parte, habíame de sosegar a mí y de curar el miedo que yo traía, poniéndomele mayor. Me había por otra parte de asegurar,

porque a cada visión, siendo cosa nueva, permitía Dios me quedasen después grandes temores. Todo me procedía de ser tan pecadora yo y haberlo sido. El me consolaba con mucha piedad y, si él se creyera a sí mismo, no padeciera yo tanto; que Dios le daba a entender la verdad en todo, porque el mismo Sacramento le daba luz, a lo que yo creo.

17. Los siervos de Dios, que no se aseguraban, tratábanme mucho. Yo, como hablaba con descuido algunas cosas que ellos tomaban por diferente intención (yo quería mucho al uno de ellos, porque le debía infinito mi alma y era muy santo; yo sentía infinito de que veía no me entendía, y él deseaba en gran manera mi aprovechamiento y que el Señor me diese luz), y así lo que yo decía -como digo- sin mirar en ello, parecíales poca humildad. En viéndome alguna falta – que verían muchas-, luego era todo condenado. Preguntábanme algunas cosas; yo respondía con llaneza y descuido. Luego les parecía los quería enseñar, y que me tenía por sabia. Todo iba a mi confesor, porque, cierto, ellos deseaban mi provecho. El a reñirme. 18. Duró esto harto tiempo, afligida por muchas partes, y con las mercedes que me hacía el Señor todo lo pasaba. Digo esto para que se entienda el gran trabajo que es no haber quien tenga experiencia en este camino espiritual, que a no me favorecer tanto el Señor, no sé qué fuera de mí. Bastantes cosas había para quitarme el juicio, y algunas veces me veía en términos que no sabía qué hacer, sino alzar los ojos al Señor. Porque contradicción de buenos a una mujercilla ruin y flaca como yo y temerosa, no parece nada así dicho, y con haber yo pasado en la vida grandísimos trabajos, es éste de los mayores.

Plega al Señor que yo haya servido a Su Majestad algo en esto; que de que le servían los que me condenaban y argüían, bien cierta estoy, y que era todo para gran bien mío.

Capítulo 29

Prosigue en lo comenzado y dice algunas mercedes grandes que la hizo el Señor y las cosas que Su Majestad la decía para asegurarla y para que respondiese a los que la contradecían.

1. Mucho he salido del propósito, porque trataba de decir las causas que hay para ver que no es imaginación; porque ¿cómo podríamos representar con estudio la Humanidad de Cristo y ordenando con la imaginación su gran hermosura? Y no era menester poco tiempo, si en algo se había de parecer a ella. Bien la puede representar delante de su imaginación y estarla mirando algún espacio, y las figuras que tiene y la blancura, y poco a poco irla más perfeccionando y encomendando a la memoria aquella imagen. Esto ¿quién se lo quita, pues con el entendimiento la pudo fabricar? En lo que tratamos, ningún remedio hay de esto, sino que la hemos de mirar cuando el Señor lo quiere representar y como quiere y lo que quiere. Y no hay quitar ni poner, ni modo para ello aunque más hagamos, ni para verlo cuando queremos, ni para dejarlo de ver; en queriendo mirar alguna cosa particular, luego se pierde Cristo.

2. Dos años y medio me duró que muy ordinario me hacía Dios esta merced. Habrá más de tres que tan continuo me la quitó de este modo, con otra cosa más subida -como quizá diré después-; y con ver que me estaba hablando y yo mirando aquella gran hermosura y la suavidad con que habla aquellas palabras por aquella hermosísima y divina boca, y otras veces con rigor, y desear yo en extremo entender el color de sus ojos o del tamaño que era, para que lo supiese decir, jamás lo he merecido ver, ni me basta procurarlo, antes se me pierde la visión del todo. Bien que algunas veces veo mirarme con piedad; mas

tiene tanta fuerza esta vista, que el alma no la puede sufrir, y queda en tan subido arrobamiento que, para más gozarlo todo, pierde esta hermosa vista. Así que aquí no hay que querer y no querer. Claro se ve quiere el Señor que no haya sino humildad y confusión, y tomar lo que nos dieren y alabar a quien lo da.

3. Esto es en todas las visiones, sin quedar ninguna, que ninguna cosa se puede, ni para ver menos ni más, hace ni deshace nuestra diligencia. Quiere el Señor que veamos muy claro no es ésta obra nuestra, sino de Su Majestad; porque muy menos podemos tener soberbia, antes nos hace estar muy humildes y temerosos, viendo que, como el Señor nos quita el poder para ver lo que queremos, nos puede quitar estas mercedes y la gracia, y quedar perdidos del todo; y que siempre andemos con miedo, mientras en este destierro vivimos.

4. Casi siempre se me representaba el Señor así resucitado, y en la Hostia lo mismo, si no eran algunas veces para esforzarme, si estaba en tribulación, que me mostraba las llagas; algunas veces en la cruz y en el Huerto; y con la corona de espinas, pocas; y llevando la cruz también algunas veces, para -como digo-necesidades mías y de otras personas, mas siempre la carne glorificada.

Hartas afrentas y trabajos he pasado en decirlo, y hartos temores y hartas persecuciones. Tan cierto les parecía que tenía demonio, que me querían conjurar algunas personas. De esto poco se me daba a mí: más sentía cuando veía yo que temían los confesores de confesarme, o cuando sabía les decían algo. Con todo, jamás me podía pesar de haber visto estas visiones celestiales, y por todos los bienes y deleites del mundo sola una vez no lo trocara.

Siempre lo tenía por gran merced del Señor, y me parece un grandísimo tesoro, y el mismo Señor me aseguraba muchas veces. Yo me veía crecer en amarle muy mucho; íbame a quejar a El de todos estos trabajos; siempre salía consolada de la oración y con nuevas fuerzas. A ellos no los osaba yo contradecir, porque veía era todo peor, que les parecía poca humildad. Con mi confesor trataba; él siempre me consolaba mucho, cuando me veía fatigada.

5. Como las visiones fueron creciendo, uno de ellos que antes me ayudaba (que era con quien me confesaba algunas veces que no podía el ministro), comenzó a decir que claro era

demonio. Mándanme que, ya que no había remedio de resistir, que siempre me santiguase cuando alguna visión viese, y diese higas, porque tuviese por cierto era demonio, y con esto no vendría; y que no hubiese miedo, que Dios me guardaría y me lo quitaría. A mí me era esto gran pena; porque, como yo no podía creer sino que era Dios, era cosa terrible para mí. Y tampoco podía -como he dicho- desear se me quitase; mas, en fin, hacía cuanto me mandaban. Suplicaba mucho a Dios que me librase de ser engañada. Esto siempre lo hacía y con hartas lágrimas, y a San Pedro y a San Pablo, que me dijo el Señor, como fue la primera vez que me apareció en su día, que ellos me guardarían no fuese engañada; y así muchas veces los veía al lado izquierdo muy claramente, aunque no con visión imaginaria. Eran estos gloriosos Santos muy mis señores.

6 Dábame este dar higas grandísima pena cuando veía esta visión del Señor; porque cuando yo le veía presente, si me hicieran pedazos no pudiera yo creer que era demonio, y así era un género.de penitencia grande para mí. Y, por no andar tanto santiguándome, tomaba una cruz en la mano. Esto hacía casi siempre; las higas no tan continuo, porque sentía mucho. Acordábame de las injurias que le habían hecho los judíos, y suplicábale me perdonase, pues yo lo hacía por obedecer al que tenía en su lugar, y que no me culpase, pues eran los ministros que El tenía puestos en su Iglesia. Decíame que no se me diese nada, que bien hacía en obedecer, mas que él haría que se entendiese la verdad. Cuando me quitaban la oración, me pareció se había enojado. Díjome que les dijese que ya aquello era tiranía. Dábame causas para que entendiese que no era demonio. Alguna diré después.

7. Una vez, teniendo yo la cruz en la mano, que la traía en un rosario, me la tomó con la suya, y cuando me la tornó a dar, era de cuatro piedras grandes muy más preciosas que diamantes, sin comparación, porque no la hay casi a lo que se ve sobrenatural. Diamante parece cosa contrahecha e imperfecta, de las piedras preciosas que se ven allá. Tenía las cinco llagas de muy linda hechura. Díjome que así la vería de aquí adelante, y así me acaecía, que no veía la madera de que era, sino estas piedras. Mas no lo veía nadie sino yo.

En comenzando a mandarme hiciese estas pruebas y resistiese, era muy mayor el crecimiento de las mercedes. En queriéndome divertir, nunca salía de oración. Aun durmiendo me parecía estaba en ella. Porque aquí era crecer el amor y las lástimas que yo decía al Señor y el no lo poder sufrir; ni era en mi mano, aunque yo quería y más lo procuraba, de dejar de pensar en El. Con todo, obedecía cuando podía, mas podía poco o nonada en esto, y el Señor nunca me lo quitó; mas, aunque me decía lo hiciese, asegurábame por otro cabo, y enseñábame lo que les había de decir, y así lo hace ahora, y dábame tan bastantes razones, que a mí me hacía toda seguridad.

8. Desde a poco tiempo comenzó Su Majestad, como me lo tenía prometido, a señalar más que era El, creciendo en mí un amor tan grande de Dios, que no sabía quién me le ponía, porque era muy sobrenatural, ni yo le procuraba. Veíame morir con deseo de ver a Dios, y no sabía adónde había de buscar esta vida, si no era con la muerte. Dábanme unos ímpetus grandes de este amor, que, aunque no eran tan insufrideros como los que ya otra vez he dicho ni de tanto valor, yo no sabía qué me hacer; porque nada me.satisfacía, ni cabía en mí, sino que verdaderamente me parecía se me arrancaba el alma. ¡Oh artificio soberano del Señor! ¡Qué industria tan delicada hacíais con vuestra esclava miserable! Escondíaisos de mí y apretábaisme con vuestro amor, con una muerte tan sabrosa que nunca el alma querría salir de ella.

9. Quien no hubiere pasado estos ímpetus tan grandes, es imposible poderlo entender, que no es desasosiego del pecho, ni unas devociones que suelen dar muchas veces, que parece ahogan el espíritu, que no caben en sí. Esta es oración más baja, y hanse de evitar estos aceleramientos con procurar con suavidad recogerlos dentro en sí y acallar el alma; que es esto como unos niños que tienen un acelerado llorar, que parece van a ahogarse, y con darlos a beber, cesa aquel demasiado sentimiento. Así acá la razón ataje a encoger la rienda, porque podría ser ayudar el mismo natural; vuelva la consideración con temer no es todo perfecto, sino que puede ser mucha parte sensual, y acalle este niño con un regalo de amor que la haga mover a amar por vía suave y no a puñadas, como dicen. Que recojan este amor dentro, y no como olla que cuece demasiado, porque se pone la leña sin discreción y se vierte toda; sino que moderen la causa que tomaron para ese fuego y procuren matar la llama con lágrimas suaves y no penosas, que lo son las de estos

sentimientos y hacen mucho daño. Yo las tuve algunas veces a los principios, y dejábanme perdida la cabeza y cansado el espíritu de suerte que otro día y más no estaba para tornar a la oración. Así que es menester gran discreción a los principios para que vaya todo con suavidad y se muestre el espíritu a obrar interiormente. Lo exterior se procure mucho evitar.

10. Estotros ímpetus son diferentísimos. No ponemos nosotros la leña, sino que parece que, hecho ya el fuego, de presto nos echan dentro para que nos quememos. No procura el alma que duela esta llaga de la ausencia del Señor, sino hincan una saeta en lo más vivo de las entrañas y corazón, a las veces, que no sabe el alma qué ha ni qué quiere. Bien entiende que quiere a Dios, y que la saeta parece traía hierba para aborrecerse a sí por amor de este Señor, y perdería de buena gana la vida por Él.

No se puede encarecer ni decir el modo con que llaga Dios el alma, y la grandísima pena que da, que la hace no saber de sí; mas es esta pena tan sabrosa, que no hay deleite en la vida que más contento dé. Siempre querría el alma -como he dicho- estar muriendo de este mal.

11. Esta pena y gloria junta me traía desatinada, que no podía yo entender cómo podía ser aquello. ¡Oh, qué es ver un alma herida! Que digo que se entiende de manera que se puede decir herida por tan excelente causa; y ve claro que no movió ella por dónde le viniese este amor, sino que del muy grande que el Señor la tiene, parece cayó de presto aquella centella en ella que la hace toda arder. ¡Oh, cuántas veces me acuerdo, cuando así estoy, de aquel verso de David: Quemadmodum desiderat cervus ad fontes aquarum que me parece lo veo al pie de la letra en mí!

12. Cuando no da esto muy recio, parece se aplaca algo, al menos busca el alma algún remedio -porque no sabe qué hacer- con algunas penitencias, y no se sienten más ni hace más pena derramar sangre que si estuviese el cuerpo muerto. Busca modos y maneras para hacer algo que sienta por amor de Dios; mas es tan grande el primer dolor, que no sé yo qué tormento corporal le quitase. Como no está allí el remedio, son muy bajas estas medicinas para tan subido mal; alguna cosa se aplaca y pasa algo con esto, pidiendo a Dios la dé remedio para su mal, y ninguno ve sino la muerte, que con ésta piensa gozar

del todo a su Bien. Otras veces da tan recio, que eso ni nada no se puede hacer, que corta todo el cuerpo. Ni pies ni brazos no puede menear; antes si está en pie se sienta, como una cosa trasportada que no puede ni aun resolgar; sólo da unos gemidos no grandes, porque no puede más; sonlo en el sentimiento.

13. Quiso el Señor que viese aquí algunas veces esta visión: veía un ángel cabe mí hacia el lado izquierdo, en forma corporal, lo que no suelo ver sino por maravilla; aunque muchas veces se me representan ángeles, es sin verlos, sino como la visión pasada que dije primero. En esta visión quiso el Señor le viese así: no era grande, sino pequeño, hermoso mucho, el rostro tan encendido que parecía de los ángeles muy subidos que parecen todos se abrasan. Deben ser los que llaman querubines, que los nombres no me los dicen; mas bien veo que en el cielo hay tanta diferencia de unos ángeles a otros y de otros a otros, que no lo sabría decir. Veíale en las manos un dardo de oro largo, y al fin del hierro me parecía tener un poco de fuego. Este me parecía meter por el corazón algunas veces y que me llegaba a las entrañas. Al sacarle, me parecía las llevaba consigo, y me dejaba toda abrasada en amor grande de Dios. Era tan grande el dolor, que me hacía dar aquellos quejidos, y tan excesiva la suavidad que me pone este grandísimo dolor, que no hay desear que se quite, ni se contenta el alma con menos que Dios. No es dolor corporal sino espiritual, aunque no deja de participar el cuerpo algo, y aun harto. Es un requiebro tan suave que pasa entre el alma y Dios, que suplico yo a su bondad lo dé a gustar a quien pensare que miento.

14. Los días que duraba esto andaba como embobada. No quisiera ver ni hablar, sino abrazarme con mi pena, que para mí era mayor gloria que cuantas hay en todo lo criado.

Esto tenía algunas veces, cuando quiso el Señor me viniesen estos arrobamientos tan grandes, que aun estando entre gentes no los podía resistir, sino que con harta pena mía se comenzaron a publicar. Después que los tengo, no siento esta pena tanto, sino la que dije en otra parte antes -no me acuerdo en qué capítulo-, que es muy diferente en hartas cosas y de mayor precio; antes en comenzando esta pena de que ahora hablo, parece arrebata el Señor el alma y la pone en éxtasis, y así no hay lugar de tener pena ni de padecer, porque viene luego el gozar.

Sea bendito por siempre, que tantas mercedes hace a quien tan mal responde a tan grandes beneficios.

Capítulo 30

Torna a contar el discurso de su vida y cómo remedió el Señor mucho de sus trabajos con traer al lugar adonde estaba el santo Fray Pedro de Alcántara, de la orden del glorioso San Francisco. —Trata de grandes tentaciones y trabajos interiores que pasaba algunas veces.

1. Pues viendo yo lo poco o nonada que podía hacer para no tener estos ímpetus tan grandes, también temía de tenerlos; porque pena y contento no podía yo entender cómo podía estar junto; que ya pena corporal y contento espiritual, ya lo sabía que era bien posible; mas tan excesiva pena espiritual y con tan grandísimo gusto, esto me desatinaba..Aún no cesaba en procurar resistir, mas podía tan poco, que algunas veces me cansaba. Amparábame con la cruz y queríame defender del que con ella nos amparó a todos. Veía que no me entendía nadie, que esto muy claro lo entendía yo; mas no lo osaba decir sino a mi confesor, porque esto fuera decir bien de verdad que no tenía humildad.

2. Fue el Señor servido remediar gran parte de mi trabajo -y por entonces todo- con traer a este lugar al bendito Fray Pedro de Alcántara, de quien ya hice mención y dije algo de su penitencia, que, entre otras cosas, me certificaron había traído veinte años cilicio de hoja de lata continuo. Es autor de unos libros pequeños de oración que ahora se tratan mucho, de romance, porque como quien bien la había ejercitado, escribió harto provechosamente para los que la tienen. Guardó la primera Regla del bienaventurado San Francisco con todo rigor y lo demás que allá queda algo dicho.

3. Pues como la viuda sierva de Dios, que he dicho, y amiga mía, supo que estaba aquí tan gran varón, y sabía mi necesidad, porque era testigo de mis aflicciones y me consolaba harto, porque era tanta su fe que no podía sino creer que era espíritu de Dios el que todos los más decían era del demonio, y como es persona de harto buen entendimiento y de mucho secreto y a quien el Señor hacía harta merced en la oración, quiso Su Majestad darla luz en lo que los letrados ignoraban. Dábanme licencia mis confesores que descansase con ella algunas cosas, porque por hartas causas cabía en ella. Cabíale parte algunas veces de las mercedes que el Señor me hacía, con avisos harto provechosos para su alma.

Pues como lo supo, para que mejor le pudiese tratar, sin decirme nada recaudó licencia de mi Provincial para que ocho días estuviese en su casa, y en ella y en algunas iglesias le hablé muchas veces esta primera vez que estuvo aquí, que después en diversos tiempos le comuniqué mucho. Como le di cuenta en suma de mi vida y manera de proceder de oración, con la mayor claridad que yo supe, que esto he tenido siempre, tratar con toda claridad y verdad con los que comunico mi alma, hasta los primeros movimientos querría yo les fuesen públicos, y las cosas más dudosas y de sospecha yo les argüía con razones contra mí, así que sin doblez ni encubierta le traté mi alma.

4. Casi a los principio vi que me entendía por experiencia, que era todo lo que yo había menester; porque entonces no me sabía entender como ahora, para saberlo decir, que después me lo ha dado Dios que sepa entender y decir las mercedes que Su Majestad me hace, y era menester que hubiese pasado por ello quien del todo me entendiese y declarase lo que era. El me dio grandísima luz, porque al menos en las visiones que no eran imaginarias no podía yo entender qué podía ser aquello, y parecíame que en las que veía con los ojos del alma tampoco entendía cómo podía ser; que -como he dicho- sólo las que se ven con los ojos corporales era de las que me parecía a mí había de hacer caso, y éstas no tenía.

5. Este santo hombre me dio luz en todo y me lo declaró, y dijo que no tuviese pena, sino que alabase a Dios y estuviese tan cierta que era espíritu suyo, que, si no era la fe, cosa más verdadera no podía haber, ni que tanto pudiese creer. Y él se consolaba mucho conmigo y hacíame todo favor y merced, y

siempre después tuvo mucha cuenta conmigo y daba parte de sus cosas y negocios. Y como me veía con los deseos que él ya poseía por obra -que éstos dábamelos el Señor muy determinados- y me veía con tanto ánimo, holgábase de tratar conmigo; que a quien el Señor llega a este estado no hay placer ni consuelo que se iguale a topar con quien le parece le ha dado el Señor principios de esto; que entonces no debía yo tener mucho más, a lo que me parece, y plega al Señor lo tenga ahora.

6. Húbome grandísima lástima. Díjome que uno de los mayores trabajos de la tierra era el que había padecido, que es contradicción de buenos, y que todavía me quedaba harto, porque siempre tenía necesidad y no había en esta ciudad quien me entendiese; mas que él hablaría al que me confesaba y a uno de los que me daban más pena, que era este caballero casado que ya he dicho. Porque, como quien me tenía mayor voluntad, me hacía toda la guerra. Y es alma temerosa y santa, y como me había visto tan poco había tan ruin, no acababa de asegurarse.

Y así lo hizo el santo varón, que los habló a entrambos y les dio causas y razones para que se asegurasen y no me inquietasen más. El confesor poco había menester; el caballero tanto, que aun no del todo bastó, mas fue parte para que no tanto me amedrentase.

7. Quedamos concertados que le escribiese lo que me sucediese más de ahí adelante, y de encomendarnos mucho a Dios; que era tanta su humildad, que tenía en algo las oraciones de esta miserable, que era harta mi confusión. Dejóme con grandísimo consuelo y contento, y con que tuviese la oración con seguridad, y que no dudase de que era Dios; y de lo que tuviese alguna duda y, por más seguridad, de todo diese parte al confesor, y con esto viviese segura.

Mas tampoco podía tener esa seguridad del todo, porque me llevaba el Señor por camino de temer, como creer que era demonio cuando me decían que lo era. Así que temor ni seguridad nadie podía que yo la tuviese de manera que les pudiese dar más crédito del que el Señor ponía en mi alma. Así que, aunque me consoló y sosegó, no le di tanto crédito para quedar del todo sin temor, en especial cuando el Señor me dejaba en los trabajos de alma que ahora diré. Con todo, quedé -como digo- muy consolada.

No me hartaba de dar gracias a Dios y al glorioso padre mío San José, que me pareció le había él traído, porque era Comisario General de la Custodia de San José, a quien yo mucho me encomendaba y a nuestra Señora.

8. Acaecíame algunas veces -y aun ahora me acaece, aunque no tantas- estar con tan grandísimos trabajos de alma junto con tormentos y dolores de cuerpo, de males tan recios, que no me podía valer.

Otras veces tenía males corporales más graves, y como no tenía los del alma, los pasaba con mucha alegría; mas cuando era todo junto, era tan gran trabajo que me apretaba muy mucho. Todas las mercedes que me había hecho el Señor se me olvidaban. Sólo quedaba una memoria como cosa que se ha soñado, para dar pena. Porque se entorpece el entendimiento de suerte, que me hacía andar en mil dudas y sospecha, pareciéndome que yo no lo había sabido entender y que quizá se me antojaba y que bastaba que anduviese yo engañada sin que engañase a los buenos. Parecíame yo tan mala, que cuantos males y herejías se habían levantado me parecía eran por mis pecados.

9. Esta es una humildad falsa que el demonio inventaba para desasosegarme y probar si puede traer el alma a desesperación. Tengo ya tanta experiencia que es cosa de demonio, que, como ya ve que le entiendo, no me atormenta en esto tantas veces como solía. Vese claro en la inquietud y desasosiego con que comienza, y el alboroto que da en el alma todo lo que dura, y la oscuridad y aflicción que en ella pone, la sequedad y mala disposición para oración ni para ningún bien. Parece que ahoga el alma y ata el cuerpo para que de nada aproveche. Porque la humildad verdadera, aunque se conoce el alma por ruin, y da pena ver lo que somos, y pensamos grandes encarecimientos de nuestra maldad, tan grandes como los dichos, y se sienten con verdad, no viene con alboroto ni desasosiega el alma ni la oscurece ni da sequedad; antes la regala, y es todo al revés: con quietud, con suavidad, con luz. Pena que, por otra parte conforta de ver cuán gran merced la hace Dios en que tenga aquella pena y cuán bien empleada es.

Duélele lo que ofendió a Dios. Por otra parte, la ensancha su misericordia. Tiene luz para confundirse a sí y alaba a Su Majestad porque tanto la sufrió.

En estotra humildad que pone el demonio, no hay luz para ningún bien, todo parece lo pone Dios a fuego y a sangre. Represéntale la justicia, y aunque tiene fe que hay misericordia, porque no puede tanto el demonio que la haga perder, es de manera que no me consuela, antes cuando mira tanta misericordia, le ayuda a mayor tormento, porque me parece estaba obligada a más.

10. Es una invención del demonio de las más penosas y sutiles y disimuladas que yo he entendido de él, y así querría avisar a vuestra merced para que, si por aquí le tentare, tenga alguna luz y lo conozca, si le dejare el entendimiento para conocerlo. Que no piense que va en letras y saber, que, aunque a mí todo me falta, después de salida de ello bien entiendo es desatino. Lo que he entendido es que quiere y permite el Señor y le da licencia, como se la dio para que tentase a Job, aunque a mí -como a ruin- no es con aquel rigor.

11. Hame acaecido y me acuerdo ser un día antes de la víspera de Corpus Christi, fiesta de quien yo soy devota, aunque no tanto como es razón. Esta vez duróme sólo hasta el día, que otras dúrame ocho y quince días, y aun tres semanas, y no sé si más, en especial las Semanas Santas, que solía ser mi regalo de oración.

Me acaece que coge de presto el entendimiento por cosas tan livianas a las veces, que otras me riera yo de ellas; y hácele estar trabucado en todo lo que él quiere y el alma aherrojada allí, sin ser señora de sí ni poder pensar otra cosa más de los disparates que él la representa, que casi ni tienen tomo ni atan ni desatan; sólo ata para ahogar de manera el alma, que no cabe en sí. Y es así que me ha acaecido parecerme que andan los demonios como jugando a la pelota con el alma, y ella que no es parte para librarse de su poder. No se puede decir lo que en este caso se padece. Ella anda a buscar reparo, y permite Dios no le halle. Sólo queda siempre la razón del libre albedrío, no clara. Digo yo que debe ser casi tapados los ojos, como una persona que muchas veces ha ido por una parte, que, aunque sea noche y a oscuras, ya por el tino pasado sabe adónde puede tropezar, porque lo ha visto de día, y guárdase de aquel peligro. Así es para no ofender a Dios, que parece se va por la costumbre. Dejemos aparte el tenerla el Señor, que es lo que hace al caso.

12. La fe está entonces tan amortiguada y dormida como todas las demás virtudes, aunque no perdida, que bien cree lo que tiene la Iglesia, mas pronunciado por la boca, y que parece por otro cabo la aprietan y entorpecen para que, casi como cosa que oyó de lejos, le parece conoce a Dios. El amor tiene tan tibio que, si oye hablar en El, escucha como una cosa que cree ser el que es porque lo tiene la Iglesia; mas no hay memoria de lo que ha experimentado en sí Irse a rezar, no es sino más congoja, o estar en soledad; porque el tormento que en sí se siente, sin saber de qué, es incomportable.

A mi parecer, es un poco del traslado del infierno. Esto es así, según el Señor en una visión me dio a entender; porque el alma se quema en sí, sin saber quién ni por dónde le ponen fuego, ni cómo huir de él, ni con qué le matar. Pues quererse remediar con leer, es como si no se supiese. Una vez me acaeció ir a leer una vida de un santo para ver si me embebería y para consolarme de lo que él padeció, y leer cuatro o cinco veces otros tantos renglones y, con ser romance, menos entendía de ellos a la postre que al principio, y así lo dejé. Esto me acaeció muchas veces, sino que ésta se me acuerda más en particular.

13. Tener, pues, conversación con nadie, es peor. Porque un espíritu tan disgustado de ira pone el demonio, que parece a todos me querría comer, sin poder hacer más, y algo parece se hace en irme a la mano, o hace el Señor en tener de su mano a quien así está, para que no diga ni haga contra sus prójimos cosa que los perjudique y en que ofenda a Dios.

Pues ir al confesor, esto es cierto que muchas veces me acaecía lo que diré, que, con ser tan santos como lo son los que en este tiempo he tratado y trato, me decían palabras y me reñían con una aspereza, que después que se las decía yo ellos mismos se espantaban y me decían que no era más en su mano. Porque, aunque ponían muy por sí de no lo hacer otras veces (que se les hacía después lástima y aún escrúpulo), cuando tuviese semejantes trabajos de cuerpo y de alma, y se determinaban a consolarme con piedad, no podían. No decían ellos malas palabras -digo en que ofendiesen a Dios-, mas las más disgustadas que se sufrían para confesor. Debían pretender mortificarme, y aunque otras veces me holgaba y estaba para sufrirlo, entonces todo me era tormento. Pues dame también parecer que los engaño, e iba a ellos y avisábalos muy a las veras que se guardasen de mí, que podría ser los engañase. Bien veía yo que de advertencia no lo haría, ni les diría mentira, mas todo me era temor. Uno medijo una vez, como entendió la tentación, que no tuviese pena, que aunque yo quisiese engañarle, seso tenía él para no dejarse engañar. Esto me dio mucho consuelo.

14. Algunas veces -y casi ordinario, al menos lo más continuo- en acabando de comulgar descansaba; y aun algunas, en llegando al Sacramento, luego a la hora quedaba tan buena, alma y cuerpo, que yo me espanto. No parece sino que en un punto se deshacen todas las tinieblas del alma y, salido el sol, conocía las tonterías en que había estado.

Otras, con sola una palabra que me decía el Señor, con sólo decir: No estés fatigada; no hayas miedo -como ya dejo otra vez dicho-, quedaba del todo sana, o con ver alguna visión, como si no hubiera tenido nada. Regalábame con Dios; quejábame a El cómo consentía tantos tormentos que padeciese; mas ello era bien pagado, que casi siempre eran después en gran abundancia las mercedes. No me parece sino que sale el alma del crisol como el oro, más afinada y clarificada, para ver en sí al Señor. Y así se hacen.después pequeños estos trabajos con parecer incomportables, y se desean tornar a padecer, si el Señor se ha de servir más de ello. Y aunque haya mas tribulaciones y persecuciones, como se pasen sin ofender al Señor, sino holgándose de padecerlo por El, todo es para mayor ganancia, aunque como se han de llevar no los llevo yo, sino harto imperfectamente.

15.Otras veces me venían de otra suerte, y vienen, que de todo punto me parece se me quita la posibilidad de pensar cosa buena ni desearla hacer, sino un alma y cuerpo del todo inútil y pesado; mas no tengo con esto estotras tentaciones y desasosiegos, sino un disgusto, sin entender de qué, ni nada contenta al alma. Procuraba hacer buenas obras exteriores para ocuparme medio por fuerza, y conozco bien lo poco que es un alma cuando se esconde la gracia. No me daba mucha pena, porque este ver mi bajeza me daba alguna satisfacción.

16. Otras veces me hallo que tampoco cosa formada puedo pensar de Dios ni de bien que vaya con asiento, ni tener oración, aunque esté en soledad; mas siento que le conozco. El entendimiento e imaginación entiendo yo es aquí lo que me daña,

que la voluntad buena me parece a mí que está y dispuesta para todo bien. Mas este entendimiento está tan perdido, que no parece sino un loco furioso que nadie le puede atar, ni soy señora de hacerle estar quedo un credo. Algunas veces me río y conozco mi miseria, y estoyle mirando y déjole a ver qué hace; y -gloria a Dios- nunca por maravilla va a cosa mala, sino indiferentes: si algo hay que hacer aquí y allí y acullá. Conozco más entonces la grandísima merced que me hace el Señor cuando tiene atado este loco en perfecta contemplación. Miro qué sería si me viesen este desvarío las personas que me tienen por buena. He lástima grande al alma de verla en tan mala compañía. Deseo verla con libertad, y así digo al Señor: «¿cuándo, Dios mío, acabaré ya de ver mi alma junta en vuestra alabanza, que os gocen todas las potencias? ¡No permitáis, Señor, sea ya más despedazada, que no parece sino que cada pedazo anda por su cabo!».

Esto paso muchas veces. Algunas bien entiendo le hace harto al caso la poca salud corporal. Acuérdome mucho del daño que nos hizo el primer pecado, que de aquí me parece nos vino ser incapaces de gozar tanto bien en un ser, y deben ser los míos, que si yo no hubiera tenido tantos, estuviera más entera en el bien.

17. Pasé también otro gran trabajo: que como todos los libros que leía que tratan de oración me parecía los entendía todos y que ya me había dado aquello el Señor, que no los había menester, y así no los leía, sino vidas de Santos, que, como yo me hallo tan corta en lo que ellos servían a Dios, esto parece me aprovecha y anima. Parecíame muy poca humildad pensar yo había llegado a tener aquella oración; y como no podía acabar conmigo otra cosa, dábame mucha pena, hasta que letrados y el bendito Fray Pedro de Alcántara me dijeron que no se me diese nada. Bien veo yo que en el servir a Dios no he comenzado -aunque en hacerme Su Majestad mercedes es como a muchos buenos- y que estoy hecha una imperfección, si no es en los deseos y en amar, que en esto bien veo me ha favorecido el Señor para que le pueda en algo servir. Bien me parece a mí que le amo, mas las obras me desconsuelan y las muchas imperfecciones que veo en mí.

18. Otras veces me da una bobería de alma -digo yo que es-, que ni bien ni mal me parece que hago, sino andar al hilo de la

gente, como dicen: ni con pena ni con gloria, ni la da vida ni muerte, ni placer ni pesar. No parece se siente nada. Paréceme a mí que anda el alma como un asnillo que pace, que se sustenta porque lo dan de comer y come casi sin sentirlo; porque el alma en este estado no debe estar sin comer algunas grandes mercedes de Dios, pues en vida tan miserable no le pesa de vivir y lo pasa con igualdad, mas no se sienten movimientos ni efectos para que se entienda el alma.

19. Paréceme ahora a mí como un navegar con un aire muy sosegado, que se anda mucho sin entender cómo; porque en estotras maneras son tan grandes los efectos, que casi luego ve el alma su mejora. Porque luego bullen los deseos y nunca acaba de satisfacerse un alma. Esto tienen los grandes ímpetus de amor que he dicho, a quien Dios los da. Es como unas fontecicas que yo he visto manar, que nunca cesa de hacer movimiento la arena hacia arriba.

Al natural me parece este ejemplo o comparación de las almas que aquí llegan: siempre está bullendo el amor y pensando qué hará. No cabe en sí, como en la tierra parece no cabe aquel agua, sino que la echa de sí. Así está el alma muy ordinario, que no sosiega ni cabe en sí con el amor que tiene; ya la tiene a ella empapada en sí. Querría bebiesen los otros, pues a ella no la hace falta, para que la ayudasen a alabar a Dios. ¡Oh, qué de veces me acuerdo del agua viva que dijo el Señor a la Samaritana!, y así soy muy aficionada .aquel Evangelio; y es así, cierto, que sin entender como ahora este bien, desde muy niña lo era, y suplicaba muchas veces al Señor me diese aquel agua, y la tenía dibujada adonde estaba siempre, con este letrero, cuando el Señor llegó al pozo. Domine, da mihi aquam.

20. Parece también como un fuego que es grande y, para que no se aplaque, es menester haya siempre qué quemar. Así son las almas que digo. Aunque fuese muy a su costa, querrían traer leña para que no cesase este fuego. Yo soy tal que aun con pajas que pudiese echar en él me contentaría, y así me acaece algunas y muchas veces; unas me río y otras me fatigo mucho. El movimiento interior me incita a que sirva en algo -de que no soy para más- en poner ramitos y flores a imágenes, en barrer, en poner un oratorio, en unas cositas tan bajas que me hacía confusión. Si hacía o hago algo de penitencia, todo poco y de manera que, a no tomar el Señor la voluntad, veía yo era sin

ningún tomo, y yo misma burlaba de mí. Pues no tienen poco trabajo a ánimas que da Dios por su bondad este fuego de amor suyo en abundancia, faltar fuerzas corporales para hacer algo por El. Es una pena bien grande. Porque, como le faltan fuerzas para echar alguna leña en este fuego y ella muere porque no se mate, paréceme que ella entre sí se consume y hace ceniza y se deshace en lágrimas y se quema; y es harto tormento, aunque es sabroso.

21. Alabe muy mucho al Señor el alma que ha llegado aquí y le da fuerzas corporales para hacer penitencia, o le dio letras y talentos y libertad para predicar y confesar y llegar almas a Dios. Que no sabe ni entiende el bien que tiene, si no ha pasado por gustar qué es no poder hacer nada en servicio del Señor, y recibir siempre mucho. Sea bendito por todo y denle gloria los ángeles, amén.

22. No sé si hago bien de escribir tantas menudencias. Como vuestra merced me tornó a enviar a mandar que no se me diese nada de alargarme ni dejase nada, voy tratando con claridad y verdad lo que se me acuerda. Y no puede ser menos de dejarse mucho, porque sería gastar mucho más tiempo, y tengo tan poco como he dicho, y por ventura no sacar ningún provecho.

Capítulo 31

Trata de algunas tentaciones exteriores y representaciones que la hacía el demonio, y tormentos que la daba. - Trata también algunas cosas harto buenas para aviso de personas que van camino de perfección.

1. Quiero decir, ya que he dicho algunas tentaciones y turbaciones interiores y secretas que el demonio me causaba, otras que hacía casi públicas en que no se podía ignorar que era él.

2. Estaba una vez en un oratorio, y aparecióme hacia el lado izquierdo, de abominable figura; en especial miré la boca, porque me habló, que la tenía espantable. Parecía le salía una gran llama del cuerpo, que estaba toda clara, sin sombra. Díjome espantablemente que bien me había librado de sus manos, mas que él me tornaría a ellas. Yo tuve gran temor y santigüéme como pude, y desapareció y tornó luego. Por dos veces me acaeció esto. Yo no sabía qué me hacer. Tenía allí agua bendita y echélo hacia aquella parte, y nunca más tornó.

3. Otra vez me estuvo cinco horas atormentando, con tan terribles dolores y desasosiego interior y exterior, que no me parece se podía ya sufrir. Las que estaban conmigo estaban espantadas y no sabían qué se hacer ni yo cómo valerme. Tengo por costumbre, cuando los dolores y mal corporal es muy intolerable, hacer actos como puedo entre mí, suplicando al Señor, si se sirve de aquello, que me dé Su Majestad paciencia y me esté yo así hasta el fin del mundo.

Pues como esta vez vi el padecer con tanto rigor, remediábame con estos actos para poderlo llevar, y determinaciones. Quiso el Señor entendiese cómo era el demonio, porque vi cabe mí un negrillo muy abominable, regañando como desesperado de que adonde pretendía ganar perdía. Yo, como le vi, reíme, y no hube miedo, porque había allí algunas conmigo que no se podían valer ni sabían qué remedio poner a tanto tormento, que eran grandes los golpes que me hacía dar sin poderme resistir, con cuerpo y cabeza y brazos. Y lo peor era el desasosiego interior, que de ninguna suerte podía tener sosiego. No osaba pedir agua bendita por no las poner miedo y porque no entendiesen lo que era.

4. De muchas veces tengo experiencia que no hay cosa con que huyan más para no tornar. De la cruz también huyen, mas vuelven. Debe ser grande la virtud del agua bendita. Para mí es particular y muy conocida consolación que siente mi alma cuando lo tomo. Es cierto que lo muy ordinario es sentir una recreación que no sabría yo darla a entender, como un deleite interior que toda el alma me conforta. Esto no es antojo, ni cosa que me ha acaecido sola una vez, sino muy muchas, y mirado con gran advertencia. Digamos como si uno estuviese con mucha calor y sed y bebiese un jarro de agua fría, que parece todo él sintió el refrigerio. Considero yo qué gran cosa es todo lo que está ordenado por la Iglesia, y regálame mucho ver que tengan tanta fuerza aquellas palabras, que así la pongan en el agua, para que sea tan grande la diferencia que hace a lo que no es bendito.

5. Pues como no cesaba el tormento, dije: si no se riesen, pediría agua bendita. Trajéronmelo y echáronmelo a mí, y no aprovechaba; echélo hacia donde estaba, y en un punto se fue y se me quitó todo el mal como si con la mano me lo quitaran, salvo que quedé cansada como si me hubieran dado muchos palos. Hízome gran provecho ver que, aun no siendo un alma y cuerpo suyo, cuando el Señor le da licencia hace tanto mal, ¿qué hará cuando él lo posea por suyo? Diome de nuevo gana de librarme de tan ruin compañía.

6. Otra vez poco ha, me acaeció lo mismo, aunque no duró tanto, y yo estaba sola. Pedí agua bendita, y las que entraron después que ya se habían ido (que eran dos monjas bien de creer, que por ninguna suerte dijeran mentira), olieron un olor muy malo, como de piedra azufre. Yo no lo olí. Duró de manera que se pudo advertir a ello.

Otra vez estaba en el coro y diome un gran ímpetu de recogimiento. Fuime de allí porque no lo entendiesen, aunque cerca oyeron todas dar golpes grandes adonde yo estaba, y yo cabe mí oí hablar como que concertaban algo, aunque no entendí qué; habla gruesa; mas estaba tan en oración, que no entendí cosa ni hube ningún miedo. Casi cada vez era cuando el Señor me hacía merced de que por mi persuasión se aprovechase algún alma.

Y es cierto que me acaeció lo que ahora diré, y de esto hay muchos testigos, en especial quien ahora me confiesa, que lo vio por escrito en una carta; sin decirle yo quién era la persona cuya era la carta, bien sabía él quién era.

7. Vino una persona a mí que había dos años y medio que estaba en un pecado mortal, de los más abominables que yo he oído, y en todo este tiempo ni le confesaba ni se enmendaba, y decía misa. Y aunque confesaba otros, éste decía que cómo le había de confesar, cosa tan fea. Y tenía gran deseo de salir de él y no se podía valer a sí. A mí hízome gran lástima; y ver que se ofendía Dios de tal manera, me dio mucha pena. Prometíle de suplicar mucho a Dios le remediase y hacer que otras personas lo hiciesen, que eran mejores que yo, y escribía a cierta persona que él me dijo podía dar las cartas. Y es así que a la primera se confesó; que quiso Dios (por las muchas personas muy santas que lo habían suplicado a Dios, que se lo había yo encomendado) hacer con esta alma esta misericordia, y yo, aunque miserable, hacía lo que podía con harto cuidado.

Escribióme que estaba ya con tanta mejoría, que había días que no caía en él; mas que era tan grande el tormento que le daba la tentación, que parecía estaba en el infierno, según lo que padecía; que le encomendase a Dios. Yo lo torné a encomendar a mis Hermanas, por cuyas oraciones debía el Señor hacerme esta merced, que lo tomaron muy a pechos. Era persona que no podía nadie atinar en quién era. Yo supliqué a Su Majestad se aplacasen aquellos tormentos y tentaciones, y se viniesen aquellos demonios a atormentarme a mí, con que yo no ofendiese en nada al Señor. Es sí que pasé un mes de grandísimos tormentos. Entonces eran estas dos cosas que he dicho.

8. Fue el Señor servido que le dejaron a él. Así me lo escribieron, porque yo le dije lo que pasaba en este mes. Tomó fuerza su alma y quedó del todo libre, que no se hartaba de dar gracias al Señor y a mí, como si yo hubiera hecho algo, sino que ya el crédito que tenía de que el Señor me hacía mercedes

le aprovechaba. Decía que cuando se veía muy apretado, leía mis cartas y se le quitaba la tentación, y estaba muy espantado de lo que yo había padecido y cómo se había librado él. Y aun yo me espanté y lo sufriera otros muchos años por ver aquel alma libre. Sea alabado por todo, que mucho puede la oración de los que sirven al Señor, como yo creo lo hacen en esta casa estas hermanas; sino que, como yo lo procuraba, debían los demonios indignarse más conmigo, y el Señor por mis pecados lo permitía.

9. En este tiempo también una noche pensé me ahogaban; y como echaron mucha agua bendita, vi ir mucha multitud de ellos, como quien se va desempeñando. Son tantas veces las que estos malditos me atormentan y tan poco el miedo que yo ya los he, con ver que no se pueden menear si el Señor no les da licencia, que cansaría a vuestra merced y me cansaría si las dijese.

10. Lo dicho aproveche de que el verdadero siervo de Dios se le dé poco de estos espantajos que éstos ponen para hacer temer. Sepan que, a cada vez que se nos da poco de ellos, quedan con menos fuerza y el alma muy más señora. Siempre queda algún gran provecho, que por no alargar no lo digo. Sólo diré esto que me acaeció una noche de las ánimas: estando en un oratorio, habiendo rezado un nocturno y diciendo unas oraciones muy devotas -que están al fin de él- muy devotas que tenemos en nuestro rezado, se me puso sobre el libro para que no acabase la oración. Yo me santigüé, y fuese. Tornando a comenzar, tornóse. Creo fueron tres veces las que la comencé y, hasta que eché agua bendita, no pude acabar. Vi que salieron algunas almas del purgatorio en el instante, que debía faltarlas poco, y pensé si pretendía estorbar esto. Pocas veces le he visto tomando forma y muchas sin ninguna forma, como la visión que sin forma se ve claro está allí, como he dicho.

11. Quiero también decir esto, porque me espantó mucho: estando un día de la Trinidad en cierto monasterio en el coro y en arrobamiento, vi una gran contienda de demonios contra ángeles. Yo no podía entender qué querría decir aquella visión. Antes de quince días se entendió bien en cierta contienda que acaeció entre gente de oración y muchos que no lo eran, y vino harto daño a la casa que era; fue contienda que duró mucho y de harto desasosiego.

Otras veces veía mucha multitud de ellos en rededor de mí, y parecíame estar una gran claridad que me cercaba toda, y ésta no les consentía llegar a mí. Entendí que me guardaba Dios, para que no llegasen a mí de manera que me hiciesen ofenderle. En lo que he visto en mí algunas veces, entendí que era verdadera visión. El caso es que ya tengo tan entendido su poco poder, si yo no soy contra Dios, que casi ningún temor los tengo. Porque no son nada sus fuerzas, si no ven almas rendidas a ellos y cobardes, que aquí muestran ellos su poder.

Algunas veces, en las tentaciones que ya dije, me parecía que todas las vanidades y flaquezas de tiempos pasados tornaban a despertar en mí, que tenía bien que encomendarme a Dios. Luego era el tormento de parecerme que, pues me venían aquellos pensamientos, que debía de ser todo demonio, hasta que me sosegaba el confesor. Porque aun primer movimiento de mal pensamiento me parecía a mí no había de tener quien tantas mercedes recibía del Señor.

12. Otras veces me atormentaba mucho y aún ahora me atormenta ver que se hace mucho caso de mí, en especial personas principales, y de que decían mucho bien. En esto he pasado y paso mucho. Miro luego a la vida de Cristo y de los santos, y paréceme que voy al revés, que ellos no iban sino por desprecio e injurias. Háceme andar temerosa y como que no oso alzar la cabeza ni querría parecer, lo que no hago cuando tengo persecuciones. Anda el ánima tan señora, aunque el cuerpo lo siente, y por otra parte ando afligida, que yo no sé cómo esto puede ser; mas pasa así, que entonces parece está el alma en su reino y que lo trae todo debajo de los pies.

Dábame algunas veces y duróme hartos días, y parecía era virtud y humildad por una parte, y ahora veo claro que era tentación. Un fraile dominico, gran letrado, me lo declaró bien. Cuando pensaba que estas mercedes que el Señor me hace se habían de venir a saber en público, era tan excesivo el tormento, que me inquietaba mucho el ánima. Vino a términos que, considerándolo, de mejor gana me parece me determinaba a que me enterraran viva que por esto. Y así, cuando me comenzaron estos grandes recogimientos o arrobamientos a no poder resistirlos aun en público, quedaba yo después tan corrida, que no quisiera parecer adonde nadie me viera.

13. Estando una vez muy fatigada de esto, me dijo el Señor, que qué temía; que en esto no podía, sino haber dos cosas: o que murmurasen de mí, o alabarle a El; dando a entender que los que lo creían, le alabarían, y los que no, era condenarme sin culpa, y que entrambas cosas eran ganancia para mí; que no me fatigase.

Mucho me sosegó esto, y me consuela cuando se me acuerda. Vino a términos la tentación, que me quería ir de este lugar y dotar en otro monasterio muy más encerrado que en el que yo al presente estaba, que había oído decir muchos extremos de él. Era también de mi Orden, y muy lejos, que eso es lo que a mí me consolara, estar adonde no me conocieran; y nunca mi confesor me dejó.

14. Mucho me quitaban la libertad del espíritu estos temores, que después vine yo a entender no era buena humildad, pues tanto inquietaba, y me enseñó el Señor esta verdad: que yo tan determinada y cierta estuviera que no era ninguna cosa buena mía, sino de Dios, que así como no me pesaba de oír loar a otras personas, antes me holgaba y consolaba mucho de ver que allí se mostraba Dios, que tampoco me pesaría mostrase en mí sus obras.

15. También di en otro extremo, que fue suplicar a Dios -y hacía oración particular- que cuando a alguna persona le pareciese algo bien en mí, que Su Majestad le declarase mis pecados, para que viese cuán sin mérito mío me hacía mercedes, que esto deseo yo siempre mucho. Mi confesor me dijo que no lo hiciese. Mas hasta ahora poco ha, si veía yo que una persona pensaba de mí bien mucho, por rodeos o como podía le daba a entender mis pecados, y con esto parece descansaba. También me han puesto mucho escrúpulo en esto.

16. Procedía esto no de humildad, a mi parecer, sino de una tentación venían muchas. Parecíame que a todos los traía engañados y, aunque es verdad que andan engañados en pensar que hay algún bien en mí, no era mi deseo engañarlos, ni jamás tal pretendí, sino que el Señor por algún fin lo permite; y así, aun con los confesores, si no viera era necesario, no tratara ninguna cosa, que se me hiciera gran escrúpulo.

Todos estos temorcillos y penas y sombra de humildad entiendo yo ahora era harta imperfección, y de no estar mortificada; porque un alma dejada en las manos de Dios no se le da más que digan bien que mal, si ella entiende bien bien entendido -como el Señor quiere hacerle merced que lo entienda- que no tiene nada de sí. Fíese de quien se lo da, que sabrá por qué lo descubre, y aparéjese a la persecución, que está cierta en los tiempos de ahora, cuando de.alguna persona quiere el Señor se entienda que la hace semejantes mercedes; porque hay mil ojos para un alma de éstas, adonde para mil almas de otra hechura no hay ninguno.

17. A la verdad, no hay poca razón de temer, y éste debía ser mi temor, y no humildad, sino pusilanimidad. Porque bien se puede aparejar un alma que así permite Dios que ande en los ojos del mundo, a ser mártir del mundo, porque si ella no se quiere morir a él, el mismo mundo los matará. No veo, cierto, otra cosa en él que bien me parezca, sino no consentir faltas en los buenos que a poder de murmuraciones no las perfeccione. Digo que es menester más ánimo para, si uno no está perfecto, llevar camino de perfección, que para ser de presto mártires. Porque la perfección no se alcanza en breve, si no es a quien el Señor quiere por particular privilegio hacerle esta merced. El mundo, en viéndole comenzar, le quiere perfecto y de mil lenguas le entiende una falta que por ventura en él es virtud, y quien le condena usa de aquello mismo por vicio y así lo juzga en el otro. No ha de haber comer ni dormir ni, como dicen, resolgar; y mientras en más le tienen, más deben olvidar que aún se están en el cuerpo, por perfecta que tengan el alma. Viven aún en la tierra sujetos a sus miserias, aunque más la tengan debajo de los pies. Y así, como digo, es menester gran ánimo, porque la pobre alma aún no ha comenzado a andar, y quiérenla que vuele. Aún no tiene vencidas las pasiones, y quieren que en grandes ocasiones estén tan enteras como ellos leen estaban los santos después de confirmados en gracia.

Es para alabar al Señor lo que en esto pasa, y aun para lastimar mucho el corazón; porque muy muchas almas tornan atrás, que no saben las pobrecitas valerse. Y así creo hiciera la mía, si el Señor tan misericordiosamente no lo hiciera todo de su parte; y hasta que por su bondad lo puso todo, ya verá vuestra merced que no ha habido en mí sino caer y levantar.

18. Querría saberlo decir, porque creo se engañan aquí muchas almas que quieren volar antes que Dios les dé alas. Ya creo he dicho otra vez esta comparación, mas viene bien aquí.

Trataré esto, porque veo a algunas almas muy afligidas por esta causa: como comienzan con grandes deseos y hervor y determinación de ir adelante en la virtud, y algunas cuanto a lo exterior todo lo dejan por El, como ven en otras personas, que son más crecidas, cosas muy grandes de virtudes que les da el Señor, que no nos la podemos nosotros tomar, ven en todos los libros que están escritos.de oración y contemplación poner cosas que hemos de hacer para subir a esta dignidad, que ellos no las pueden luego acabar consigo, desconsuélanse. Como es: un no se nos dar nada que digan mal de nosotros, antes tener mayor contento que cuando dicen bien; una poca estima de honra; un desasimiento de sus deudos, que, si no tienen oración, no los querría tratar, antes le cansan; otras cosas de esta manera muchas, que, a mi parecer, las ha de dar Dios, porque me parece son ya bienes sobrenaturales o contra nuestra natural inclinación.

No se fatiguen; esperen en el Señor, que lo que ahora tienen en deseos Su Majestad hará que lleguen a tenerlo por obra, con oración y haciendo de su parte lo que es en sí; porque es muy necesario para este nuestro flaco natural tener gran confianza y no desmayar, ni pensar que, si nos esforzamos, dejaremos de salir con victoria.

19. Y porque tengo mucha experiencia de esto, diré algo para aviso de vuestra merced. No piense, aunque le parezca que sí, que está ya ganada la virtud, si no la experimenta con su contrario. Y siempre hemos de estar sospechosos y no descuidarnos mientras vivimos; porque mucho se nos pega luego, si -como digo- no está ya dada del todo la gracia para conocer lo que es todo, y en esta vida nunca hay todo sin muchos peligros.

Parecíame a mí, pocos años ha, que no sólo no estaba asida a mis deudos, sino que me cansaban. Y era cierto así, que su conversación no podía llevar. Ofrecióse cierto negocio de harta importancia, y hube de estar con una hermana mía a quien yo quería muy mucho antes y, puesto que en la conversación, aunque ella es mejor que yo, no me hacía con ella (porque como tiene diferente estado, que es casada, no puede ser la conversación siempre en lo que yo la querría, y lo más que podía me estaba sola), vi que me daban pena sus penas más harto que de prójimo, y algún cuidado. En fin, entendí de mí que no estaba tan libre como yo pensaba, y que aún había menester huir la ocasión, para que esta virtud que el Señor me había comenzado a dar fuese en crecimiento, y así con su favor lo he procurado hacer siempre después acá.

20. En mucho se ha de tener una virtud cuando el Señor la comienza a dar, y en ninguna manera ponernos en peligro de perderla. Así es en cosas de honra y en otras muchas; que crea vuestra merced que no todos los que pensamos estamos desasidos del todo, lo están, y es menester nunca descuidar en esto; y cualquiera persona que sienta en sí algún punto de honra, si quiere aprovechar, créame y dé tras este atamiento, que es una cadena que no hay lima que la quiebre, si no es Dios con oración y hacer mucho de nuestra parte. Paréceme que es una ligadura para este camino, que yo me espanto el daño que hace. Veo a algunas personas santas en sus obras, que las hacen tan grandes que espantan las gentes. ¡Válgame Dios! ¿Por qué está aún en la tierra esta alma? ¿Cómo no está en la cumbre de la perfección? ¿Qué es esto? ¿Quién detiene a quien tanto hace por Dios? -¡Oh, que tiene un punto de honra...! Y lo peor que tiene es que no quiere entender que le tiene, y es porque algunas veces le hace entender el demonio que es obligado a tenerle.

21. Pues créanme, crean por amor del Señor a esta hormiguilla que el Señor quiere que hable, que si no quitan esta oruga, que ya que a todo el árbol no dañe (porque algunas otras virtudes quedarán, mas todas carcomidas), no es árbol hermoso, sino que él no medra, ni aun deja medrar a los que andan cabe él. Porque la fruta que da de buen ejemplo no es nada sana; poco durará. Muchas veces lo digo: que por poco que sea el punto de honra, es como en el canto de órgano, que un punto o compás que se yerre, disuena toda la música. Y es cosa que en todas partes hace harto daño al alma, mas en este camino de oración es pestilencia.

22. Andas procurando juntarte con Dios por unión, y queremos seguir sus consejos de Cristo, cargado de injurias y testimonios, ¿y queremos muy entera nuestra honra y crédito? -No es posible llegar allá, que no van por un camino. Llega el Señor al alma, esforzándonos nosotros y procurando perder de nuestro derecho en muchas cosas. Dirán algunos: «no tengo en qué ni se me ofrece». -Yo creo que a quien tuviere esta determinación, que no querrá el Señor pierda tanto bien. Su Majestad

ordenará tantas cosas en que gane esta virtud que no quiera tantas. Manos a la obra.

23. Quiero decir las naderías y poquedades que yo hacía cuando comencé, o alguna de ellas: las pajitas que tengo dichas pongo en el fuego, que no soy yo para más. Todo lo recibe el Señor. Sea bendito por siempre.

Entre mis faltas tenía ésta: que sabía poco del rezado y de lo que había de hacer en el coro y cómo lo regir, de puro descuidada y metida en otras vanidades, y veía a otras novicias que me podían enseñar. Acaecíame no les preguntar, porque no entendiesen yo sabía poco. Luego se pone delante el buen ejemplo. Esto es muy ordinario. Ya que Dios me abrió un poco los ojos, aun sabiéndolo, tantito que estaba en duda, lo preguntaba a las niñas. Ni perdí honra ni crédito; antes quiso el Señor, a mi parecer, darme después más memoria.

Sabía mal cantar. Sentía tanto si no tenía estudiando lo que me encomendaban (y no por el hacer falta delante del Señor, que esto fuera virtud, sino por las muchas que me oían), que de puro honrosa me turbaba tanto, que decía muy menos de lo que sabía. Tomé después por mí, cuando no lo sabía muy bien, decir que no lo sabía. Sentía harto a los principios, y después gustaba de ello. Y es así que como comencé a no se me dar nada de que se entendiese no lo sabía, que lo decía muy mejor, y que la negra honra me quitaba supiese hacer esto que yo tenía por honra, que cada uno la pone en lo que quiere.

24. Con estas naderías, que no son nada - y harto nada soy yo, pues esto me daba pena- de poco en poco se van haciendo con actos. Y cosas poquitas como éstas, que en ser hechas por Dios les da Su Majestad tomo, ayuda Su Majestad para cosas mayores. Y así en cosas de humildad me acaecía que, de ver que todas aprovechaban sino yo -porque nunca fui para nada- de que se iban del coro, coger todos los mantos; parecíame servía a aquellos ángeles que allí alababan a Dios. Hasta que, no sé cómo, vinieron a entenderlo, que no me corrí yo poco; porque no llegaba mi virtud a querer que entendiesen estas cosas, y no debía ser por humilde, sino porque no se riesen de mí, como eran tan nonada.

25. ¡Oh Señor mío!, ¡qué vergüenza es ver tantas maldades, y contar unas arenitas, que aun no las levantaba de la tierra por vuestro servicio, sino que todo iba envuelto en mil

miserias! No manaba aún el agua, debajo de estas arenas, de vuestra gracia, para que las hiciese levantar..¡Oh Criador mío, quién tuviera alguna cosa que contar, entre tantos males, que fuera de tomo, pues cuento las grandes mercedes que he recibido de Vos! Es así, Señor mío, que no sé cómo puede sufrirlo mi corazón, ni cómo podrá quien esto leyere dejarme de aborrecer, viendo tan mal servidas tan grandísimas mercedes, y que no he vergüenza de contar estos servicios, en fin, como míos. —Sí tengo, Señor mío; mas el no tener otra cosa que contar de mi parte me hace decir tan bajos principios, para que tenga esperanza quien los hiciere grandes, que, pues éstos parece ha tomado el Señor en cuenta, los tomará mejor. Plega a Su Majestad me dé gracia para que no esté siempre en principios. Amén.

Capítulo 32

En que trata cómo quiso el Señor ponerla en espíritu en un lugar del infierno que tenía por sus pecados merecido. - Cuenta una cifra de lo que allí se lo representó para lo que fue. - Comienza a tratar la manera y modo cómo se fundó el monasterio, adonde ahora está, de San José.

1. Después de mucho tiempo que el Señor me había hecho ya muchas de las mercedes que he dicho y otras muy grandes, estando un día en oración me hallé en un punto toda, sin saber cómo, que me parecía estar metida en el infierno. Entendí que quería el Señor que viese el lugar que los demonios allá me tenían aparejado, y yo merecido por mis pecados. Ello fue en brevísimo espacio, mas aunque yo viviese muchos años, me parece imposible olvidárseme.

Parecíame la entrada a manera de un callejón muy largo y estrecho, a manera de horno muy bajo y oscuro y angosto. El suelo me pareció de un agua como lodo muy sucio y de pestilencial olor, y muchas sabandijas malas en él. Al cabo estaba una concavidad metida en una pared, a manera de una alacena, adonde me vi meter en mucho estrecho. Todo esto era deleitoso a la vista en comparación de lo que allí sentí. Esto que he dicho va mal encarecido.

2. Estotro me parece que aun principio de encarecerse como es no le puede haber, ni se puede entender; mas sentí un fuego en el alma, que yo no puedo entender cómo poder decir de la manera que es. Los dolores corporales tan incomportables, que, con haberlos pasado en esta vida gravísimos y, según dicen los médicos, los mayores que se pueden acá pasar (porque fue encogérseme todos los nervios cuando me tullí, sin otros

muchos de muchas maneras que he tenido, y aun algunos, como he dicho, causados del demonio), no es todo nada en comparación de lo que allí sentí, y ver que habían de ser sin fin y sin jamás cesar. Esto no es, pues, nada en comparación del agonizar del alma: un apretamiento, un ahogamiento, una aflicción tan sentible y con tan desesperado y afligido descontento, que yo no sé cómo lo encarecer. Porque decir que es un estarse siempre arrancando el alma, es poco, porque aun parece que otro os acaba la vida; mas aquí el alma misma es la que se despedaza. El caso es que yo no sé cómo encarezca aquel fuego interior y aquel desesperamiento, sobre tan gravísimos tormentos y dolores. No veía yo quién me los daba, mas sentíame quemar y desmenuzar, a lo que me parece. Y digo que aquel fuego y desesperación interior es lo peor.

3. Estando en tan pestilencial lugar, tan sin poder esperar consuelo, no hay sentarse ni echarse, ni hay lugar, aunque me pusieron en éste como agujero hecho en la pared. Porque estas paredes, que son espantosas a la vista, aprietan ellas mismas, y todo ahoga. No hay luz, sino todo tinieblas oscurísimas. Yo no entiendo cómo puede ser esto, que con nohaber luz, lo que a la vista ha de dar pena todo se ve.

No quiso el Señor entonces viese más de todo el infierno. Después he visto otra visión de cosas espantosas, de algunos vicios el castigo. Cuanto a la vista, muy más espantosos me parecieron, mas como no sentía la pena, no me hicieron tanto temor; que en esta visión quiso el Señor que verdaderamente yo sintiese aquellos tormentos y aflicción en el espíritu, como si el cuerpo lo estuviera padeciendo.

Yo no sé cómo ello fue, mas bien entendí ser gran merced y que quiso el Señor yo viese por vista de ojos de dónde me había librado su misericordia. Porque no es nada oírlo decir, ni haber yo otras veces pensado en diferentes tormentos (aunque pocas, que por temor no se llevaba bien mi alma), ni que los demonios atenazan, ni otros diferentes tormentos que he leído, no es nada con esta pena, porque es otra cosa. En fin como de dibujo a la verdad, y el quemarse acá es muy poco en comparación de este fuego de allá.

4. Yo quedé tan espantada, y aún lo estoy ahora escribiéndolo, con que ha casi seis años, y es así que me parece el calor natural me falta de temor aquí adonde estoy. Y así no me

acuerdo vez que tengo trabajo ni dolores, que no me parece nonada todo lo que acá se puede pasar, y así me parece en parte que nos quejamos sin propósito. Y así torno a decir que fue una de las mayores mercedes que el Señor me ha hecho, porque me ha aprovechado muy mucho, así para perder el miedo a las tribulaciones y contradicciones de esta vida, como para esforzarme a padecerlas y dar graciasal Señor que me libró, a lo que ahora me parece, de males tan perpetuos y terribles.

5. Después acá, como digo, todo me parece fácil en comparación de un momento que se haya de sufrir lo que yo en él allí padecí. Espántame cómo habiendo leído muchas veces libros adonde se da algo a entender las penas del infierno, cómo no las temía ni tenía en lo que son. ¿Adónde estaba? ¿Cómo me podía dar cosa descanso de lo que me acarreaba ir a tan mal lugar? ¡Seáis bendito, Dios mío, por siempre! Y ¡cómo se ha parecido que me queríais Vos mucho más a mí que yo me quiero! ¡Qué de veces, Señor, me librasteis de cárcel tan tenebrosa, y cómo me tornaba yo a meter en ella contra vuestra voluntad!

6. De aquí también gané la grandísima pena que me da las muchas almas que se condenan (de estos luteranos en especial, porque eran ya por el bautismo miembros de la Iglesia), y los ímpetus grandes de aprovechar almas, que me parece, cierto, a mí que, por librar una sola de tan gravísimos tormentos, pasaría yo muchas muertes muy de buena gana. Miro que, si vemos acá una persona que bien queremos, en especial con un gran trabajo o dolor, parece que nuestro mismo natural nos convida a compasión y, si es grande, nos aprieta a nosotros. Pues ver a un alma para sin fin en el sumo trabajo de los trabajos, ¿quién lo ha de poder sufrir? No hay corazón que lo lleve sin gran pena. Pues acá con saber que, en fin, se acabará con la vida y que ya tiene término, aun nos mueve a tanta compasión, estotro que no le tiene no sé cómo podemos.sosegar viendo tantas almas como lleva cada día el demonio consigo.

7. Esto también me hace desear que, en cosa que tanto importa, no nos contentemos con menos de hacer todo lo que pudiéremos de nuestra parte. No dejemos nada, y plega al Señor sea servido de darnos gracia para ello.

Cuando yo considero que, aunque era tan malísima, traía algún cuidado de servir a Dios y no hacía algunas cosas que veo que, como quien no hace nada, se las tragan en el mundo y, en fin, pasaba grandes enfermedades y con mucha paciencia, que me la daba el Señor; no era inclinada a murmurar, ni a decir mal de nadie, ni me parece podía querer mal a nadie, ni era codiciosa, ni envidia jamás me acuerdo tener de manera que fuese ofensa grave del Señor, y otras algunas cosas, que, aunque era tan ruin, traía temor de Dios lo más continuo; y veo adonde me tenían ya los demonios aposentada, y es verdad que, según mis culpas, aun me parece merecía más castigo. Mas, con todo, digo que era terrible tormento, y que es peligrosa cosa contentarnos, ni traer sosiego ni contento el alma que anda cayendo a cada paso en pecado mortal; sino que por amor de Dios nos quitemos de las ocasiones, que el Señor nos ayudará como ha hecho a mí. Plega a Su Majestad que no me deje de su mano para que yo torne a caer, que ya tengo visto adónde he de ir a parar. No lo permita el Señor, por quien Su Majestad es, amén.

8. Andando yo, después de haber visto esto y otras grandes cosas y secretos que el Señor, por quien es, me quiso mostrar de la gloria que se dará a los buenos y pena a los malos, deseando modo y manera en que pudiese hacer penitencia de tanto mal y merecer algo para ganar tanto bien, deseaba huir de gentes y acabar ya de en todo en todo apartarme del mundo. No sosegaba mi espíritu, mas no desasosiego inquieto, sino sabroso. Bien se veía que era de Dios, y que le había dado Su Majestad al alma calor para digerir otros manjares más gruesos de los que comía.

9. Pensaba qué podría hacer por Dios. Y pensé que lo primero era seguir el llamamiento que Su majestad me había hecho a religión, guardando mi Regla con la mayor perfección que pudiese. Y aunque en la casa adonde estaba había muchas siervas de Dios y era harto servido en ella, a causa de tener gran necesidad salían las monjas muchas veces a partes adonde con toda honestidad y religión podíamos estar; y también no estaba fundada en su primer rigor la Regla, sino guardábase conforme a lo que en toda la Orden, que es con bula de relajación. Y también otros inconvenientes, que me parecía a mí tenía mucho regalo, por ser la casa grande y deleitosa. Mas este inconveniente de salir, aunque yo era la que mucho lo usaba, era grande para mí ya, porque algunas personas, a quien los prelados no podían decir de no, gustaban estuviese yo en su compañía, e, importunados, mandábanmelo. Y así, según se iba ordenando,

pudiera poco estar en el monasterio, porque el demonio en parte debía ayudar para que no estuviese en casa, que todavía, como comunicaba con algunas lo que los que me trataban me enseñaban, hacíase gran provecho.

10. Ofrecióse una vez, estando con una persona, decirme a mí y a otras que si no seríamos para ser monjas de la manera de las descalzas, que aun posible era poder hacer un monasterio. Yo, como andaba en estos deseos, comencélo a tratar con aquella señora mi compañera viuda que ya he dicho, que tenía el mismo deseo. Ella comenzó a dar trazas para darle renta, que ahora veo yo que no llevaban mucho camino y el deseo que de ello teníamos nos hacía parecer que sí.

Mas yo, por otra parte, como tenía tan grandísimo contento en la casa que estaba, porque era muy a mi gusto y la celda en que estaba hecha muy a mi propósito, todavía me detenía. Con todo concertamos de encomendarlo mucho a Dios.

11. Habiendo un día comulgado, mandóme mucho Su Majestad lo procurase con todas mis fuerzas, haciéndome grandes promesas de que no se dejaría de hacer el monasterio, y que se serviría mucho en él, y que se llamase San José, y que a la una puerta nos guardaría él y nuestra Señora la otra, y que Cristo andaría con nosotras, y que sería una estrella que diese de sí gran resplandor, y que, aunque las religiones estaban relajadas, que no pensase se servía poco en ellas; que qué sería del mundo si no fuese por los religiosos; que dijese a mi confesor esto que me mandaba, y que le rogaba El que no fuese contra ello ni me lo estorbase.

12. Era esta visión con tan grandes efectos, y de tal manera esta habla que me hacía el Señor, que yo no podía dudar que era El. Yo sentí grandísima pena, porque en parte se me representaron los grandes desasosiegos y trabajos que me había de costar, y como estaba contentísima en aquella casa; que, aunque antes lo trataba, no era con tanta determinación ni certidumbre que sería. Aquí parecía se me ponía apremio y, como veía comenzaba cosa de gran desasosiego, estaba en duda de lo que haría. Mas fueron muchas veces las que el Señor me tornó a hablar en ello, poniéndome delante tantas causas y razones que yo veía ser claras y que era su voluntad, que ya no osé hacer otra cosa sino decirlo a mi confesor, y dile por escrito todo lo que pasaba.

13. El no osó determinadamente decirme que lo dejase, mas veía que no llevaba camino conforme a razón natural, por haber poquísima y casi ninguna posibilidad en mi compañera, que era la que lo había de hacer. Díjome que lo tratase con mi prelado, y que lo que él hiciese, eso hiciese yo.

Yo no trataba estas visiones con el prelado, sino aquella señora trató con él que quería hacer este monasterio. Y el provincial vino muy bien en ello, que es amigo de toda religión, y diole todo el favor que fue menester, y díjole que él admitiría la casa. Trataron de la renta que había de tener. Y nunca queríamos fuesen más de trece por muchas causas. Antes que lo comenzásemos a tratar, escribimos al santo Fray Pedro de Alcántara todo lo que pasaba, y aconsejónos que no lo dejásemos de hacer, y dionos su parecer en todo.

14. No se hubo comenzado a saber por el lugar, cuando no se podrá escribir en breve la gran persecución que vino sobre nosotras, los dichos, las risas, el decir que era disparate. A mí, que bien me estaba en mi monasterio. A la mi compañera tanta persecución, que la traían fatigada. Yo no sabía qué me hacer. En parte me parecía que tenían razón.

Estando así muy fatigada encomendándome a Dios, comenzó Su majestad a consolarme y a animarme. Díjome que aquí vería lo que habían pasado los santos que habían fundado las Religiones; que mucha más persecución tenía por pasar de las que yo podía pensar; que no se nos diese nada. Decíame algunas cosas que dijese a mi compañera; y lo que más me espantaba yo es que luego quedábamos consoladas de lo pasado y con ánimo para resistir a todos. Y es así que de gente de oración y todo, en fin, el lugar no había casi persona que entonces no fuese contra nosotras y le pareciese grandísimo disparate.

15. Fueron tantos los dichos y el alboroto de mi mismo monasterio, que al Provincial le pareció recio ponerse contra todos, y así mudó el parecer y no la quiso admitir. Dijo que la renta no era segura y que era poca, y que era mucha la contradicción. Y en todo parece tenía razón. Y, en fin, lo dejó y no lo quiso admitir.

Nosotras, que ya parecía teníamos recibidos los primeros golpes, dionos muy gran pena; en especial me la dio a mí de ver al Provincial contrario, que, con quererlo él, tenía yo disculpa con todos. A la mi compañera ya no la querían absolver si no lo dejaba, porque decían era obligada a quitar el escándalo.

16. Ella fue a un gran letrado muy gran siervo de Dios, de la Orden de Santo Domingo, a decírselo y darle cuenta de todo. Esto fue aun antes que el Provincial lo tuviese dejado, porque en todo el lugar no teníamos quien nos quisiese dar parecer. Y así decían que sólo era por nuestras cabezas. Dio esta señora relación de todo y cuenta de la renta que tenía de su mayorazgo a este santo varón, con harto deseo nos ayudase, porque era el mayor letrado que entonces había en el lugar, y pocos más en su Orden. Yo le dije todo lo que pensábamos hacer y algunas causas. No le dije cosa de revelación ninguna, sino las razones naturales que me movían, porque no quería yo nos diese parecer sino conforme a ellas.

El nos dijo que le diésemos de término ocho días para responder, y que si estábamos determinadas a hacer lo que él dijese. Yo le dije que sí; mas aunque yo esto decía y me parece lo hiciera (porque no veía camino por entonces de llevarlo adelante), nunca jamás se me quitaba una seguridad de que se había de hacer. Mi compañera tenía más fe; nunca ella, por cosa que la dijesen, se determinaba a dejarlo.

17. Yo, aunque como digo me parecía imposible dejarse de hacer, de tal manera creo ser verdadera la revelación, como no vaya contra lo que está en la Sagrada Escritura o contra las leyes de la Iglesia que somos obligadas a hacer. Porque, aunque a mí verdaderamente me parecía era de Dios, si aquel letrado me dijera que no lo podíamos hacer sin ofenderle y que íbamos contra conciencia, paréceme luego me apartara de ello o buscara otro medio. Mas a mí no me daba el señor sino éste.

Decíame después este siervo de Dios que lo había tomado a cargo con toda determinación de poner mucho en que nos partásemos.de hacerlo, porque ya había venido a su noticia el clamor del pueblo, y también le parecía desatino, como a todos, y en sabiendo habíamos ido a él, le envió a avisar un caballero que mirase lo que hacía, que no nos ayudase. Y que, en comenzando a mirar en lo que nos había de responder y a pensar en el negocio y el intento que llevábamos y manera de concierto y religión, se le asentó ser muy en servicio de Dios, y que no había de dejar de hacerse.

Y así nos respondió nos diésemos prisa a concluirlo, y dijo la manera y traza que se había de tener; y aunque la hacienda era poca, que algo se había de fiar de Dios; que quien lo contradijese fuese a él, que él respondería. Y así siempre nos ayudó, como después diré.

18. Con esto fuimos muy consoladas y con que algunas personas santas, que nos solían ser contrarias, estaban ya más aplacadas, y algunas nos ayudaban. Entre ellas era el caballero santo, de quien ya he hecho mención, que, como lo es y le parecía llevaba camino de tanta perfección, por ser todo nuestro fundamento en oración, aunque los medios le parecían muy dificultosos y sin camino, rendía su parecer a que podía ser cosa de Dios, que el mismo señor le debía mover.

Y así hizo al maestro, que es el clérigo siervo de Dios que dije que había hablado primero, que es espejo de todo el lugar, como persona que le tiene Dios en él para remedio y aprovechamiento de muchas almas, y ya venía en ayudarme en el negocio. Y estando en estos términos y siempre con ayuda de muchas oraciones y teniendo comprada ya la casa en buena parte, aunque pequeña; mas de esto a mí no se me daba nada, que me había dicho el Señor que entrase como pudiese, que después yo vería lo que Su majestad hacía. ¡Y cuán bien que lo he visto! Y así, aunque veía ser poca la renta, tenía creído el Señor lo había por otros medios de ordenar y favorecernos.

Capítulo 33

Procede en la misma materia de la fundación del glorioso San José. - Dice cómo le mandaron que no entendiese en ella y el tiempo que.lo dejó y algunos trabajos que tuvo, y cómo la consolaba en ellos el Señor.

1. Pues estando los negocios en este estado y tan al punto de acabarse que otro día se habían de hacer las escrituras, fue cuando el Padre Provincial nuestro mudó parecer. Creo fue movido por ordenación divina, según después ha parecido; porque como las oraciones eran tantas, iba el Señor perfeccionando la obra y ordenando que se hiciese de otra suerte. Como él no lo quiso admitir, luego mi confesor me mandó no entendiese más en ello, con que sabe el Señor los grandes trabajos y aflicciones que hasta traerlo a aquel estado me había costado. Como se dejó y quedó así, confirmóse más ser todo disparate de mujeres y a crecer la murmuración sobre mí, con habérmelo mandado hasta entonces mi Provincial.

2. Estaba muy malquista en todo mi monasterio, porque quería hacer monasterio más encerrado. Decían que las afrentaba, que allí podía también servir a Dios, pues había otras mejores que yo; que no tenía amor a la casa, que mejor era procurar renta para ella que para otra parte. Unas decían que me echasen en la cárcel; otras, bien pocas, tornaban algo de mí. Yo bien veía que en muchas cosas tenían razón, y algunas veces dábales descuento; aunque, como no había de decir lo principal, que era mandármelo el Señor, no sabía qué hacer, y así callaba otras. Hacíame Dios muy gran merced que todo esto no me daba inquietud, sino con tanta facilidad y contento lo dejé como si no me hubiera costado nada. Y esto no lo podía nadie creer, ni aun las mismas personas de oración que me trataban,

sino que pensaban estaba muy penada y corrida, y aun mi mismo confesor no lo acababa de creer. Yo, como me parecía había hecho todo lo que había podido, parecíame no era más obligada para lo que me había mandado el Señor, y quedábame en la casa, que yo estaba muy contenta y a mi placer. Aunque jamás podía dejar de creer que había de hacerse, yo no veía ya medio, ni sabía cómo ni cuándo, mas teníalo muy cierto.

3. Lo que mucho me fatigó fue una vez que mi confesor, como si yo hubiera hecho cosa contra su voluntad (también debía el Señor querer que de aquella parte que más me había de doler no me dejase de venir trabajo), y así en esta multitud de persecuciones que a mí me parecía había de venirme de él consuelo, me escribió que ya vería que era todo sueño en lo que había sucedido, que me enmendase de allí adelante en no querer salir con nada ni hablar más en ello, pues veía el escándalo que había sucedido, y otras cosas, todas para dar pena. Esto me la dio mayor que todo junto, pareciéndome si había sido yo ocasión y tenido culpa en que se ofendiese, y que, si estas visiones eran ilusión, que toda la oración que tenía era engaño, y que yo andaba muy engañada y perdida.

Apretóme esto en tanto extremo, que estaba toda turbada y con grandísima aflicción. Mas el Señor, que nunca me faltó, que en todos estos trabajos que he contado hartas veces me consolaba y esforzaba -que no hay para qué lo decir aquí-, me dijo entonces que no me fatigase, que yo había mucho servido a Dios y no ofendídole en aquel negocio; que hiciese lo que me mandaba el confesor en callar por entonces, hasta que fuese tiempo de tornar a ello. Quedé tan consolada y contenta, que me parecía todo nada la persecución que había sobre mí.

4. Aquí me enseñó el Señor el grandísimo bien que es pasar trabajos y persecuciones por El, porque fue tanto el acrecentamiento que vi en mi alma de amor de Dios y otras muchas cosas, que yo me espantaba; y esto me hace no poder dejar de desear trabajos. Y las otras personas pensaban que estaba muy corrida, y sí estuviera si el Señor no me favoreciera en tanto extremo con merced tan grande. Entonces me comenzaron más grandes los ímpetus de amor de Dios que tengo dicho y mayores arrobamientos, aunque yo callaba y no decía a nadie estas ganancias. El santo varón dominico no dejaba de tener por tan cierto como yo que se había de hacer; y como yo no quería

entender en ello por no ir contra la obediencia de mi confesor, negociábalo él con mi compañera y escribían a Roma y daban trazas.

5. También comenzó aquí el demonio, de una persona en otra, procurar se entendiese que había yo visto alguna revelación en este negocio, e iban a mí con mucho miedo a decirme que andaban los tiempos recios y que podría ser me levantasen algo y fuesen a los inquisidores. A mí me cayó esto en gracia y me hizo reír, porque en este caso jamás yo temí, que sabía bien de mí que en cosa de la fe contra la menor ceremonia de la Iglesia que alguien viese yo iba, por ella o por cualquier verdad de la Sagrada Escritura me pondría yo a morir mil muertes. Y dije que de eso no temiesen; que harto mal sería para mi alma, si en ella hubiese cosa que fuese de suerte que yo temiese la Inquisición; que si pensase había para qué, yo.me la iría a buscar; y que si era levantado, que el Señor me libraría y quedaría con ganancia.

Y tratélo con este Padre mío dominico que -como digo- era tan letrado que podía bien asegurar con lo que él me dijese, y díjele entonces todas las visiones y modo de oración y las grandes mercedes que me hacía el Señor, con la mayor claridad que pude, y supliquéle lo mirase muy bien, y me dijese si había algo contra la Sagrada Escritura y lo que de todo sentía. El me aseguró mucho y, a mi parecer, le hizo provecho; porque aunque él era muy bueno, de ahí adelante se dio mucho más a la oración y se apartó en un monasterio de su Orden, adonde hay mucha soledad, para mejor poder ejercitarse en esto adonde estuvo más de dos años, y sacóle de allí la obediencia -que sintió harto- porque le hubieron menester, como era persona tal.

6. Yo en parte sentí mucho cuando se fue -aunque no se lo estorbé- por la gran falta que me hacía. Mas entendí su ganancia; porque estando con harta pena de su ida, me dijo el Señor que me consolase y no la tuviese, que bien guiado iba. Vino tan aprovechada su alma de allí y tan adelante en aprovechamiento de espíritu, que me dijo, cuando vino, que por ninguna cosa quisiera haber dejado de ir allí. Y yo también podía decir lo mismo; porque lo que antes me aseguraba y consolaba con solas sus letras, ya lo hacía también con la experiencia de espíritu, que tenía harta de cosas sobrenaturales. Y trájole Dios a tiempo que vio Su Majestad había de ser menester para ayudar

a su obra de este monasterio que quería Su Majestad se hiciese.

7. Pues estuve en este silencio y no entendiendo ni hablando en este negocio cinco o seis meses, y nunca el Señor me lo mandó. Yo no entendía qué era la causa, mas no se me podía quitar del pensamiento que se había de hacer.

Al fin de este tiempo, habiéndose ido de aquí el rector que estaba en la Compañía de Jesús, trajo Su Majestad aquí otro muy espiritual y de gran ánimo y entendimiento y buenas letras, a tiempo que yo estaba con harta necesidad; porque, como el que me confesaba tenía superior y ellos tienen esta virtud en extremo de no se bullir sino conforme a la voluntad de su mayor, aunque él entendía bien mi espíritu y tenía deseo de que fuese muy adelante, no se osaba en algunas cosas determinar, por hartas causas que para ello tenía. Y ya mi espíritu iba con ímpetus tan grandes, que sentía mucho tenerle atado y, con todo, no salía de lo que me mandaba.

8. Estando un día con gran aflicción de parecerme el confesor no me creía, díjome el Señor que no me fatigase, que presto se acabaría aquella pena. Yo me alegré mucho pensando que era que me había de morir presto, y traía mucho contento cuando se me acordaba. Después vi claro era la venida de este rector que digo; porque aquella pena nunca más se ofreció en qué la tener, a causa de que el rector que vino no iba a la mano al ministro que era mi confesor, antes le decía que me consolase y que no había de qué temer y que no me llevase por camino tan apretado, que dejase obrar el espíritu del Señor, que a veces parecía con estos grandes ímpetus de espíritu no le quedaba al alma cómo resolgar.

9. Fueme a ver este rector, y mandóme el confesor tratase con él con toda libertad y claridad. Yo solía sentir grandísima contradicción en decirlo. Y es así que, en entrando en el confesonario, sentí en mi espíritu un no sé qué, que antes ni después no me acuerdo haberlo con nadie sentido, ni yo sabré decir cómo fue, ni por comparaciones podría. Porque fue un gozo espiritual y un entender mi alma que aquella alma la había de entender y que conformaba con ella, aunque -como digo- no entiendo cómo; porque si le hubiera hablado o me hubieran dado grandes nuevas de él, no era mucho darme gozo en entender que había de entenderme; mas ninguna palabra él a mí ni yo a

él nos habíamos hablado, ni era persona de quien yo tenía antes ninguna noticia.

Después he visto bien que no se engañó mi espíritu, porque de todas maneras ha hecho gran provecho a mí y a mi alma tratarle. Porque su trato es mucho para personas que ya parece el Señor tiene ya muy adelante, porque él las hace correr y no ir paso a paso; y su modo es para desasirlas de todo y mortificarlas, que en esto le dio el Señor grandísimo talento también como en otras muchas cosas.

10. Como le comencé a tratar, luego entendí su estilo y vi ser un alma pura, santa y con don particular del Señor para conocer espíritus. Consoléme mucho. Desde a poco que le trataba, comenzó el Señor a tornarme a apretar que tornase a tratar el negocio del monasterio y que dijese a mi confesor y a este rector muchas razones y cosas para que no me lo estorbasen; y algunas los hacía temer, porque este padre rector nunca dudó en que era espíritu de Dios, porque con mucho estudio y cuidado miraba todos los efectos. En fin de muchas cosas, no se osaron atrever a estorbármelo.

11. Tornó mi confesor a darme licencia que pusiese en ello todo lo que pudiese. Yo bien veía al trabajo que me ponía, por ser muy sola y tener poquísima posibilidad. Concertamos se tratase con todo secreto, y así procuré que una hermana mía que vivía fuera de aquí comprase la casa y la labrase como que era para sí, con dineros que el Señor dio por algunas vías para comprarla, que sería largo de contar cómo el Señor lo fue proveyendo; porque yo traía gran cuenta de no hacer cosa contra obediencia; mas sabia que, si lo decía a mis prelados, era todo perdido, como la vez pasada, y aun ya fuera peor.

En tener los dineros, en procurarlo, en concertarlo y hacerlo labrar, pasé tantos trabajos y algunos bien a solas, aunque mi compañera hacía lo que podía, mas podía poco, y tan poco que era casi nonada, más de hacerse en su nombre y con su favor, y todo el más trabajo era mío, de tantas maneras, que ahora me espanto cómo lo pude sufrir. Algunas veces afligida decía: «Señor mío, ¿cómo me mandáis cosas que parecen imposibles? que, aunque fuera mujer, ¡si tuviera libertad… !; mas atada por tantas partes, sin dineros ni de dónde los tener, ni para Breve, ni para nada, ¿qué puedo yo hacer, Señor?».

12. Una vez estando en una necesidad que no sabía qué me hacer ni con qué pagar unos oficiales, me apareció San José, mi verdadero padre y señor, y me dio a entender que no me faltarían, que los concertase. Y así lo hice sin ninguna blanca, y el Señor, por maneras que se espantaban los que lo oían, me proveyó.

Hacíaseme la casa muy chica, porque lo era tanto, que no parece llevaba camino ser monasterio, y quería comprar otra (ni había con qué, ni había manera para comprarse, ni sabía qué me hacer) que estaba junto a ella, también harto pequeña, para hacer la iglesia; y acabando un día de comulgar, díjome el Señor: Ya te he dicho que entres como pudieres. Y a manera de exclamación también me dijo: ¡Oh codicia del género humano, que aun tierra piensas que te ha de faltar! ¡Cuántas veces dormí yo al sereno por no tener adonde me meter!... Yo quedé muy espantada y vi que tenía razón. Y voy a la casita y tracéla y hallé, aunque bien pequeño, monasterio cabal, y no curé de comprar más sitio, sino procuré se labrase en ella de manera que se pueda vivir, todo tosco y sin labrar, no más de como no fuese dañoso a la salud, y así se ha de hacer siempre.

13. El día de Santa Clara, yendo a comulgar, se me apareció con mucha hermosura. Díjome que me esforzase y fuese adelante en lo comenzado, que ella me ayudaría. Yo la tomé gran devoción, y ha salido tan verdad, que un monasterio de monjas de su Orden que está cerca de éste, nos ayuda a sustentar; y lo que ha sido más, que poco a poco trajo este deseo mío a tanta perfección, que en la pobreza que la bienaventurada Santa tenía en su casa, se tiene en ésta, y vivimos de limosna; que no me ha costado poco trabajo que sea con toda firmeza y autoridad del Padre Santo que no se pueda hacer otra cosa, ni jamás haya renta. Y más hace el Señor, y debe por ventura ser por ruegos de esta bendita Santa, que sin demanda ninguna nos provee Su Majestad muy cumplidamente lo necesario. Sea bendito por todo, amén.

14. Estando en estos mismos días, el de nuestra Señora de la Asunción, en un monasterio de la Orden del glorioso Santo Domingo, estaba considerando los muchos pecados que en tiempos pasados había en aquella casa confesado y cosas de mi ruin vida. Vínome un arrobamiento tan grande, que casi me sacó de mí. Sentéme, y aun paréceme que no pude ver alzar ni

oír misa, que después quedé con escrúpulo de esto. Parecióme, estando así, que me veía vestir una ropa de mucha blancura y claridad, y al principio no veía quién me la vestía. Después vi a nuestra Señora hacia el lado derecho y a mi padre San José al izquierdo, que me vestían aquella ropa. Dióseme a entender que estaba ya limpia de mis pecados. Acabada de vestir, y yo con grandísimo deleite y gloria, luego me pareció asirme de las manos nuestra Señora: díjome que la daba mucho contento en servir al glorioso San José, que creyese que lo que pretendía del monasterio se haría y en él se serviría mucho el Señor y ellos dos; que no temiese habría quiebra en esto jamás, aunque la obediencia que daba no fuese a mi gusto, porque ellos nos guardarían, y que ya su Hijo nos había prometido andar con nosotras; que para señal que sería esto verdad me daba aquella joya.

Parecíame haberme echado al cuello un collar de oro muy hermoso, asida una cruz a él de mucho valor. Este oro y piedras es tan diferente de lo de acá, que no tiene comparación; porque es su hermosura muy diferente de lo que podemos acá imaginar, que no alcanza el entendimiento a entender de qué era la ropa ni cómo imaginar el blanco que el Señor quiere que se represente, que parece todo lo de acá como un dibujo de tizne, a manera de decir.

15. Era grandísima la hermosura que vi en nuestra Señora, aunque por figuras no determiné ninguna particular, sino toda junta la hechura del rostro, vestida de blanco con grandísimo resplandor, no que deslumbra, sino suave. Al glorioso San José no vi tan claro, aunque bien vi que estaba allí, como las visiones que he dicho que no se ven. Parecíame nuestra Señora muy niña. Estando así conmigo un poco, y yo con grandísima gloria y contento, más a mi parecer que nunca le había tenido y nunca quisiera quitarme de él, parecióme que los veía subir al cielo con mucha multitud de ángeles. Yo quedé con mucha soledad, aunque tan consolada y elevada y recogida en oración y enternecida, que estuve algún espacio que menearme ni hablar no podía, sino casi fuera de mí. Quedé con un ímpetu grande de deshacerme por Dios y con tales efectos, y todo pasó de suerte que nunca pude dudar, aunque mucho lo procurase, no ser cosa de Dios. Dejóme consoladísima y con mucha paz.

16. En lo que dijo la Reina de los Angeles de la obediencia, es que a mí se me hacía de mal no darla a la Orden, y habíame dicho el Señor que no convenía dársela a ellos. Diome las causas para que en ninguna manera convenía lo hiciese, sino que enviase a Roma por cierta vía, que también me dijo, que El haría viniese recado por allí. Y así fue, que se envió por donde el Señor me dijo -que nunca acabábamos de negociarlo- y vino muy bien. Y para las cosas que después han sucedido, convino mucho se diese la obediencia al Obispo. Mas entonces no le conocía yo, ni aun sabía qué prelado sería, y quiso el Señor fuese tan bueno y favoreciese tanto esta casa, como ha sido menester para la gran contradicción que ha habido en ella -como después diré- y para ponerla en el estado que está. Bendito sea El que así lo ha hecho todo, amén.

Capítulo 34

Trata cómo en este tiempo convino que se ausentase de este lugar. - Dice la causa y cómo la mandó ir su prelado para consuelo de una señora muy principal que estaba muy afligida. - Comienza a tratar lo que allá le sucedió y la gran merced que el Señor la hizo de ser medio para que Su Majestad despertase a una persona muy principal para servirle muy

1. Pues por mucho cuidado que yo traía para que no se entendiese, no podía hacerse tan secreto toda esta obra, que no se entendiese mucho en algunas personas. Unas lo creían y otras no. Yo temía harto que, venido el Provincial, si algo le dijesen de ello, me había de mandar no entender en ello, y luego era todo cesado. Proveyólo el Señor de esta manera: que se ofreció en un lugar grande, más de veinte leguas de éste, que estaba una señora muy afligida a causa de habérsele muerto su marido. Estábalo en tanto extremo, que se temía su salud. Tuvo noticia de esta pecadorcilla, que lo ordenó el Señor así, que la dijesen bien de mí para otros bienes que de aquí sucedieron. Conocía esta señora mucho al Provincial, y como era persona principal y supo que yo estaba en monasterio que salían, pónele el Señor tan gran deseo de verme, pareciéndole que se consolaría conmigo, que no debía ser en su mano, sino luego procuró, por todas las vías que pudo, llevarme allá, enviando al Provincial, que estaba bien lejos. El me envió un mandamiento, con precepto de obediencia, que luego fuese con otra compañera. Yo lo supe la noche de Navidad.

2. Hízome algún alboroto y mucha pena ver que, por pensar que había en mí algún bien, me quería llevar, que, como yo me veía tan ruin no podía sufrir esto. Encomendándome mucho a Dios, estuve todos los maitines, o gran parte de ellos, en gran arrobamiento. Díjome el Señor que no dejase de ir y que no escuchase pareceres, porque pocos me aconsejarían sin temeridad; que, aunque tuviese trabajos, se serviría mucho Dios, y que para este negocio del monasterio convenía ausentarme hasta ser venido el Breve; porque el demonio tenía armada una gran trama, venido el Provincial; que no temiese de nada, que El me ayudaría allá.

Yo quedé muy esforzada y consolada. Díjelo al rector. Díjome que en ninguna manera dejase de ir, porque otros me decían que no se.sufría, que era invención del demonio para que allá me viniese algún mal: que tornase a enviar al Provincial.

3. Yo obedecí al rector, y con lo que en la oración había entendido iba sin miedo aunque no sin grandísima confusión de ver el título con que me llevaban y cómo se engañaban tanto. Esto me hacía importunar más al Señor para que no me dejase. Consolábame mucho que había casa de la Compañía de Jesús en aquel lugar adonde iba y, con estar sujeta a lo que me mandasen, como lo estaba acá, me parecía estaría con alguna seguridad.

Fue el Señor servido que aquella señora se consoló tanto, que conocida mejoría comenzó luego a tener y cada día más se hallaba consolada. Túvose a mucho, porque -como he dicho- la pena la tenía en gran aprieto; y debíalo de hacer el Señor por las muchas oraciones que hacían por mí las personas buenas que yo conocía porque me sucediese bien. Era muy temerosa de Dios y tan buena, que su mucha cristiandad suplió lo que a mí me faltaba. Tomó grande amor conmigo. Yo se le tenía harto de ver su bondad, mas casi todo me era cruz; porque los regalos me daban gran tormento y el hacer tanto caso de mí me traía con gran temor. Andaba mi alma tan encogida, que no me osaba descuidar, ni se descuidaba el Señor. Porque estando allí me hizo grandísimas mercedes, y éstas me daban tanta libertad y tanto me hacían menospreciar todo lo que veía -y mientras más eran, más-, que no dejaba de tratar con aquellas tan señoras, que muy a mi honra pudiera yo servirlas, con la libertad que si yo fuera su igual.

4. Saqué una ganancia muy grande, y decíaselo. Vi que era mujer y tan sujeta a pasiones y flaquezas como yo, y en lo poco que se ha de tener el señorío, y cómo, mientras es mayor, tienen más cuidados y trabajos, y un cuidado de tener la compostura conforme a su estado, que no las deja vivir; comer sin tiempo ni concierto, porque ha de andar todo conforme al estado y no a las complexiones. Han de comer muchas veces los manjares más conformes a su estado que no a su gusto.

Es así que de todo aborrecí el desear ser señora. - ¡Dios me libre de mala compostura!-, aunque ésta, con ser de las principales del reino, creo hay pocas más humildes, y de mucha llaneza. Yo la había lástima, y se la he, de ver cómo va muchas veces no conforme a su inclinación por cumplir con su estado. Pues con los criados es poco lo poco que hay que fiar, aunque ella los tenía.buenos. No se ha de hablar más con uno que con otro, sino al que se favorece ha de ser el malquisto.

Ello es una sujeción, que una de las mentiras que dice el mundo es llamar señores a las personas semejantes, que no me parece son sino esclavos de mil cosas.

5. Fue el Señor servido que el tiempo que estuve en aquella casa se mejoraban en servir a Su Majestad las personas de ella, aunque no estuve libre de trabajos y algunas envidias que tenían algunas personas del mucho amor que aquella señora me tenía. Debían por ventura pensar que pretendía algún interés. Debía permitir el Señor me diesen algunos trabajos cosas semejantes y otras de otras suertes, porque no me embebiese en el regalo que había por otra parte, y fue servido sacarme de todo con mejoría de mi alma.

6. Estando allí acertó a venir un religioso, persona muy principal y con quien yo, muchos años había, había tratado algunas veces. Y estando en misa en un monasterio de su Orden que estaba cerca de donde yo estaba, diome deseo de saber en qué disposición estaba aquella alma, que deseaba yo fuese muy siervo de Dios, y levantéme para irle a hablar. Como yo estaba recogida ya en oración, parecióme después era perder tiempo, que quién me metía a mí en aquello, y tornéme a sentar. Paréceme que fueron tres veces las que esto me acaeció y, en fin, pudo más el ángel bueno que el malo, y fuile a llamar y vino a hablarme a un confesonario. Comencéle a preguntar y él a mí - porque había muchos años que no nos habíamos visto- de

nuestras vidas. Yo le comencé a decir que había sido la mía de muchos trabajos de alma. Puso muy mucho en que le dijese qué eran los trabajos. Yo le dije que no eran para saber ni para que yo los dijese. El dijo que, pues lo sabía el padre dominico que he dicho -que era muy su amigo-, que luego se los diría y que no se me diese nada.

7. El caso es que ni fue en su mano dejarme de importunar ni en la mía, me parece, dejárselo de decir. Porque con toda la pesadumbre y vergüenza que solía tener cuando trataba estas cosas, con él y con el rector que he dicho no tuve ninguna pena, antes me consolé mucho. Díjeselo debajo de confesión.

Parecióme más avisado que nunca, aunque siempre le tenía por de gran entendimiento. Miré los grandes talentos y partes que tenía para aprovechar mucho, si del todo se diese a Dios. Porque esto tengo yo de unos años acá, que no veo persona que mucho me contente, que luego querría verla del todo dar a Dios, con unas ansias que algunas veces no me puedo valer. Y aunque deseo que todos le sirvan, estas personas que me contentan es con muy gran ímpetu, y así importuno mucho al Señor por ellas. Con el religioso que digo, me acaeció así.

8. Rogóme le encomendase mucho a Dios, y no había menester decírmelo, que ya yo estaba de suerte que no pudiera hacer otra cosa. Y voyme adonde solía a solas tener oración, y comienzo a tratar con el Señor, estando muy recogida, con un estilo abobado que muchas veces, sin saber lo que digo, trato; que el amor es el que habla, y está el alma tan enajenada, que no miro la diferencia que haya de ella a Dios. Porque el amor que conoce que la tiene Su Majestad, la olvida de sí y le parece está en El y, como una cosa propia sin división, habla desatinos. Acuérdome que le dije esto, después de pedirle con hartas lágrimas aquella alma pusiese en su servicio muy de veras, que aunque yo le tenía por bueno, no me contentaba, que le quería muy bueno, y así le dije: «Señor, no me habéis de negar esta merced; mirad que es bueno este sujeto para nuestro amigo».

9. ¡Oh bondad y humanidad grande de Dios, cómo no mira las palabras, sino los deseos y voluntad con que se dicen! ¡Cómo sufre que una como yo hable a Su Majestad tan atrevidamente! Sea bendito por siempre jamás.

10. Acuérdome que me dio en aquellas horas de oración aquella noche un afligimiento grande de pensar si estaba en

enemistad de Dios. Y como no podía yo saber si estaba en gracia o no (no para que yo lo desease saber, mas deseábame morir por no me ver en vida adonde no estaba segura si estaba muerta, porque no podía haber muerte más recia para mí que pensar si tenía ofendido a Dios) y apretábame esta pena; suplicábale no lo permitiese, toda regalada y derretida en lágrimas. Entonces entendí que bien me podía consolar y estar cierta que estaba en gracia; porque semejante amor de Dios y hacer Su Majestad aquellas mercedes y sentimientos que daba al alma, que no se compadecía hacerse a alma que estuviese en pecado mortal.

Quedé confiada que había de hacer el Señor lo que le suplicaba de esta persona. Díjome que le dijese unas palabras. Esto sentí yo mucho, porque no sabía cómo las decir, que esto de dar recado a tercera persona;- como he dicho,- es lo que más siento siempre, en especial a quien no sabía cómo lo tomaría, o si burlaría de mí. Púsome en mucha congoja. En fin, fui tan persuadida, que, a mi parecer, prometí a Dios no dejárselas de decir y, por la gran vergüenza que había, las escribí y se las di.

11. Bien pareció ser cosa de Dios en la operación que le hicieron. Determinóse muy de veras de darse a oración, aunque no lo hizo desde luego. El Señor, como le quería para Sí, por mi medio le enviaba a decir unas verdades, que, sin entenderlo yo, iban tan a su propósito que él se espantaba, y el Señor que debía disponerle para creer que era Su Majestad. Yo, aunque miserable, era mucho lo que suplicaba al Señor muy del todo lo tornase a Sí y le hiciese aborrecer los contentos y cosas de la vida. Y así -¡sea alabado por siempre!- lo hizo tan de hecho, que cada vez que me habla me tiene como embobada; y si yo no lo hubiera visto, lo tuviera por dudoso en tan breve tiempo hacerle tan crecidas mercedes y tenerle tan ocupado en Sí, que no parece vive ya para cosa de la tierra.

Su Majestad le tenga de su mano, que si así va adelante (lo que espero en el Señor sí hará, por ir muy fundado en conocerse), será uno de los muy señalados siervos suyos y para gran provecho de muchas almas; porque en cosas de espíritu en poco tiempo tiene mucha experiencia, que estos son dones que da Dios cuando quiere y como quiere, y ni va en el tiempo ni en los servicios. No digo que no hace esto mucho, mas que muchas veces no da el Señor en veinte años la contemplación que a otros da en uno. Su Majestad sabe la causa.

Y es el engaño, que nos parece por los años hemos de entender lo que en ninguna manera se puede alcanzar sin experiencia. Y así yerran muchos -como he dicho- en querer conocer espíritus sin tenerle. No digo que quien no tuviere espíritu, si es letrado, no gobierne a quien le tiene; mas entiéndese en lo exterior e interior que va conforme a vía natural por obra del entendimiento, y en lo sobrenatural que mire vaya conforme a la Sagrada Escritura. En lo demás no se mate, ni piense entender lo que no entiende, ni ahogue los espíritus, que ya, cuanto en aquello, otro mayor Señor los gobierna, que no están sin superior.

12. No se espante ni le parezcan cosas imposibles -todo es posible al Señor-, sino procure esforzar la fe y humillarse de que hace el Señor en esta ciencia a una vejecita más sabia, por ventura, que a él aunque sea muy letrado; y con esta humildad aprovechará más a las almas y a sí que por hacerse contemplativo sin serlo. Porque torno a decir que si no tiene experiencia, si no tiene muy mucha humildad en entender que no lo entiende y que no por eso es imposible, que ganará poco y dará a ganar menos a quien trata. No haya miedo, si tiene humildad, permita el Señor que se engañe el uno ni el otro.

13. Pues a este Padre que digo, como en muchas cosas se la ha dado el Señor, ha procurado estudiar todo lo que por estudio ha podido en este caso -que es buen letrado- y lo que no entiende por experiencia infórmase de quien la tiene, y con esto ayúdale el Señor con darle mucha fe, y así ha aprovechado mucho a sí y a algunas ánimas, y la mía es una de ellas; que como el Señor sabía en los trabajos que me había de ver, parece proveyó Su Majestad que, pues había de llevar consigo a algunos que me gobernaban, quedasen otros que me han ayudado a hartos trabajos y hecho gran bien. Hale mudado el Señor casi del todo, de manera que casi él no se conoce -a manera de decir- y dado fuerzas corporales para penitencia (que antes no tenía, sino enfermo), y animoso para todo lo que es bueno y otras cosas, que se parece bien ser muyparticular llamamiento del Señor. Sea bendito por siempre.

14. Creo todo el bien le viene de las mercedes que el Señor le ha hecho en la oración, porque no son postizos. Porque ya en

algunas cosas ha querido el Señor sea ya experimentado, porque sale de ellas como quien tiene ya conocida la verdad del mérito que se gana en sufrir persecuciones. Espero en la grandeza del Señor ha de venir mucho bien a algunos de su Orden por él, y a ella misma. Ya se comienza esto a entender. He visto grandes visiones, y díchome el Señor algunas cosas de él y del rector de la Compañía de Jesús que tengo dicho, de grande admiración, y de otros dos religiosos de la Orden de Santo Domingo, en especial de uno, que también ha dado ya a entender el Señor por obra en su aprovechamiento algunas cosas que antes yo había entendido de él. Mas de quien ahora hablo han sido muchas.

15. Una cosa quiero decir ahora aquí. Estaba yo una vez con él en un locutorio, y era tanto el amor que mi alma y espíritu entendía que ardía en el suyo, que me tenía a mí casi absorta; porque.consideraba las grandezas de Dios en cuán poco tiempo había subido un alma a tan gran estado. Hacíame gran confusión, porque le veía con tanta humildad escuchar lo que yo le decía en algunas cosas de oración, como yo tenía poca de tratar así con persona semejante. Debíamelo sufrir el Señor, por el gran deseo que yo tenía de verle muy adelante. Hacíame tanto provecho estar con él, que parece dejaba a mi ánima puesto nuevo fuego para desear servir al Señor de principio.

¡Oh Jesús mío, qué hace un alma abrasada en vuestro amor! ¡Cómo la habíamos de estimar en mucho y suplicar al Señor la dejase en esta vida! Quien tiene el mismo amor, tras estas almas se había de andar si pudiese.

16. Gran cosa es un enfermo hallar otro herido de aquel mal. Mucho se consuela de ver que no es solo. Mucho se ayudan a padecer y aun a merecer. Excelentes espaldas se hacen ya gente determinada a arriscar mil vidas por Dios y desean que se les ofrezca en qué perderlas. Son como soldados que, por ganar el despojo y hacerse con él ricos, desean que haya guerra. Tienen entendido no lo pueden ser sino por aquí. Es este su oficio, el trabajar. ¡Oh, gran cosa es adonde el Señor da esta luz de entender lo mucho que se gana en padecer por El! No se entiende esto bien hasta que se deja todo, porque quien en ello se está, señal es que lo tiene en algo; pues si lo tiene en algo, forzado le ha de pesar de dejarlo, y ya va imperfecto todo y perdido. Bien viene aquí, que es perdido quien tras perdido anda. ¿Y

qué más perdición, y qué más ceguedad, qué más desventura que tener en mucho lo que no es nada?

17. Pues, tornando a lo que decía, estando yo en grandísimo gozo mirando aquel alma, que me parece quería el Señor viese claro los tesoros que había puesto en ella, y viendo la merced que me había hecho en que fuese por medio mío -hallándome indigna de ella-, en mucho más tenía yo las mercedes que el Señor le había hecho y más a mi cuenta las tomaba que si fuera a mí y alababa mucho al Señor de ver que Su Majestad iba cumpliendo mis deseos y había oído mi oración, que era despertase el Señor personas semejantes. Estando ya mi alma que no podía sufrir en sí tanto gozo, salió de sí y perdióse para más ganar. Perdió las consideraciones, y de oír aquella lengua divina en quien parece hablaba el Espíritu Santo, diome un gran arrobamiento que me hizo casi perder el sentido,.aunque duró poco tiempo. Vi a Cristo con grandísima majestad y gloria, mostrando gran contento de lo que allí pasaba; y así me lo dijo, y quiso viese claro que a semejantes pláticas siempre se hallaba presente y lo mucho que se sirve en que así se deleiten en hablar en El.

Otra vez estando lejos de este lugar, le vi con mucha gloria levantar, a los ángeles; entendí iba su alma muy adelante, por esta visión. Y así fue, que le habían levantado un gran testimonio bien contra su honra, persona a quien él había hecho mucho bien y remediado la suya y el alma, y habíalo pasado con mucho contento y hecho otras obras muy en servicio de Dios y pasado otras persecuciones.

18. No me parece conviene ahora declarar más cosas. Si después le pareciere a vuestra merced, pues las sabe, se podrán poner para gloria del Señor. De todas las que he dicho de profecías de esta casa, y otras que diré de ella y de otras cosas, todas se han cumplido. Algunas, tres años antes que se supiesen -otras más y otras menos- me las decía el Señor. Y siempre las decía al confesor y a esta mi amiga viuda con quien tenía licencia de hablar, como he dicho; y ella he sabido que las decía a otras personas, y éstas saben que ni miento, ni Dios me dé tal lugar, que en ninguna cosa, cuánto más siendo tan graves, tratase yo sino toda verdad.

19. Habiéndose muerto un cuñado mío súbitamente, y estando yo con mucha pena por no se haber viado a confesarse, se

me dijo en la oración que había así de morir mi hermana, que fuese allá y procurase se dispusiese para ello. Díjelo a mi confesor y, como no me dejaba ir, entendílo otras veces. Ya como esto vio, díjome que fuese allá, que no se perdía nada.

Ella estaba en una aldea, y, como fui, sin decirla nada la fui dando la luz que pude en todas las cosas, e hice se confesase muy a menudo y en todo trajese cuenta con su alma. Ella era muy buena e hízolo así. Desde a cuatro o cinco años que tenía esta costumbre y muy buena cuenta con su conciencia, se murió sin verla nadie ni poderse confesar. Fue el bien que, como lo acostumbraba, no había poco más de ocho días que estaba confesada.

A mí me dio gran alegría cuando supe su muerte. Estuvo muy poco en el purgatorio. Serían aún no me parece ocho días cuando, acabando de comulgar, me apareció el Señor y quiso la viese cómo la llevaba a la gloria. En todos estos años, desde que se me dijo.hasta que murió, no se me olvidaba lo que se me había dado a entender, ni a mi compañera, que, así como murió, vino a mí muy espantada de ver cómo se había cumplido.

Sea Dios alabado por siempre, que tanto cuidado trae de las almas para que no se pierdan.

Capítulo 35

Prosigue en la misma materia de la fundación de esta casa de nuestro glorioso Padre San José. - Dice por los términos que ordenó el Señor viniese a guardarse en ella la santa pobreza, y la causa por qué se vino de con aquella señora que estaba, y otras algunas cosas que le sucedieron.

1. Pues estando con esta señora que he dicho, adonde estuve más de medio año, ordenó el Señor que tuviese noticia de mí una beata de nuestra Orden, de más de setenta leguas de aquí de este lugar, y acertó a venir por acá y rodeó algunas por hablarme. Habíala el Señor movido el mismo año y mes que a mí para hacer otro monasterio de esta Orden; y como le puso este deseo, vendió todo lo que tenía y fuese a Roma a traer despacho para ello, a pie y descalza.

2. Es mujer de mucha penitencia y oración, y hacíala el Señor muchas mercedes, y aparecídola nuestra Señora y mandádola lo hiciese. Hacíame tantas ventajas en servir al Señor, que yo había vergüenza de estar delante de ella. Mostróme los despachos que traía de Roma y, en quince días que estuvo conmigo, dimos orden en cómo habíamos de hacer estos monasterios. Y hasta que yo la hablé, no había venido a mi noticia que nuestra Regla -antes que se relajase- mandaba no se tuviese propio, ni yo estaba en fundarle sin renta, que iba mi intento a que no tuviésemos cuidado de lo que habíamos menester, y no miraba a los muchos cuidados que trae consigo tener propio.

Esta bendita mujer, como la enseñaba el Señor, tenía bien entendido, con no saber leer, lo que yo con tanto haber andado a leer las Constituciones, ignoraba. Y como me lo dijo, parecióme bien, aunque temí que no me lo habían de consentir, sino decir que hacía desatinos y que no hiciese cosa que padeciesen otras por mí, que, a ser yo sola, poco ni mucho me detuviera, antes me era gran regalo pensar de guardar los consejos de Cristo Señor nuestro, porque grandes deseos de pobreza ya me los había dado Su Majestad.

Así que para mí no dudaba ser lo mejor; porque días había que deseaba fuera posible a mi estado andar pidiendo por amor de Dios y no tener casa ni otra cosa. Mas temía que, si a las demás no daba el Señor estos deseos, vivirían descontentas, y también no fuese causa de alguna distracción, porque veía algunos monasterios pobres no muy recogidos, y no miraba que el no serlo era causa de ser pobres, y no la pobreza de la distracción; porque ésta no hace más ricas, ni falta Dios jamás a quien le sirve. En fin tenía flaca la fe, lo que no hacía a esta sierva de Dios.

3. Como yo en todo tomaba tantos pareceres, casi a nadie hallaba de este parecer: ni confesor, ni los letrados que trataba. Traíanme tantas razones, que no sabía qué hacer, porque, como ya yo sabía era Regla y veía ser más perfección, no podía persuadirme a tener renta. Y ya que algunas veces me tenían convencida, en tornando a la oración y mirando a Cristo en la cruz tan pobre y desnudo, no podía poner a paciencia ser rica. Suplicábale con lágrimas lo ordenase de manera que yo me viese pobre como El.

4. Hallaba tantos inconvenientes para tener renta y veía ser tanta causa de inquietud y aun distracción, que no hacía sino disputar con los letrados. Escribílo al religioso dominico que nos ayudaba. Envióme escritos dos pliegos de contradicción y teología para que no lo hiciese, y así me lo decía, que lo había estudiado mucho. Yo le respondí que para no seguir mi llamamiento y el voto que tenía hecho de pobreza y los consejos de Cristo con toda perfección, que no quería aprovecharme de teología, ni con sus letras en este caso me hiciese merced.

Si hallaba alguna persona que me ayudase, alegrábame mucho. Aquella señora con quien estaba, para esto me ayudaba mucho. Algunos luego al principio decíanme que les parecía bien; después, como más lo miraban, hallaban tantos inconvenientes, que tornaban a poner mucho en que no lo hiciese. Decíales yo que, si ellos tan presto mudaban parecer, que yo al primero me quería llegar.

5. En este tiempo, por ruegos míos, porque esta señora no había visto al santo Fray Pedro de Alcántara, fue el Señor servido viniese a su casa, y como el que era bien amador de la pobreza y tantos años la había tenido, sabía bien la riqueza que en ella estaba , y así me ayudó mucho y mandó que en ninguna manera dejase de llevarlo muy adelante. Ya con este parecer y favor, como quien mejor le podía dar por tenerlo sabido por larga experiencia, yo determiné no andar buscando otros.

6. Estando un día mucho encomendándolo a Dios, me dijo el Señor que en ninguna manera dejase de hacerle pobre, que ésta era la voluntad de su Padre y suya, que El me ayudaría. Fue con tan grandes efectos, en un gran arrobamiento, que en ninguna manera pude tener duda de que era Dios.

Otra vez me dijo que en la renta estaba la confusión, y otras cosas en loor de la pobreza, y asegurándome que a quien le servía no le faltaba lo necesario para vivir; y esta falta, como digo, nunca yo la temí por mí. También volvió el Señor el corazón del Presentado, digo del religioso dominico, de quien he dicho me escribió no lo hiciese sin renta. Ya yo estaba muy contenta con haber entendido esto y tener tales pareceres; no me parecía sino que poseía toda la riqueza del mundo, en determinándome a vivir de por amor de Dios.

7. En este tiempo, mi Provincial me alzó el mandamiento y obediencia que me había puesto para estar allí, y dejó en mi voluntad que si me quisiese ir que pudiese, y si estar, también, por cierto tiempo; y en éste había de haber elección en mi monasterio, y avisáronme que muchas querían darme aquel cuidado de prelada, que para mí sólo pensarlo era tan gran tormento que a cualquier martirio me determinaba a pasar por Dios con facilidad, a éste en ningún arte me podía persuadir. Porque dejado el trabajo grande, por ser muy muchas y otras causas de que yo nunca fui amiga, ni de ningún oficio, antes siempre los había rehusado, parecíame gran peligro para la conciencia, y así alabé a Dios de no me hallar allá. Escribí a mis amigas para que no me diesen voto.

8. Estando muy contenta de no me hallar en aquel ruido, díjome el Señor que en ninguna manera deje de ir, que pues deseo cruz, que buena se me apareja, que no la deseche, que vaya con ánimo, que El me ayudará, y que me fuese luego. Yo me fatigué mucho y no hacía sino llorar, porque pensé que era la

cruz ser prelada y, como digo, no podía persuadirme a que estaba bien a mi alma en ninguna manera, ni yo hallaba términos para ello.

Contélo a mi confesor. Mandóme que luego procurase ir, que claro estaba era más perfección y que, porque hacía gran calor, que bastaba hallarme allá a la elección, y que me estuviese unos días, porque no me hiciese mal el camino; mas el Señor, que tenía ordenado otra cosa, húbose de hacer; porque era tan grande el desasosiego que traía en mí y el no poder tener oración y parecerme faltaba de lo que el Señor me había mandado, y que, como estaba allí a mi placer y con regalo, no quería irme a ofrecer al trabajo; que todo era palabras con Dios; que, por qué pudiendo estar adonde era más perfección, había de dejarlo; que si me muriese, muriese... , y con esto un apretamiento de alma, un quitarme el Señor todo el gusto en la oración... , en fin, yo estaba tal, que ya me era tormento tan grande, que supliqué a aquella señora tuviese por bien dejarme venir, porque ya mi confesor -como me vio así- me dijo que me fuese, que también le movía Dios como a mí.

9. Ella sentía tanto que la dejase, que era otro tormento; que le había costado mucho acabarlo con el Provincial por muchas maneras de importunaciones. Tuve por grandísima cosa querer venir en ello, según lo que sentía; sino, como era muy temerosa de Dios y como le dije que se le podía hacer gran servicio y otras hartas cosas, y dila esperanza que era posible tornarla a ver, y así, con harta pena, lo tuvo por bien.

10. Ya yo no la tenía de venirme, porque entendiendo yo era más perfección una cosa y servicio de Dios, con el contento que me da contentarle, pasé la pena de dejar a aquella señora que tanto la veía sentir, y a otras personas a quien debía mucho, en especial a mi confesor, que era de la Compañía de Jesús, y hallábame muy bien con él. Mas mientras más veía que perdía de consuelo por el Señor, más contento me daba perderle. No podía entender cómo era esto, porque veía claro estos dos contrarios: holgarme y consolarme y alegrarme de lo que me pesaba en el alma. Porque yo estaba consolada y sosegada y tenía lugar para tener muchas horas de oración; veía que venía a meterme en un fuego, que ya el

Señor me lo había dicho que venía a pasar gran cruz, aunque nunca yo pensé lo fuera tanto como después vi. Y con todo, venía yo alegre, y estaba deshecha de que no me ponía luego en la.batalla, pues el Señor quería la tuviese; y así enviaba Su Majestad el esfuerzo y le ponía en mi flaqueza.

11. No podía, como digo, entender cómo podía ser esto. Pensé esta comparación: si poseyendo yo una joya o cosa que me da gran contento, ofréceseme saber que la quiere una persona que yo quiero más que a mí y deseo más contentarla que mi mismo descanso, dame gran contento quedarme sin el que me daba lo que poseía, por contentar a aquella persona; y como este contento de contentarla excede a mi mismo contento, quítase la pena de la falta que me hace la joya o lo que amo, y de perder el contento que daba. De manera que, aunque quería tenerla de ver que dejaba personas que tanto sentían apartarse de mí, con ser yo de mi condición tan agradecida que bastara en otro tiempo a fatigarme mucho, y ahora, aunque quisiera tener pena, no podía.

12. Importó tanto el no me tardar un día más para lo que tocaba al negocio de esta bendita casa, que yo no sé cómo pudiera concluirse si entonces me detuviera. ¡Oh grandeza de Dios!, muchas veces me espanta cuando lo considero y veo cuán particularmente quería Su Majestad ayudarme para que se efectuase este rinconcito de Dios, que yo creo lo es, y morada en que Su Majestad se deleita, como una vez estando en oración me dijo, que era esta casa paraíso de su deleite. Y así parece ha Su Majestad escogido las almas que ha traído a él, en cuya compañía yo vivo con harta harta confusión; porque yo no supiera desearlas tales para este propósito de tanta estrechura y pobreza y oración; y llévanlo con una alegría y contento, que cada una se halla indigna de haber merecido venir a tal lugar; en especial algunas, que las llamó el Señor de mucha vanidad y gala del mundo, adonde pudieran estar contentas conforme a sus leyes, y hales dado el Señor tan doblados los contentos aquí, que claramente conocen haberles el Señor dado ciento por uno que dejaron, y no se hartan de dar gracias a Su Majestad. A otras ha mudado de bien en mejor.

A las de poca edad da fortaleza y conocimiento para que no puedan desear otra cosa, y que entiendan que es vivir en mayor descanso, aun para lo de acá, estar apartadas de todas las cosas de la vida. A las que son de más edad y con poca salud, da fuerzas y se las ha dado para poder llevar la aspereza y penitencia que todas.

13. ¡Oh Señor mío, cómo se os parece que sois poderoso! No es menester buscar razones para lo que Vos queréis, porque sobre toda razón natural hacéis las cosas tan posibles que dais entender bien que no es menester más de amaros de veras y dejarlo de veras todo por Vos, para que Vos, Señor mío, lo hagáis todo fácil. Bien viene aquí decir que fingís trabajo en vuestra ley; porque yo no le veo, Señor, ni sé cómo es estrecho el camino que lleva a Vos. Camino real veo que es, que no senda. Camino que, quien de verdad se pone en él, va más seguro. Muy lejos están los puertos y rocas para caer, porque lo están de las ocasiones. Senda llamo yo, y ruin senda y angosto camino, el que de una parte está un valle muy hondo adonde caer y de la otra un despeñadero: no se han descuidado, cuando se despeñan y se hacen pedazos.

14. El que os ama de verdad, Bien mío, seguro va por ancho camino y real. Lejos está el despeñadero. No ha tropezado tantico, cuando le dais Vos, Señor, la mano. No basta una caída ni muchas, si os tiene amor y no a las cosas del mundo, para perderse. Va por el valle de la humildad. No puedo entender qué es lo que temen de ponerse en el camino de la perfección.

El Señor, por quien es, nos dé a entender cuán mala es la seguridad en tan manifiestos peligros como hay en andar con el hilo de la gente, y cómo está la verdadera seguridad en procurar ir muy adelante en el camino de Dios. Los ojos en El, y no hayan miedo se ponga este Sol de Justicia, ni nos deje caminar de noche para que nos perdamos, si primero no le dejamos a El.

15. No temen andar entre leones, que cada uno parece que quiere llevar un pedazo, que son las honras y deleites y contentos semejantes que llama el mundo; y acá parece hace el demonio temer de musarañas. Mil veces me espanto y diez mil querría hartarme de llorar y dar voces a todos para decir la gran ceguedad y maldad mía, porque si aprovechase algo para que ellos abriesen los ojos, ábraselos el que puede, por su bondad, y no permita se me tornen a cegar a mí, amén.

Capítulo 36

Prosigue en la materia comenzada y dice có- mo se acabó de concluir y se fundó este monasterio del glorioso San José y las grandes contradicciones y persecuciones que después de tomar hábito las religiosas hubo, y los grandes trabajos y tentaciones que ella pasó, y cómo de todo la sacó el Señor con victoria y en gloria y alabanza suya.

1. Partida ya de aquella ciudad, venía muy contenta por el camino, determinándome a pasar todo lo que el Señor fuese servido muy con toda voluntad.

La noche misma que llegué a esta tierra, llega nuestro despacho para el monasterio y Breve de Roma, que yo me espanté, y se espantaron los que sabían la prisa que me había dado el Señor a la venida, cuando supieron la gran necesidad que había de ello y a la coyuntura que el Señor me traía; porque hallé aquí al Obispo y al santo fray Pedro de Alcántara y a otro caballero muy siervo de Dios, en cuya casa este santo hombre posaba, que era persona adonde los siervos de Dios hallaban espaldas y cabida.

2. Entrambos a dos acabaron con el Obispo admitiese el monasterio, que no fue poco, por ser pobre, sino que era tan amigo de personas que veía así determinadas a servir al Señor, que luego se aficionó a favorecerle; y el aprobarlo este santo viejo y poner mucho con unos y con otros en que nos ayudasen, fue el que lo hizo todo. Si no viniera a esta coyuntura -como ya he dicho-, no puedo entender cómo pudiera hacerse. Porque estuvo poco aquí este santo hombre, que no creo fueron ocho días, y ésos muy enfermo, y desde a muy poco le llevó el Señor

consigo. Parece que le había guardado Su Majestad hasta acabar este negocio, que había muchos días -no sé si más de dos años- que andaba muy malo.

3. Todo se hizo debajo de gran secreto, porque a no ser así no se pudiera hacer nada, según el pueblo estaba mal con ello, como se pareció después. Ordenó el Señor que estuviese malo un cuñado mío, y su mujer no aquí, y en tantanecesidad, que me dieron licencia para estar con él. Y con esta ocasión no se entendió nada, aunque en algunas personas no dejaba de sospecharse algo, mas aún no lo creían. Fue cosa para espantar, que no estuvo más malo de lo que fue menester para el negocio y, en siendo menester tuviese salud para que yo me desocupase y él dejase desembarazada la casa, se la dio luego el Señor, que él estaba maravillado.

4. Pasé harto trabajo en procurar con unos y con otros que se admitiese, y con el enfermo, y con oficiales para que se acabase la casa a mucha prisa, para que tuviese forma de monasterio, que faltaba mucho de acabarse. Y la mi compañera no estaba aquí, que nos pareció era mejor estar ausente para más disimular, y yo veía que iba el todo en la brevedad por muchas causas; y la una era porque cada hora temía me habían de mandar ir. Fueron tantas las cosas de trabajos que tuve, que me hizo pensar si era esta la cruz; aunque todavía me parecía era poco para la gran cruz que yo había entendido del Señor había de pasar.

5. Pues todo concertado, fue el Señor servido que, día de San Bartolomé, tomaron hábito algunas y se puso el Santísimo Sacramento, y con toda autoridad y fuerza quedó hecho nuestro monasterio del gloriosísimo padre nuestro San José, año de mil y quinientos y sesenta y dos. Estuve yo a darles el hábito, y otras dos monjas de nuestra casa misma, que acertaron a estar fuera. Como en ésta que se hizo el monasterio era la que estaba mi cuñado (que, como he dicho, la había él comprado por disimular mejor el negocio), con licencia estaba yo en ella, y no hacía cosa que no fuese con parecer de letrados, para no ir un punto contra obediencia. Y como veían ser muy provechoso para toda la Orden por muchas causas, que aunque iba con secreto y guardándome no lo supiesen mis prelados, me decían lo podía hacer. Porque por muy poca imperfección que me dijeran era, mil monasterios me parece dejara, cuánto más uno. Esto

es cierto. Porque aunque lo deseaba por apartarme más de todo y llevar mi profesión y llamamiento con más perfección y encerramiento, de tal manera lo deseaba, que cuando entendiera era más servicio del Señor dejarlo todo, lo hiciera -como lo hice la otra vez- con todo sosiego y paz.

6. Pues fue para mí como estar en una gloria ver poner el Santísimo Sacramento y que se remediaron cuatro huérfanas pobres (porque no se tomaban con dote) y grandes siervas de Dios, que esto se pretendió al principio, que entrasen personas que con su ejemplo fuesen fundamento para en que se pudiese el intento que llevábamos, de mucha perfección y oración, efectuar, y hecha una obra que tenía entendido era para servicio del Señor y honra del hábito de su gloriosa Madre, que éstas eran mis ansias.

Y también me dio gran consuelo de haber hecho lo que tanto el Señor me había mandado, y otra iglesia más en este lugar, de mi padre glorioso San José, que no la había. No porque a mí me pareciese había hecho en ello nada, que nunca me lo parecía, ni parece. Siempre entiendo lo hacía el Señor, y lo que era de mi parte iba con tantas imperfecciones, que antes veo había que me culpar que no que me agradecer. Mas érame gran regalo ver que hubiese Su Majestad tomádome por instrumento -siendo tan ruin- para tan gran obra.

Así que estuve con tan gran contento, que estaba como fuera de mí, con grande oración.

7. Acabado todo, sería como desde a tres o cuatro horas, me revolvió el demonio una batalla espiritual, como ahora diré. Púsome delante si había sido mal hecho lo que había hecho, si iba contra obediencia en haberlo procurado sin que me lo mandase el Provincial (que bien me parecía a mí le había de ser algún disgusto, a causa de sujetarle al Ordinario, por no se lo haber primero dicho; aunque como él no le había querido admitir, y yo no la mudaba, también me parecía no se le daría nada por otra parte), y que si habían de tener contento las que aquí estaban en tanta estrechura, si les había de faltar de comer, si había sido disparate, que quién me metía en esto, pues yo tenía monasterio.

Todo lo que el Señor me había mandado y los muchos pareceres y oraciones que había más de dos años que no casi cesaban, todo tan quitado de mi memoria como si nunca hubiera sido. Sólo de mi parecer me acordaba, y todas las virtudes y la fe estaban en mí entonces suspendidas, sin tener yo fuerza para que ninguna obrase ni me defendiese de tantos golpes.

8. También me ponía el demonio que cómo me quería encerrar en casa tan estrecha, y con tantas enfermedades, que cómo había de poder sufrir tanta penitencia, y dejaba casa tan grande y deleitosa y adonde tan contenta siempre había estado, y tantas amigas; que quizás las de acá no serían a mi gusto, que me había obligado a mucho, que quizá estaría desesperada, y que por ventura había pretendido esto el demonio, quitarme la paz y quietud, y que así no podría tener oración, estando desasosegada, y perdería el alma. Cosas de esta hechura juntas me ponía delante, que no era en mi mano pensar en otra cosa, y con esto una aflicción y oscuridad y tinieblas en el alma, que yo no lo sé encarecer. De que me vi así, fuime a ver el Santísimo Sacramento, aunque encomendarme a El no podía. Paréceme estaba con una congoja como quien está en.agonía de muerte. Tratarlo con nadie no había de osar, porque aun confesor no tenía señalado.

9. ¡Oh, válgame Dios, qué vida esta tan miserable! No hay contento seguro ni cosa sin mudanza. Había tan poquito que no me parece trocara mi contento con ninguno de la tierra, y la misma causa de él me atormentaba ahora de tal suerte que no sabía qué hacer de mí. ¡Oh, si mirásemos con advertencia las cosas de nuestra vida! Cada uno vería por experiencia en lo poco que se ha de tener contento ni descontento de ella.

Es cierto que me parece fue uno de los recios ratos que he pasado en mi vida. Parece que adivinaba el espíritu lo mucho que estaba por pasar, aunque no llegó a ser tanto como esto si durara. Mas no dejó el Señor padecer mucho a su pobre sierva; porque nunca en las tribulaciones me dejó de socorrer, y así fue en ésta, que me dio un poco de luz para ver que era demonio y para que pudiese entender la verdad y que todo era quererme espantar con mentiras. Y así comencé a acordarme de mis grandes determinaciones de servir al Señor y deseos de padecer por El; y pensé que si había de cumplirlos, que no había de andar a procurar descanso, y que si tuviese trabajos, que ése era el merecer, y si descontento, como lo tomase por servir a Dios, me serviría de purgatorio; que de qué temía, que pues deseaba trabajos, que buenos eran éstos; que en la mayor contradicción estaba la ganancia; que por qué me había de faltar ánimo para servir a quien tanto debía.

Con estas y otras consideraciones, haciéndome gran fuerza, prometí delante del Santísimo Sacramento de hacer todo lo que pudiese para tener licencia de venirme a esta casa, y en pudiéndolo hacer con buena conciencia, prometer clausura.

10. En haciendo esto, en un instante huyó el demonio y me dejó sosegada y contenta, y lo quedé y lo he estado siempre, y todo lo que en esta casa se guarda de encerramiento y penitencia y lo demás, se me hace en extremo suave y poco. El contento es tan grandísimo que pienso yo algunas veces qué pudiera escoger en la tierra que fuera más sabroso. No sé si es esto parte para tener mucha más salud que nunca, o querer el Señor -por ser menester y razón que haga lo que todas- darme este consuelo que pueda hacerlo, aunque con trabajo. Mas del poder se espantan todas las personas que saben mis enfermedades. ¡Bendito sea El, que todo lo da y en cuyo poder se puede!.

11. Quedé bien cansada de tal contienda y riéndome del demonio, que vi claro ser él. Creo lo permitió el Señor, porque yo nunca supe qué cosa era descontento de ser monja ni un momento, en veinte y ocho años y más que ha que lo soy, para que entendiese la merced grande que en esto me había hecho, y del tormento que me había librado; y también para que si alguna viese lo estaba, no me espantase y me apiadase de ella y la supiese consolar.

Pues pasado esto, queriendo después de comer descansar un poco (porque en toda la noche no había casi sosegado, ni en otras algunas dejado de tener trabajo y cuidado, y todos los días bien cansada), como se había sabido en mi monasterio y en la ciudad lo que estaba hecho, había en él mucho alboroto por las causas que ya he dicho, que parecía llevaban algún color. Luego la prelada me envió a mandar que a la hora me fuese allá. Yo en viendo su mandamiento, dejo mis monjas harto penadas, y voyme luego.

Bien vi que se me habían de ofrecer hartos trabajos; mas como ya quedaba hecho, muy poco se me daba. Hice oración suplicando al Señor me favoreciese, y a mi padre San José que me trajese a su casa, y ofrecíle lo que había de pasar y, muy contenta se ofreciese algo en que yo padeciese por él y le pudiese servir, me fui, con tener creído luego me habían de echar en la cárcel. Mas a mi parecer me diera mucho contento, por no hablar a nadie y descansar un poco en soledad, de lo que yo estaba bien necesitada, porque me traía molida tanto andar con gente.

12. Como llegué y di mi descuento a la prelada, aplacóse algo, y todas enviaron al Provincial, y quedóse la causa para delante de él. Y venido, fui a juicio con harto gran contento de ver que padecía algo por el Señor, porque contra Su Majestad ni la Orden no hallaba haber ofendido nada en este caso; antes procuraba aumentarla con todas mis fuerzas, y muriera de buena gana por ello, que todo mi deseo era que se cumpliese con toda perfección. Acordéme del juicio de Cristo y vi cuán nonada era aquél. Hice mi culpa como muy culpada, y así lo parecía a quien no sabía todas las causas. Después de haberme hecho una gran represión, aunque no con tanto rigor como merecía el delito y lo que muchos decían al Provincial, yo no quisiera disculparme, porque iba determinada ello, antes pedí me perdonase y castigase y no estuviese desabrido conmigo.

13. En algunas cosas bien veía yo me condenaban sin culpa, porque me decían lo había hecho porque me tuviesen en algo y por ser nombrada y otras semejantes. Mas en otras claro entendía que decían verdad, en que era yo más ruin que otras, y que pues no había guardado la mucha religión que se llevaba en aquella casa, cómo pensaba guardarla en otra con más rigor, que escandalizaba el pueblo y levantaba cosas nuevas. Todo no me hacía ningún alboroto ni pena, aunque yo mostraba tenerla porque no pareciese tenía en poco lo que me decían. En fin, me mandó delante de las monjas diese descuento, y húbelo de hacer.

14. Como yo tenía quietud en mí y me ayudaba el Señor, di mi descuento de manera que no halló el Provincial, ni las que allí estaban, por qué me condenar. Y después a solas le hablé más claro, y quedó muy satisfecho, y prometióme -si fuese adelante- en sosegándose la ciudad, de darme licencia que me fuese a él, porque el alboroto de toda la ciudad era tan grande como ahora diré.

15. Desde a dos o tres días, juntáronse algunos de los regidores y corregidor y del cabildo, y todos juntos dijeron que en ninguna manera se había de consentir, que venía conocido

daño a la república, y que habían de quitar el Santísimo Sacramento, y que en ninguna manera sufrirían pasase adelante. Hicieron juntar todas las Ordenes para que digan su parecer, de cada una dos letrados.

Unos callaban, otros condenaban; en fin, concluyeron que luego se deshiciese. Sólo un Presentado de la Orden de Santo Domingo, aunque era contrario -no del monasterio, sino de que fuese pobre-, dijo que no era cosa que así se había de deshacer, que se mirase bien, que tiempo había para ello, que éste era caso del Obispo, o cosas de este arte, que hizo mucho provecho. Porque según la furia, fue dicha no lo poner luego por obra. Era, en fin, que había de ser; que era el Señor servido de ello, y podían todos poco contra su voluntad. Daban sus razones y llevaban buen celo, y así, sin ofender ellos a Dios, hacíanme padecer y a todas las personas que lo favorecían, que eran algunas, y pasaron mucha persecución.

16. Era tanto el alboroto del pueblo, que no se hablaba en otra cosa, y todos condenarme e ir al Provincial y a mi monasterio. Yo ninguna pena tenía de cuanto decían de mí más que si no lo.dijeran, sino temor si se había de deshacer. Esto me daba gran pena, y ver que perdían crédito las personas que me ayudaban y el mucho trabajo que pasaban, que de lo que decían de mí antes me parece me holgaba; y si tuviera alguna fe, ninguna alteración tuviera, sino que faltar algo en una virtud basta a adormecerlas todas; y así estuve muy penada dos días que hubo estas juntas que digo en el pueblo, y estando bien fatigada me dijo el Señor: ¿No sabes que soy poderoso?; ¿de qué temes?, y me aseguró que no se desharía. Con esto quedé muy consolada.

Enviaron al Consejo Real con su información. Vino provisión para que se diese relación de cómo se había hecho.

17. Hela aquí comenzado un gran pleito; porque de la ciudad fueron a la Corte, y hubieron de ir de parte del monasterio, y ni había dineros ni yo sabía qué hacer. Proveyólo el Señor, que nunca mi Padre Provincial me mandó dejase de entender en ello; porque es tan amigo de toda virtud, que aunque no ayudaba, no quería ser contra ello. No me dio licencia, hasta ver en lo que paraba, para venir acá. Estas siervas de Dios estaban solas y hacían más con sus oraciones que con cuanto yo andaba negociando, aunque fue menester harta diligencia.

Algunas veces parecía que todo faltaba, en especial un día antes que viniese el Provincial, que me mandó la priora no tratase en nada, y era dejarse todo. Yo me fui a Dios y díjele: «Señor, esta casa no es mía; por Vos se ha hecho; ahora que no hay nadie que negocie, hágalo Vuestra Majestad». Quedaba tan descansada y tan sin pena, como si tuviera a todo el mundo que negociara por mí, y luego tenía por seguro el negocio.

18. Un muy siervo de Dios, sacerdote, que siempre me había ayudado, amigo de toda perfección, fue a la Corte a entender en el negocio, y trabajaba mucho; y el caballero santo -de quien he hecho mención- hacía en este caso muy mucho, y de todas maneras lo favorecía. Pasó hartos trabajos y persecución, y siempre en todo le tenía por padre y aun ahora le tengo.

Y en los que nos ayudaban ponía el Señor tanto hervor, que cada uno lo tomaba por cosa tan propia suya, como si en ello les fuera la vida y la honra, y no les iba más de ser cosa en que a ellos les parecía se servía el Señor. Pareció claro ayudar Su Majestad al Maestro que he dicho, clérigo, que también era de los que mucho me ayudaban, a quien el Obispo puso de su parte en una junta grande que se hizo, y él estaba solo contra todos y en fin, los aplacó con decirles ciertos medios, que fue harto para que se entretuviesen, mas ninguno bastaba para que luego no tornasen a poner la vida, como dicen, en deshacerle. Este siervo de Dios que digo, fue quien dio los hábitos y puso el Santísimo Sacramento, y se vio en harta persecución. Duró esta batería casi medio año, que decir los grandes trabajos que se pasaron por menudo, sería largo.

19. Espantábame yo de lo que ponía el demonio contra unas mujercitas y cómo les parecía a todos era gran daño para el lugar solas doce mujeres y la priora, que no han de ser más -digo a los que lo contradecían-, y de vida tan estrecha; que ya que fuera daño o yerro, era para sí mismas; mas daño al lugar, no parece llevaba camino; y ellos hallaban tantos, que con buena conciencia lo contradecían. Ya vinieron a decir que, como tuviese renta, pasarían por ello y que fuese adelante. Yo estaba ya tan cansada de ver el trabajo de todos los que me ayudaban, más que del mío, que me parecía no sería malo hasta que se sosegasen tener renta, y dejarla después. Y otras veces, como ruin e imperfecta, me parecía que por ventura lo quería el

Señor, pues sin ella no podíamos salir con ello, y venía ya en este concierto.

20. Estando la noche antes que se había de tratar en oración, y ya se había comenzado el concierto, díjome el Señor que no hiciese tal, que si comenzásemos a tener renta, que no nos dejarían después que lo dejásemos, y otras algunas cosas. La misma noche me apareció el santo fray Pedro de Alcántara, que era ya muerto, y antes que muriese me escribió -como supo la gran contradicción y persecución que teníamos- que se holgaba fuese la fundación con contradicción tan grande, que era señal se había el Señor servir muy mucho en este monasterio, pues el demonio tanto ponía en que no se hiciese, y que en ninguna manera viniese en tener renta; y aun dos o tres veces me persuadió en la carta, y que, como esto hiciese, ello vendría a hacerse todo como yo quería. Ya yo le había visto otras dos veces después que murió, y la gran gloria que tenía, y así no me hizo temor, antes me holgué mucho; porque siempre aparecía como cuerpo glorificado, lleno de mucha gloria, y dábamela muy grandísima verle. Acuérdome que me dijo la primera vez que le vi, entre otras cosas, diciéndome lo mucho que gozaba, que dichosa penitencia había sido la que había hecho, que tanto premio había alcanzado.

21. Porque ya creo tengo dicho algo de esto, no digo aquí más de cómo esta vez me mostró rigor y sólo me dijo que en ninguna manera tomase renta y que por qué no quería tomar su consejo, y desapareció luego.

Yo quedé espantada, y luego otro día dije al caballero -que era a quien en todo acudía como el que más en ello hacía- lo que pasaba, y que no se concertase en ninguna manera tener renta, sino que fuese adelante el pleito. El estaba en esto mucho más fuerte que yo, y holgóse mucho; después me dijo cuán de mala gana hablaba en el concierto.

22. Después se tornó a levantar otra persona, y sierva de Dios harto, y con buen celo; ya que estaba en buenos términos, decía se pusiese en manos de letrados. Aquí tuve hartos desasosiegos, porque algunos de los que me ayudaban venían en esto, y fue esta maraña que hizo el demonio, de la más mala digestión de todas. En todo me ayudó el Señor, que así dicho en suma no se puede bien dar a entender lo que se pasó en dos

años que se estuvo comenzada esta casa, hasta que se acabó. Este medio postrero y lo primero fue lo más trabajoso.

23. Pues aplacada ya algo la ciudad, diose tan buena maña el Padre Presentado Dominico que nos ayudaba, aunque no estaba presente, mas habíale traído el Señor a un tiempo que nos hizo harto bien y pareció haberle Su Majestad para solo este fin traído, que me dijo él después que no había tenido para qué venir, sino que acaso lo había sabido. Estuvo lo que fue menester. Tornado a ir, procuró por algunas vías que nos diese licencia nuestro Padre Provincial para venir yo a esta casa con otras algunas conmigo, (que parecía casi imposible darla tan en breve), para hacer el oficio y enseñar a las que estaban. Fue grandísimo consuelo para mí el día que vinimos.

24. Estando haciendo oración en la iglesia antes que entrase en el monasterio, estando casi en arrobamiento, vi a Cristo que con grande amor me pareció me recibía y ponía una corona y agradeciéndome lo que había hecho por su Madre.

Otra vez, estando todas en el coro en oración después de Completas, vi a nuestra Señora con grandísima gloria, con manto blanco, y debajo de él parecía ampararnos a todas; entendí cuán alto grado de gloria daría el Señor a las de esta casa.

25. Comenzado a hacer el oficio, era mucha la devoción que el pueblo comenzó a tener con esta casa. Tomáronse más monjas, y comenzó el Señor a mover a los que más nos habían perseguido para que mucho nos favoreciesen e hiciesen limosna; y así aprobaban lo que tanto habían reprobado, y poco a poco se dejaran del pleito y decían que ya entendían ser obra de Dios, pues con tanta contracción Su Majestad había querido fuese adelante. Y no hay al presente nadie que le parezca fuera acertado dejarse de hacer, y así tienen tanta cuenta con proveernos de limosna, que sin haber demanda ni pedir a nadie, los despierta el Señor para que nos la envíen, y pasamos sin que nos falte lo necesario, y espero en el Señor será así siempre; que, como son pocas, si hacen lo que deben como Su Majestad ahora les da gracia para hacerlo, segura estoy que no les faltará ni habrán menester ser cansosas, ni importunar a nadie, que el Señor se tendrá cuidado como hasta aquí. [26] Que es para mí grandísimo consuelo de verme aquí metida con almas tan desasidas. Su trato es entender cómo irán adelante en el servicio de

Dios. La soledad es su consuelo, y pensar de ver a nadie que no sea para ayudarlas a encender más el amor de su Esposo, les es trabajo, aunque sean muy deudos; y así no viene nadie a esta casa, sino quien trata de esto, porque ni las contenta ni los contenta. No es su lenguaje otro sino hablar de Dios, y así no entienden ni las entiende sino quien habla el mismo.

Guardamos la Regla de nuestra Señora del Carmen, y cumplida ésta sin relajación, sino como la ordenó fray Hugo, Cardenal de Santa Sabina, que fue dada a 1248 años, en el año quinto del Pontificado del Papa Inocencio IV.

27. Me parece serán bien empleados todos los trabajos que se han pasado. Ahora, aunque tiene algún rigor, porque no se come jamás carne sin necesidad y ayuno de ocho meses y otras cosas, como se ve en la misma primera Regla, en muchas aun se les hace poco a las hermanas y guardan otras cosas que para cumplir ésta con más perfección nos han parecido necesarias. Y espero en el Señor ha de ir muy delante lo comenzado, como Su Majestad me lo ha dicho.

28. La otra casa que la beata que dije procuraba hacer, también la favoreció el Señor, y está hecha en Alcalá, y no le faltó harta contradicción ni dejó de pasar trabajos grandes. Sé que se guarda en ella toda religión, conforme a esta primera Regla nuestra. Plega al Señor sea todo para gloria y alabanza suya y de la gloriosa

Virgen María, cuyo hábitotraemos, amén.

29. Creo se enfadará vuestra merced de la larga relación que he dado de este monasterio, y va muy corta para los muchos trabajos y maravillas que el Señor en esto ha obrado, que hay de ello muchos testigos que lo podrán jurar, y así pido yo a vuestra merced por amor de Dios, que si le pareciere romper lo demás que aquí va escrito, lo que toca a este monasterio vuestra merced lo guarde y, muerta yo, lo dé a las hermanas que aquí estuvieren, que animará mucho para servir a Dios las que vinieren, y a procurar no caiga lo comenzado, sino que vaya siempre adelante, cuando vean lo mucho que puso Su Majestad en hacerla por medio de cosa tan ruin y baja como yo.

Y pues el Señor tan particularmente se ha querido mostrar en favorecer para que se hiciese, paréceme a mí que hará mucho mal y será muy castigada de Dios la que comenzare a relajar la perfección que aquí el Señor ha comenzado y favorecido para que se lleve con tanta suavidad, que se ve muy bien es tolerable y se puede llevar con descanso, y el gran aparejo que hay para vivir siempre en él las que a solas quisieren gozar de su esposo Cristo; que esto es siempre lo que han de pretender, y solas con El solo, y no ser más de trece; porque esto tengo por muchos pareceres sabido que conviene, y visto por experiencia, que para llevar el espíritu que se lleva y vivir de limosna y sin demanda, que no se sufre más. Y siempre crean más a quien con trabajos muchos y oración de muchas personas procuró lo que sería mejor; y en el gran contento y alegría y poco trabajo que en estos años que ha estamos en esta casa vemos tener todas, y con mucha más salud que solían, se verá ser esto lo que conviene. Y quien le pareciere áspero, eche la culpa a su falta de espíritu y no a lo que aquí se guarda, pues personas delicadas y no sanas, porque le tienen, con tanta suavidad lo pueden llevar, y váyanse a otro monasterio, adonde se salvarán conforme a su espíritu.

Capítulo 37

Trata de los efectos que le quedaban cuando el Señor le había hecho alguna merced. - Junta con esto harto buena doctrina. - Dice cómo se ha de procurar y tener en mucho ganar algún grado más de gloria, y que por ningún trabajo dejemos bienes que son perpetuos.

1. De mal se me hace decir más de las mercedes que me ha hecho el Señor de las dichas, y aun son demasiadas para que se crea haberlas hecho a persona tan ruin; mas por obedecer al Señor, que me lo ha mandado, y a vuestras mercedes, diré algunas cosas para gloria suya. Plega a Su Majestad sea para aprovechar algún alma ver que a una cosa tan miserable ha querido el Señor así favorecer -¿qué hará a quien le hubiere de verdad servido?- y se animen todos a contentar a Su Majestad, pues aun en esta vida da tales prendas.

2. Lo primero, hase de entender que en estas mercedes que hace Dios al alma hay más y menos gloria. Porque en algunas visiones excede tanto la gloria y gusto y consuelo al que da en otras, que yo me espanto de tanta diferencia de gozar, aun en esta vida. Porque acaece ser tanta la diferencia que hay de un gusto y regalo que da Dios en una visión o en un arrobamiento, que parece no es posible poder haber más acá que desear y así el alma no lo desea ni pediría más contento. Aunque después que el Señor me ha dado a entender la diferencia que hay en el cielo de lo que gozan unos a lo que gozan otros cuán grande es, bien veo que también acá no hay tasa en el dar cuando el Señor es servido, y así no querría yo la hubiese en servir yo a Su Majestad y emplear toda mi vida y fuerzas y salud en esto, y no querría por mi culpa perder un tantito de más gozar. Y digo

así que si me dijesen cuál quiero más, estar con todos los trabajos del mundo hasta el fin de él y después subir un poquito más en gloria, o sin ninguno irme a un poco de gloria más baja, que de muy buena gana tomaría todos los trabajos por un tantito de gozar más de entender las grandezas de Dios; pues veo que quien más le entiende más le ama y le alaba.

3. No digo que no me contentaría y tendría por muy venturosa de estar en el cielo, aunque fuese en el más bajo lugar, pues quien tal le tenía en el infierno, harta misericordia me haría en esto el Señor, y plega a Su Majestad vaya yo allá, y no mire a mis grandes pecados. Lo que digo es que, aunque fuese a muy gran costa mía, si pudiese y el Señor me diese gracia para trabajar mucho, no querría por mi culpa perder nada. ¡Miserable de mí, que con tantas culpas lo tenía perdido todo!.4. Hase de notar también que en cada merced que el Señor me hacía de visión o revelación quedaba mi alma con alguna gran ganancia, y con algunas visiones quedaba con muy muchas.

De ver a Cristo me quedó imprimida su grandísima hermosura, y la tengo hoy día, porque para esto bastaba sola una vez, ¡cuánto más tantas como el Señor me hace esta merced! Quedé con un provecho grandísimo y fue éste: tenía una grandísima falta de donde me vinieron grandes daños, y era ésta: que como comenzaba a entender que una persona me tenía voluntad y si me caía en gracia, me aficionaba tanto, que me ataba en gran manera la memoria a pensar en él, aunque no era con intención de ofender a Dios, mas holgábame de verle y de pensar en él y en las cosas buenas que le veía. Era cosa tan dañosa, que me traía el alma harto perdida. Después que vi la gran hermosura del Señor, no veía a nadie que en su comparación me pareciese bien ni me ocupase; que, con poner un poco los ojos de la consideración en la imagen que tengo en mi alma, he quedado con tanta libertad en esto, que después acá todo lo que veo me parece hace asco en comparación de las excelencias y gracias que en este Señor veía. Ni hay saber ni manera de regalo que yo estime en nada, en comparación del que es oír sola una palabra dicha de aquella divina boca, cuánto más tantas. Y tengo yo por imposible, si el Señor por mis pecados no permite se me quite esta memoria, podérmela nadie ocupar de suerte que, con un poquito de tornarme a acordar de este Señor, no quede libre.

5. Acaecióme con algún confesor (que siempre quiero mucho a los que gobiernan mi alma) como los tomo en lugar de Dios tan de verdad, paréceme que es siempre adonde mi voluntad más se emplea y, como yo andaba con seguridad, mostrábales gracia. Ellos, como temerosos y siervos de Dios, temíanse no me asiese en alguna manera y me atase a quererlos, aunque santamente, y mostrábanme desgracia. Esto era después que yo estaba tan sujeta a obedecerlos, que antes no los cobraba ese amor. Yo me reía entre mí de ver cuán engañados estaban, aunque no todas veces trataba tan claro lo poco que me ataba a nadie como lo tenía en mí. Mas asegurábalos y, tratándome más, conocían lo que debía al Señor; que estas sospechas que traían de mí, siempre era a los principios.

Comenzóme mucho mayor amor y confianza de este Señor en viéndole, como con quien tenía conversación tan continua. Veía que, aunque era Dios, que era hombre, que no se espanta de las flaquezas de los hombres, que entiende nuestra miserable compostura, sujeta a muchas caídas por el primer pecado que El había venido a reparar. Puedo tratar como con amigo, aunque es señor. Porque entiendo no es como los que acá tenemos por señores, que todo el señorío ponen en autoridades postizas: ha de haber horas de hablar y señaladas personas que los hablen; si es algún pobrecito que tiene algún negocio, ¡más rodeos y favores y trabajos le ha de costar tratarlo! ¡Oh que si es con el Rey!, aquí no hay tocar gente pobre y no caballerosa, sino preguntar quién son los más privados; y a buen seguro que no sean personas que tengan el mundo debajo de los pies, porque éstos hablan verdades, que no temen ni deben; no son para palacio, que allí no se deben usar, sino callar lo que mal les parece, que aun pensarlo no deben osar por no ser desfavorecidos.

6. ¡Oh Rey de gloria y Señor de todos los reyes! ¡Cómo no es vuestro reino armado de palillos, pues no tiene fin! ¡Cómo no son menester terceros para Vos! Con mirar vuestra persona, se ve luego que es sólo el que merecéis que os llamen Señor, según la majestad mostráis. No es menester gente de acompañamiento ni de guarda para que conozcan que sois Rey. Porque acá un rey solo mal se conocerá por sí. Aunque él más quiera ser conocido por rey, no le creerán, que no tiene más que los otros; es menester que se vea por qué lo creer, y así es razón

tenga estas autoridades postizas, porque si no las tuviese no le tendrían en nada. Porque no sale de sí el parecer poderoso. De otros le ha de venir la autoridad.

¡Oh Señor mío, oh Rey mío! ¡Quién supiera ahora representar la majestad que tenéis! Es imposible dejar de ver que sois gran Emperador en Vos mismo, que espanta mirar esta majestad; mas más espanta, Señor mío, mirar con ella vuestra humildad y el amor que mostráis a una como yo. En todo se puede tratar y hablar con Vos como quisiéramos, perdido el primer espanto y temor de ver vuestra majestad, con quedar mayor para no ofenderos; mas no por miedo del castigo, Señor mío, porque éste no se tiene en nada en comparación de no perderos a Vos.

7. Hela aquí los provechos de esta visión, sin otros grandes que deja en el alma. Si es de Dios, entiéndese por los efectos, cuando el alma tiene luz; porque, como muchas veces he dicho, quiere el Señor que esté en tinieblas y que no vea esta luz, y así no es mucho tema la que se ve tan ruin como yo. No ha más que ahora.que me ha acaecido estar ocho días que no parece había en mí ni podía tener conocimiento de lo que debo a Dios, ni acuerdo de las mercedes, sino tan embobada el alma y puesta no sé en qué, ni cómo, no en malos pensamientos, mas para los buenos estaba tan inhábil, que me reía de mí y gustaba de ver la bajeza de un alma cuando no anda Dios siempre obrando en ella. Bien ve que no está sin El en este estado, que no es como los grandes trabajos que he dicho tengo algunas veces; mas aunque pone leña y hace eso poco que puede de su parte, no hay arder el fuego de amor de Dios.

Harta misericordiasuya es que se ve el humo, para entender que no está del todo muerto. Torna el Señor a encender, que entonces un alma, aunque se quiebre la cabeza en soplar y en concertar los leños, parece que todo lo ahoga más. Creo es lo mejor rendirse del todo a que no puede nada por sí sola, y entender en otras cosas – como he dicho- meritorias; porque por ventura la quita el Señor la oración para que entienda en ellas y conozca por experiencia lo poco que puede por sí.

8. Es cierto que yo me he regalado hoy con el Señor y atrevido a quejarme de Su Majestad, y le he dicho: «¿cómo Dios mío, que no basta que me tenéis en esta miserable vida, y que por amor de Vos paso por ello, y quiero vivir adonde todo es

embarazos para no gozaros, sino que he de comer y dormir y negociar y tratar con todos, y todo lo paso por amor de Vos, pues bien sabéis, Señor mío, que me es tormento grandísimo, y que tan poquitos ratos como me quedan para gozar de Vos os me escondáis? ¿Cómo se compadece esto en vuestra misericordia? ¿Cómo lo puede sufrir el amor que me tenéis? Creo yo, Señor, que si fuera posible poderme esconder yo de Vos, como Vos de mí, que pienso y creo del amor que me tenéis que no lo sufrierais; mas estáisos Vos conmigo, y veisme siempre. ¡No se sufre esto, Señor mío! Suplícoos miréis que se hace agravio a quien tanto os ama».

9. Esto y otras cosas me ha acaecido decir, entendiendo primero cómo era piadoso el lugar que tenía en el infierno para lo que merecía. Mas algunas veces desatina tanto el amor, que no me siento, sino que en todo mi seso doy estas quejas, y todo me lo sufre el Señor. ¡Alabado sea tan buen Rey! ¡Llegáramos a los de la tierra con estos atrevimientos!. Aun ya al rey no me maravillo que no se ose hablar, que es razón se tema, y a los señores que representan ser cabezas;mas está ya el mundo de manera, que habían de ser más largas las vidas para deprender los puntos y novedades y maneras que hay de crianza, si han de gastar algo de ella en servir a Dios. Yo me santiguo de ver lo que pasa. El caso es que ya yo no sabía cómo vivir cuando aquí me metí; porque no se toma de burla cuando hay descuido en tratar con las gentes mucho más que merecen, sino que tan de veras lo toman por afrenta, que es menester hacer satisfacciones de vuestra intención, si hay –como digo- descuido; y aun plega a Dios lo crean.

10. Torno a decir que, cierto, yo no sabía cómo vivir, porque se ve una pobre de alma fatigada: ve que la mandan que ocupe siempre el pensamiento en Dios y que es necesario traerle en El para librarse de muchos peligros; por otro cabo ve que no cumple perder punto en puntos de mundo, so pena de no dejar de dar ocasión a que se tienten los que tienen su honra puesta en estos puntos.

Traíame fatigada, y nunca acababa de hacer satisfacciones, porque no podía -aunque lo estudiaba- dejar de hacer muchas faltas en esto, que, como digo, no se tiene en el mundo por pequeña. ¿Y es verdad que en las Religiones, que de razón habíamos en estos casos estar disculpados, hay disculpa? -No, que dicen que los monasterios ha de ser corte de crianza y de saberla. Yo cierto que no puedo entender esto. He pensado si dijo algún santo que había de ser corte para enseñar a los que quisiesen ser cortesanos del cielo, y lo han entendido al revés. Porque traer este cuidado quien es razón le traiga continuo en contentar a Dios y aborrecer el mundo, que le pueda traer tan grande en contentar a los que viven en él en estas cosas que tantas veces se mudan, no sé cómo. Aun si se pudiera deprender de una vez, pasara; mas aun para títulos de cartas es ya menester haya cátedra, adonde se lea cómo se ha de hacer -a manera de decir-, porque ya se deja papel de una parte, ya de otra, y a quien no se solía poner magnífico, se ha de poner ilustre.

11. Yo no sé en qué ha de parar, porque aún no he yo cincuenta años, y en lo que he vivido he visto tantas mudanzas, que no sé vivir; pues los que ahora nacen y vivieren muchos, ¿qué han de hacer? Por cierto, yo he lástima a gente espiritual que está obligada a estar en el mundo por algunos santos fines, que es terrible la cruz que en esto llevan. Si se pudiesen concertar todos y hacerse ignorantes y querer que los tengan por tales en estas ciencias, de mucho trabajo se quitarían.

12. Mas ¡en qué boberías me he metido! Por tratar en las grandezas de Dios, he venido a hablar de las bajezas del mundo. Pues el Señor me ha hecho merced en haberle dejado, quiero ya salir de él. Allá se avengan los que sustentan con tanto trabajo estas naderías. Plega a Dios que en la otra vida, que es sin mudanzas, no las paguemos. Amén

Capítulo 38

En que trata de algunas grandes mercedes que el Señor la hizo, así en mostrarle algunos secretos del cielo, como otras grandes visiones y revelaciones que Su Majestad tuvo por bien viese. – Dice los efectos con que la dejaban y el gran aprovechamiento que quedaba en su alma.

1. Estando una noche tan mala que quería excusarme de tener oración, tomé un rosario por ocuparme vocalmente, procurando no recoger el entendimiento, aunque en lo exterior estaba recogida en un oratorio.

Cuando el Señor quiere, poco aprovechan estas diligencias. Estuve así bien poco, y vínome un arrebatamiento de espíritu con tanto ímpetu que no hubo poder resistir. Parecíame estar metida en el cielo, y las primeras personas que allá vi fue a mi padre y madre, y tan grandes cosas -en tan breve espacio como se podía decir una avemaría- que yo quedé bien fuera de mí, pareciéndome muy demasiada merced. Esto de en tan breve tiempo, ya puede ser fuese más, sino que se hace muy poco. Temí no fuese alguna ilusión, puesto que no me lo parecía. No sabía qué hacer, porque había gran vergüenza de ir al confesor con esto; y no por humilde, a mi parecer, sino que me parecía había de burlar de mí y decir: que ¡qué San Pablo para ver cosas del cielo, o San Jerónimo! Y por haber tenido estos santos gloriosos cosas de éstas me hacía más temor a mí, y no hacía sino llorar mucho, porque no me parecía llevaba ningún camino. En fin, aunque más sentí, fui al confesor, porque callar cosa jamás osaba, aunque más sintiese en decirla, por el gran miedo que tenía de ser engañada. El, como me vio tan fatigada, que me consoló mucho y dijo hartas cosas buenas para quitarme de pena.

2. Andando más el tiempo, me ha acaecido y acaece esto algunas veces lbame el Señor mostrando más grandes secretos. Porque querer ver el alma más de lo que se representa, no hay ningún remedio, ni es posible, y así no veía más de lo que cada vez quería el Señor mostrarme. Era tanto, que lo menos bastaba para quedar espantada y muy aprovechada el alma para estimar y tener en poco todas las cosas de la vida.

Quisiera yo poder dar a entender algo de lo menos que entendía, y pensando cómo puede ser, hallo que es imposible; porque en sólo la diferencia que hay de esta luz que vemos a la que allá se representa, siendo todo luz, no hay comparación, porque la claridad del sol parece cosa muy desgustada. En fin, no alcanza la imaginación, por muy sutil que sea, a pintar ni trazar cómo será esta luz, ni ninguna cosa de las que el Señor me daba a entender con un deleite tan soberano que no se puede decir. Porque todos los sentidos gozan en tan alto grado y suavidad, que ello no se puede encarecer, y así es mejor no decir más.

3. Había una vez estado así más de una hora mostrándome el Señor cosas admirables, que no me parece se quitaba de cabe mí. Díjome: Mira, hija, qué pierden los que son contra Mí; no dejes de decírselo.

¡Ay, Señor mío, y qué poco aprovecha mi dicho a los que sus hechos los tienen ciegos, si Vuestra Majestad no les da luz! A algunas personas, que Vos la habéis dado, aprovechádose han de saber vuestras grandezas; mas venlas, Señor mío, mostradas a cosa tan ruin y miserable, que tengo yo en mucho que haya habido nadie que me crea. Bendito sea vuestro nombre y misericordia, que -al menos a mí- conocida mejoría he visto en mi alma.

Después quisiera ella estarse siempre allí y no tornar a vivir, porque fue grande el desprecio que me quedó de todo lo de acá: parecíame basura y veo yo cuán bajamente nos ocupamos los que nos detenemos en ello.

4. Cuando estaba con aquella señora que he dicho, me acaeció una vez, estando yo mala del corazón (porque, como he dicho, le he tenido recio, aunque ya no lo es), como era de mucha caridad, hízome sacar joyas de oro y piedras, que las tenía de

gran valor, en especial una de diamantes que apreciaban en mucho. Ella pensó que me alegraran. Yo estaba riéndome entre mí y habiendo lástima de ver lo que estiman los hombres, acordándome de lo que nos tiene guardado el Señor, y pensaba cuán imposible me sería, aunque yo conmigo misma lo quisiese procurar, tener en algo a aquellas cosas, si el Señor no me quitaba la memoria de otras.

Esto es un gran señorío para el alma, tan grande que no sé si lo entenderá sino quien lo posee; porque es el propio y natural desasimiento, porque es sin trabajo nuestro; todo lo hace Dios, que muestra Su Majestad estas verdades de manera, que quedan tan imprimidas que se ve claro no lo pudiéramos por nosotros de aquella manera en tan breve tiempo adquirir.

5. Quedóme también poco miedo a la muerte, a quien yo siempre temía mucho. Ahora paréceme facilísima cosa para quien sirve a Dios, porque en un momento se ve el alma libre de esta cárcel y puesta en descanso. Que este llevar Dios el espíritu y mostrarle cosas tan excelentes en estos arrebatamientos, paréceme a mí conforma mucho a cuando sale un alma del cuerpo, que en un instante se ve en todo este bien; dejemos los dolores de cuando se arranca, que hay poco caso que hacer de ellos; y a los que de veras amaren a Dios y hubieren dado de mano a las cosas de esta vida, más suavemente deben de morir.

6. También me parece me aprovechó mucho para conocer nuestra verdadera tierra y ver que somos acá peregrinos, y es gran cosa ver lo que hay allá y saber adónde hemos de vivir. Porque si uno ha de ir a vivir de asiento a una tierra, esle gran ayuda, para pasar el trabajo del camino, haber visto que es tierra adonde ha de estar muy a su descanso, y también para considerar las cosas celestiales y procurar que nuestra conversación sea allá; hácese con facilidad.

Esto es mucha ganancia, porque sólo mirar el cielo recoge el alma; porque, como ha querido el Señor mostrar algo de lo que hay allá, estáse pensando, y acáeceme algunas veces ser los que me acompañan y con los que me consuelo los que sé que allá viven, y parecerme aquéllos verdaderamente los vivos, y los que acá viven, tan muertos, que todo el mundo me parece no me hace compañía, en especial cuando tengo aquellos ímpetus.

7. Todo me parece sueño lo que veo, y que es burla, con los ojos del cuerpo. Lo que he ya visto con los del alma, es lo que ella desea, y como se ve lejos, éste es el morir. En fin, es grandísima la merced que el Señor hace a quien da semejantes visiones, porque la ayuda mucho, y también a llevar una pesada cruz, porque todo no la satisface, todo le da en rostro. Y si el Señor no permitiese a veces se olvidase, aunque se torna a acordar, no sé cómo se podría vivir. ¡Bendito sea y alabado por siempre jamás!

Plega a Su Majestad, por la sangre que su Hijo derramó por mí, que ya que ha querido entienda algo de tan grandes bienes y que comience en alguna manera a gozar de ellos, no me acaezca lo que a Lucifer, que por su culpa lo perdió todo. No lo permita por quien El es, que no tengo poco temor algunas veces; aunque por otra parte, y lo muy ordinario, la misericordia de Dios me pone seguridad, que, pues me ha sacado de tantos pecados, no querrá dejarme de su mano para que me pierda.

Esto suplico yo a vuestra merced siempre le suplique.

8. Pues no son tan grandes las mercedes dichas, a mi parecer, como ésta que ahora diré, por muchas causas y grandes bienes que de ella me quedaron y gran fortaleza en el alma; aunque, mirada cada cosa por sí, es tan grande, que no hay qué comparar. 9. Estaba un día, víspera del Espíritu Santo, después de misa. Fuime a una parte bien apartada, adonde yo rezaba muchas veces, y comencé a leer en un Cartujano esta fiesta. Y leyendo las señales que han de tener los que comienzan y aprovechan y los perfectos, para entender está con ellos el Espíritu Santo, leídos estos tres estados, parecióme, por la bondad de Dios, que no dejaba de estar conmigo, a lo que yo podía entender. Estándole alabando y acordándome de otra vez que lo había leído, que estaba bien falta de todo aquello, que lo veía yo muy bien, así como ahora entendía lo contrario de mí, y así conocí era merced grande la que el Señor me había hecho. Y así comencé a considerar el lugar que tenía en el infierno merecido por mis pecados, y daba muchos loores a Dios, porque no me parecía conocía mi alma según la veía trocada. Estando en esta consideración, diome un ímpetu grande, sin entender yo la ocasión. Parecía que el alma se me quería salir del cuerpo, porque no cabía en ella ni se hallaba capaz de esperar tanto bien. Era ímpetu tan excesivo, que no me podía valer y, a

mi parecer, diferente de otras veces, ni entendía qué había el alma, ni qué quería, que tan alterada estaba. Arriméme, que aun sentada no podía estar, porque la fuerza natural me faltaba toda.

10. Estando en esto, veo sobre mi cabeza una paloma, bien diferente de las de acá, porque no tenía estas plumas, sino las alas de unas conchicas que echaban de sí gran resplandor. Era grande.más que paloma. Paréceme que oía el ruido que hacía con las alas.

Estaría aleando espacio de un avemaría. Ya el alma estaba de tal suerte, que, perdiéndose a sí de sí, la perdió de vista. Sosegóse el espíritu con tan buen huésped, que, según mi parecer, la merced tan maravillosa le debía de desasosegar y espantar; y como comenzó a gozarla, quitósele el miedo y comenzó la quietud con el gozo, quedando en arrobamiento.

11. Fue grandísima la gloria de este arrobamiento. Quedé lo más de la Pascua tan embobada y tonta, que no sabía qué me hacer, ni cómo cabía en mí tan gran favor y merced. No oía ni veía, a manera de decir, con gran gozo interior. Desde aquel día entendí quedar con grandísimo aprovechamiento en más subido amor de Dios y las virtudes muy más fortalecidas. Sea bendito y alabado por siempre, amén.

12. Otra vez vi la misma paloma sobre la cabeza de un padre de la Orden de Santo Domingo, salvo que me pareció los rayos y resplandor de las mismas alas que se extendían mucho más. Dióseme a entender había de traer almas a Dios.

13. Otra vez vi estar a nuestra Señora poniendo una capa muy blanca al Presentado de esta misma Orden, de quien he tratado algunas veces. Díjome que por el servicio que la había hecho en ayudar a que se hiciese esta casa le daba aquel manto en señal que guardaría su alma en limpieza de ahí adelante y que no caería en pecado mortal. Yo tengo cierto que así fue; porque desde a pocos años murió, y su muerte y lo que vivió fue con tanta penitencia la vida, y la muerte con tanta santidad, que, a cuanto se puede entender, no hay que poner duda. Díjome un fraile que había estado a su muerte, que antes que expirase le dijo cómo estaba con él Santo Tomás. Murió con gran gozo y deseo de salir de estedestierro. Después me ha aparecido algunas veces con muy gran gloria y díchome algunas cosas. Tenía tanta oración que, cuando murió, que con la

gran flaqueza la quisiera excusar, no podía, porque tenía muchos arrobamientos. Escribióme poco antes que muriese, que qué medio tendría; porque, como acababa de decir misa, se quedaba con arrobamiento mucho rato, sin poderlo excusar. Diole Dios al fin el premio de lo mucho que había servido toda su vida.

14. Del rector de la Compañía de Jesús -que algunas veces he hecho de él mención- he visto algunas cosas de grandes mercedes que el Señor le hacía, que, por no alargar, no las pongo aquí. Acaecióle una vez un gran trabajo, en que fue muy perseguido, y se vio muy afligido. Estando yo un día oyendo misa, vi a Cristo en la cruz cuando alzaba la Hostia; díjome algunas palabras que le dijese de consuelo, y otras previniéndole de lo que estaba por venir y poniéndole delante lo que había padecido por él, y que se aparejase para sufrir. Diole esto mucho consuelo y ánimo, y todo ha pasado después como el Señor me lo dijo.

15. De los de la Orden de este Padre, que es la Compañía de Jesús, toda la Orden junta he visto grandes cosas: vilos en el cielo con banderas blancas en las manos algunas veces, y, como digo, otras cosas he visto de ellos de mucha admiración; y así tengo esta Orden en gran veneración, porque los he tratado mucho y veo conforma su vida con lo que el Señor me ha dado de ellos a entender.

16. Estando una noche en oración, comenzó el Señor a decirme algunas palabras trayéndome a la memoria por ellas cuán mala había sido mi vida, que me hacían harta confusión y pena; porque, aunque no van con rigor, hacen un sentimiento y pena que deshacen, y siéntese más aprovechamiento de conocernos con una palabra de éstas que en muchos días que nosotros consideremos nuestra miseria, porque trae consigo esculpida una verdad que no la podemos negar. Representóme las voluntades con tanta vanidad que había tenido, y díjome que tuviese en mucho querer que se pusiese en El voluntad que tan mal se había gastado como la mía, y admitirla El.

Otras veces me dijo que me acordase cuando parece tenía por honra el ir contra la suya. Otras, que me acordase lo que le debía; que, cuando yo le daba mayor golpe, estaba El haciéndome mercedes. Si tenía algunas faltas, que no son pocas, de manera me las da Su Majestad a entender, que toda parece me deshago, y como tengo muchas, es muchas veces. Acaecíame reprenderme el confesor, y quererme consolar en la oración y hallar allí la reprensión verdadera.

17. Pues tornando a lo que decía, como comenzó el Señor a traerme a la memoria mi ruin vida, a vuelta de mis lágrimas (como yo entonces no había hecho nada, a mi parecer), pensé si me quería hacer alguna merced. Porque es muy ordinario, cuando alguna particular merced recibo del Señor, haberme primero deshecho a mí misma, para que vea más claro cuán fuera de merecerlas yo son; pienso lo debe el Señor de hacer.

Desde a un poco, fue tan arrebatado mi espíritu, que casi me pareció estaba del todo fuera del cuerpo; al menos no se entiende que se vive en él. Vi a la Humanidad sacratísima con más excesiva gloria que jamás la había visto. Representóseme por una noticia admirable y clara estar metido en los pechos del Padre. Esto no sabré yo decir cómo es, porque sin ver me pareció me vi presente de aquella Divinidad. Quedé tan espantada y de tal manera, que me parece pasaron algunos días que no podía tornar en mí; y siempre me parecía traía presente aquella majestad del Hijo de Dios, aunque no era como la primera. Esto bien lo entendía yo, sino que queda tan esculpido en la imaginación, que no lo puede quitar de sí -por en breve que haya pasado- por algún tiempo, y es harto consuelo y aun aprovechamiento.

18. Esta misma visión he visto otras tres veces. Es, a mi parecer, la más subida visión que el Señor me ha hecho merced que vea, y trae consigo grandísimos provechos. Parece que purifica el alma en gran manera, y quita la fuerza casi del todo a esta nuestra sensualidad. Es una llama grande, que parece abrasa y aniquila todos los deseos de la vida; porque ya que yo, gloria a Dios, no los tenía en cosas vanas, declaróseme aquí bien cómo era todo vanidad, y cuán vanos, y cuán vanos son los señoríos de acá. Y es un enseñamiento grande para levantar los deseos en la pura verdad. Queda imprimido un acatamiento que no sabré yo decir cómo, mas es muy diferente de lo que acá podemos adquirir. Hace un espanto al alma grande de ver cómo osó, ni puede nadie osar, ofender una majestad tan grandísima.

19. Algunas veces habré dicho estos efectos de visiones y otras cosas, mas ya he dicho que hay más y menos aprovechamiento; de ésta queda grandísimo.

Cuando yo me llegaba a comulgar y me acordaba de aquella majestad grandísima que había visto, y miraba que era el que estaba en el Santísimo Sacramento (y muchas veces quiere el Señor que le vea en la Hostia), los cabellos se me espeluzaban, y toda parecía me aniquilaba. ¡Oh Señor mío! Mas si no encubrierais vuestra grandeza, ¿quién osara llegar tantas veces a juntar cosa tan sucia y miserable con tan gran majestad? ¡Bendito seáis, Señor!

Alaben os los ángeles y todas las criaturas, que así medís las cosas con nuestra flaqueza, para que, gozando de tan soberanas mercedes, no nos espante vuestro gran poder de manera que aun no las osemos gozar, como gente flaca y miserable.

20. Podríanos acaecer lo que a un labrador, y esto sé cierto que pasó así; hallóse un tesoro, y como era más que cabía en su ánimo, que era bajo, en viéndose con él le dio una tristeza, que poco a poco se vino a morir de puro afligido y cuidadoso de no saber qué hacer de él. Si no le hallara junto, sino que poco a poco se le fueran dando y sustentando con ello, viviera más contento que siendo pobre, y no le costara la vida.

21. ¡Oh riqueza de los pobres, y qué admirablemente sabéis sustentar las almas y, sin que vean tan grandes riquezas, poco a poco se las vais mostrando!

Cuando yo veo una majestad tan grande disimulada en cosa tan poca como es la Hostia, es así que después acá a mí me admira sabiduría tan grande, y no sé cómo me da el Señor ánimo ni esfuerzo para llegarme a El; si El, que me ha hecho tan grandes mercedes y hace, no me le diese, ni sería posible poderlo disimular, ni dejar de decir a voces tan grandes maravillas. ¿Pues qué sentirá una miserable como yo, cargada de abominaciones y que con tan poco temor de Dios ha gastado su vida, de verse llegar a este Señor de tan gran majestad cuando quiere que mi alma le vea? ¿Cómo ha de juntar boca, que tantas palabras ha hablado contra el mismo Señor, a aquel cuerpo gloriosísimo, lleno de limpieza y de piedad? Que duele mucho más y aflige al alma, por no le haber servido, el amor que muestra aquel rostro de tanta hermosura con una ternura y afabilidad, que temor pone la majestad que ve en El.

Mas ¿qué podría yo sentir dos veces que vi esto que diré?.

22. Cierto, Señor mío y gloria mía, que estoy por decir que, en alguna manera, en estas grandes aflicciones que siente mi

alma he hecho algo en vuestro servicio. ¡Ay... que no sé qué me digo..., que casi sin hablar yo, escribo ya esto!; porque me hallo turbada y algo fuera de mí, como he tornado a traer a mi memoria estas cosas.

Bien dijera, si viniera de mí este sentimiento, que había hecho algo por Vos, Señor mío. Mas, pues no puede haber buen pensamiento.si Vos no le dais, no hay qué me agradecer. Yo soy la deudora,

Señor, y Vos el ofendido.

23. Llegando una vez a comulgar, vi dos demonios con los ojos del alma, más claro que con los del cuerpo, con muy abominable figura. Paréceme que los cuernos rodeaban la garganta del pobre sacerdote, y vi a mi Señor con la majestad que tengo dicha puesto en aquellas manos, en la Forma que me iba a dar, que se veía claro ser ofendedoras suyas; y entendí estar aquel alma en pecado mortal.

¿Qué sería, Señor mío, ver vuestra hermosura entre figuras tan abominables? Estaban ellos como amedrentados y espantados delante de Vos, que de buena gana parece que huyeran si Vos los dejarais ir. Diome tan gran turbación, que no sé cómo pude comulgar, y quedé con gran temor, pareciéndome que, si fuera visión de Dios, que no permitiera Su Majestad viera yo el mal que estaba en aquel alma. Díjome el mismo Señor que rogase por él, y que lo había permitido para que entendiese yo la fuerza que tienen las palabras de la consagración, y cómo no deja Dios de estar allí por malo que sea el sacerdote que las dice, y para que viese su gran bondad, cómo se pone en aquellas manos de su enemigo, y todo para bien mío y de todos.

Entendí bien cuán más obligados están los sacerdotes a ser buenos que otros, y cuán recia cosa es tomar este Santísimo Sacramento indignamente, y cuán señor es el demonio del alma que está en pecado mortal. Harto gran provecho me hizo y harto conocimiento me puso de lo que debía a Dios. Sea bendito por siempre jamás.

24. Otra vez me acaeció así otra cosa que me espantó muy mucho. Estaba en una parte adonde se murió cierta persona que había vivido harto mal, según supe, y muchos años; mas había dos que tenía enfermedad y en algunas cosas parece estaba con enmienda. Murió sin confesión, mas, con todo esto, no me parecía a mí que se había de condenar. Estando

amortajando el cuerpo, vi muchos demonios tomar aquel cuerpo, y parecía que jugaban con él, y hacían también justicias en él, que a mí me puso gran pavor, que con garfios grandes le traían de uno en otro. Como le vi llevar a enterrar con la honra y ceremonias que a todos, yo estaba pensando la bondad de Dios cómo no quería fuese infamada aquel alma, sino que fuese encubierto ser su enemiga.

25. Estaba yo medio boba de lo que había visto. En todo el Oficio no vi más demonio. Después, cuando echaron el cuerpo en la sepultura, era tanta la multitud que estaban dentro para tomarle, que yo estaba fuera de mí de verlo, y no era menester poco ánimo para disimularlo. Consideraba qué harían de aquel alma cuando así se enseñoreaban del triste cuerpo. Pluguiera al Señor que esto que yo vi -¡cosa tan espantosa!- vieran todos los que están en mal estado, que me parece fuera gran cosa para hacerlos vivir bien.

Todo esto me hace más conocer lo que debo a Dios y de lo que me ha librado. Anduve harto temerosa hast` que lo traté con mi confesor, pensando si era ilusión del demonio para infamar aquel alma, aunque no estaba tenida por de mucha cristiandad. Verdad es que, aunque no fuese ilusión, siempre me hace temor que se me acuerda.

26. Ya que he comenzado a decir de visiones de difuntos, quiero decir algunas cosas que el Señor ha sido servido en este caso que vea de algunas almas. Diré pocas, por abreviar y por no ser necesario, digo, para ningún aprovechamiento.

Dijéronme era muerto un nuestro Provincial que había sido, (y cuando murió, lo era de otra Provincia), a quien yo había tratado y debido algunas buenas obras. Era persona de muchas virtudes. Como lo supe que era muerto, diome mucha turbación, porque temí su salvación, que había sido veinte años prelado, cosa que yo temo mucho, cierto, por parecerme cosa de mucho peligro tener cargo de almas, y con mucha fatiga me fui a un oratorio. Dile todo el bien que había hecho en mi vida, que sería bien poco, y así lo dije al Señor que supliesen los méritos suyos lo que había menester aquel alma para salir de purgatorio.

27. Estando pidiendo esto al Señor lo mejor que yo podía, parecióme salía del profundo de la tierra a mi lado derecho, y vile subir al cielo con grandísima alegría. El era ya bien viejo, mas

vile de edad de treinta años, y aun menos me pareció, y con resplandor en el rostro. Pasó muy en breve esta visión; mas en tanto extremo quedé consolada, que nunca me pudo dar más pena su muerte, aunque veía fatigadas personas hartas por él, que era muy bienquisto. Era tanto el consuelo que tenía mi alma, que ninguna cosa se me daba, ni podía dudar en que era buena visión, digo que no era ilusión..Había no más de quince días que era muerto. Con todo, no descuidé de procurar le encomendasen a Dios y hacerlo yo, salvo que no podía con aquella voluntad que si no hubiera visto esto; porque, cuando así el Señor me lo muestra y después las quiero encomendar a Su Majestad, paréceme, sin poder más, que es como dar limosna al rico. Después supe -porque murió bien lejos de aquí-la muerte que el Señor le dio, que fue de tan gran edificación, que a todos dejó espantados del conocimiento y lágrimas y humildad con que murió.

28. Habíase muerto una monja en casa, había poco más de día y medio, harto sierva de Dios. Estando diciendo una lección de difuntos una monja, que se decía por ella en el coro, yo estaba en pie para ayudarla a decir el verso; a la mitad de la lección la vi, que me pareció salía el alma de la parte que la pasada y que se iba al cielo. Esta no fue visión imaginaria como la pasada, sino como otras que he dicho; mas no se duda más que las que se ven.

29. Otra monja se murió en mi misma casa: de hasta dieciocho o veinte años, siempre había sido enferma y muy sierva de Dios, amiga del coro y harto virtuosa. Yo, cierto, pensé no entrara en purgatorio, porque eran muchas las enfermedades que había pasado, sino que le sobraran méritos. Estando en las Horas antes que la enterrasen, habría cuatro horas que era muerta, entendí salir del mismo lugar e irse al cielo.

30. Estando en un colegio de la Compañía de Jesús, con los grandes trabajos que he dicho tenía algunas veces y tengo de alma y de cuerpo, estaba de suerte que aun un buen pensamiento, a mi parecer, no podía admitir. Habíase muerto aquella noche un hermano de aquella casa de la Compañía, y estando como podía encomendándole a Dios y oyendo misa de otro padre de la Compañía por él, diome un gran recogimiento y vile subir al cielo con mucha gloria y al Señor con él. Por particular favor entendí era ir Su Majestad con él.

31. Otro fraile de nuestra Orden, harto buen buen fraile, estaba muy malo y, estando yo en misa, me dio un recogimiento y vi cómo era muerto y subir al cielo sin entrar en purgatorio. Murió a aquella hora que yo lo vi, según supe después. Yo me espanté de que no había entrado en purgatorio. Entendí que por haber sido fraile que había guardado bien su profesión, le habían aprovechado las Bulas de la Orden para no entrar en purgatorio. No entiendo por qué entendí esto. Paréceme debe ser porque no está el ser fraile en el hábito –digo en traerle– para gozar del estado de más perfección que es ser fraile.

32. No quiero decir más de estas cosas; porque, como he dicho, no hay para qué, aunque son hartas las que el Señor me ha hecho merced que vea. Mas no he entendido, de todas las que he visto, dejar ningún alma de entrar en purgatorio, si no es la de este Padre y el santo fray Pedro de Alcántara y el padre dominico que queda dicho. De algunos ha sido el Señor servido vea los grados que tienen de gloria, representándoseme en los lugares que se ponen.

Es grande la diferencia que hay de unos a otros.

Capítulo 39

Prosigue en la misma materia de decir las grandes mercedes que le ha hecho el Señor. - Trata de cómo le prometió de hacer por las personas que ella le pidiese. - Dice algunas cosas señaladas en que le ha hecho Su Majestad este favor.

1. Estando yo una vez importunando al Señor mucho porque diese vista a una persona que yo tenía obligación, que la había del todo casi perdido, yo teníale gran lástima y temía por mis pecados no me había el Señor de oír. Aparecióme como otras veces y comenzóme a mostrar la llaga de la mano izquierda, y con la otra sacaba un clavo grande que en ella tenía metido. Parecíame que a vuelta del clavo sacaba la carne. Veíase bien el gran dolor, que me lastimaba mucho, y díjome que quien aquello había pasado por mí, que no dudase sino que mejor haría lo que le pidiese; que El me prometía que ninguna cosa le pidiese que no la hiciese, que ya sabía El que yo no pediría sino conforme a su gloria, y que así haría esto que ahora pedía; que aun cuando no le servía, mirase yo que no le había pedido cosa que no la hiciese mejor que yo lo sabía pedir, que cuán mejor lo haría ahora que sabía le amaba, que no dudase de esto.

No creo pasaron ocho días, que el Señor no tornó la vista a aquella persona. Esto supo mi confesor luego. Ya puede ser no fuese por mi oración; mas yo como había visto esta visión, quedóme una certidumbre que, por merced hecha a mí, di a Su Majestad las gracias.

2. Otra vez estaba una persona muy enfermo de una enfermedad muy penosa, que por ser no sé de qué hechura, no la señalo aquí. Era cosa incomportable lo que había dos meses que pasaba y estaba en un tormento que se despedazaba. Fuele a

ver mi confesor, que era el Rector que he dicho, y húbole gran lástima, y díjome que en todo caso le fuese a ver, que era persona que yo lo podía hacer, por ser mi deudo. Yo fui y movíome a tener de él tanta piedad,que comencé muy importunamente a pedir su salud al Señor. En esto vi claro, a todo mi parecer, la merced que me hizo; porque luego otro día estaba del todo bueno de aquel dolor.

3. Estaba una vez con grandísima pena, porque sabía que una persona, a quien yo tenía mucha obligación, quería hacer una cosa harto contra Dios y su honra, y estaba ya muy determinado a ello. Era tanta mi fatiga, que no sabía qué hacer. Remedio para que lo dejase, ya parecía que no le había. Supliqué a Dios muy de corazón que le pusiese; mas hasta verlo, no podía aliviarse mi pena. Fuime, estando así, a una ermita bien apartada, que las hay en este monasterio, y estando en una, adonde está Cristo a la Columna, suplicándole me hiciese esta merced, oí que me hablaba una voz muy suave, como metida en un silbo. Yo me espelucé toda, que me hizo temor, y quisiera entender lo que me decía, mas no pude, que pasó muy en breve. Pasado mi temor, que fue presto, quedé con un sosiego y gozo y deleite interior, que yo me espanté que sólo oír una voz (que esto oílo con los oídos corporales y sin entender palabra) hiciese tanta operación en el alma. En esto vi que se había de hacer lo que pedía, y así fue que se me quitó del todo la pena en cosa que aún no era, como si lo viera hecho, como fue después.

Díjelo a mis confesores, que tenía entonces dos, harto letrados y siervos de Dios.

4. Sabía que una persona que se había determinado a servir muy de veras a Dios y tenido algunos días oración y en ella le hacía Su Majestad muchas mercedes, y que por ciertas ocasiones que había tenido la había dejado, y aún no se apartaba de ellas, y eran bien peligrosas. A mi me dio grandísima pena por ser persona a quien quería mucho y debía. Creo fue más de un mes que no hacía sino suplicar a Dios tornase esta alma a Sí..Estando un día en oración, vi un demonio cabe mí que hizo unos papeles que tenía en la mano pedazos con mucho enojo. A mí me dio gran consuelo, que me pareció se había hecho lo que pedía; y así fue, que después lo supe que había hecho una confesión con gran contrición, y tornóse tan de veras a Dios, que

espero en Su Majestad ha de ir siempre muy adelante. Sea bendito por todo, amén.

5. En esto de sacar nuestro Señor almas de pecados graves por suplicárselo yo, y otras traídolas a más perfección, es muchas veces. Y de sacar almas de purgatorio y otras cosas señaladas, son tantas las mercedes que en esto el Señor me ha hecho, que sería cansarme y cansar a quien lo leyese si las hubiese de decir, y mucho más en salud de almas que de cuerpos. Esto ha sido cosa muy conocida y que de ello hay hartos testigos. Luego luego dábame mucho escrúpulo, porque yo no podía dejar de creer que el Señor lo hacía por mi oración. Dejemos ser lo principal, por sola su bondad. Mas son ya tantas las cosas y tan vistas de otras personas, que no me da pena creerlo, y alabo a Su Majestad y háceme confusión, porque veo soy más deudora, y háceme -a mi parecer-crecer el deseo de servirle, y avívase el amor. Y lo que más me espanta es que las que el Señor ve no convienen, no puedo, aunque quiero, suplicárselo, sino con tan poca fuerza y espíritu y cuidado, que, aunque más yo quiero forzarme, es imposible, como otras cosas que Su Majestad ha de hacer, que veo yo que puedo pedirlo muchas veces y con gran importunidad. Aunque yo no traiga este cuidado, parece que se me representa delante.

6. Es grande la diferencia de estas dos maneras de pedir, que no sé cómo lo declarar; porque aunque lo uno pido (que no dejo de esforzarme a suplicarlo al Señor, aunque no sienta en mí aquel hervor que en otras, aunque mucho me toquen), es como quien tiene trabada la lengua, que aunque quiera hablar no puede, y si habla, es de suerte que ve que no le entienden; o como quien habla claro y despierto a quien ve que de buena gana le está oyendo. Lo uno se pide, digamos ahora, como oración vocal, y lo otro en contemplación tan subida, que se representa el Señor de manera que se entiende que nos entiende y que se huelga Su Majestad de que se lo pidamos y de hacernos merced.

Sea bendito por siempre, que tanto da y tan poco le doy yo. Porque ¿qué hace, Señor mío, quien no se deshace toda por Vos? ¡Y qué de ello, qué de ello, qué de ello -y otras mil veces lo puedo decir- me falta para esto! Por eso no había de querer vivir (aunque hay otras causas), porque no vivo conforme a lo que os debo. ¡Con qué de imperfecciones me veo! ¡Con qué flojedad en serviros! Es cierto que algunas veces me parece querría estar sin sentido, por no entender tanto mal de mí. El, que puede, lo remedie.

7. Estando en casa de aquella señora que he dicho, adonde había menester estar con cuidado y considerar siempre la vanidad que consigo traen todas las cosas de la vida, porque estaba muy estimada y era muy loada y ofrecíanse hartas cosas a que me pudiera bien apegar, si mirara a mí; mas miraba el que tiene verdadera vista a no me dejar de su mano.

8. Ahora que digo de «verdadera vista», me acuerdo de los grandes trabajos que se pasan en tratar (personas a quien Dios ha llegado a conocer lo que es verdad) en estas cosas de la tierra, adonde tanto se encubre, como una vez el Señor me dijo. Que muchas cosas de las que aquí escribo, no son de mi cabeza, sino que me las decía este mi Maestro celestial. Y porque en las cosas que yo señaladamente digo «esto entendí», o «me dijo el Señor», se me hace escrúpulo grande poner o quitar una sola sílaba que sea; así, cuando puntualmente no se me acuerda bien todo, va dicho como de mío; porque algunas cosas también lo serán; no llamo mío lo que es bueno, que ya sé no hay cosa en mí, sino lo que tan sin merecerlo me ha dado el Señor; sino llamo «dicho de mí», no ser dado a entender en revelación.

9. Mas ¡ay Dios mío, y cómo aun en las espirituales queremos muchas veces entender las cosas por nuestro parecer, y muy torcidas de la verdad también, como en las del mundo, y nos parece que hemos de tasar nuestro aprovechamiento por los años que tenemos algún ejercicio de oración, y aun parece queremos poner tasa a quien sin ninguna da sus dones cuando quiere, y puede dar en medio año más a uno que a otro en muchos! Y es cosa ésta que la tengo tan vista por muchas personas, que yo me espanto cómo nos podemos detener en esto.

10. Bien creo no estará en este engaño quien tuviere talento de conocer espíritus y le hubiere el Señor dado humildad verdadera; que éste juzga por los efectos y determinaciones y amor, y dale el Señor luz para que lo conozca. Y en esto mira el adelantamiento y aprovechamiento de las almas, que no en los años; que en medio puede uno haber alcanzado más que otro en veinte. Porque, como digo, dalo el Señor a quien quiere y aun a quien mejor se dispone.

Porque veo yo venir ahora a esta casa unas doncellas que son de poca edad, y en tocándolas Dios y dándoles un poco de luz y amor-digo en un poco de tiempo que les hizo algún regalo-, no le aguardaron, ni se les puso cosa delante, sin acordarse del comer, pues se encierran para siempre en casa sin renta, como quien no estima la vida por el que sabe que las ama. Déjanlo todo, ni quieren voluntad, ni se les pone delante que pueden tener descontento en tanto encerramiento y estrechura: todas juntas se ofrecen en sacrificio por Dios.

11. ¡Cuán de buena gana les doy yo aquí la ventaja y había de andar avergonzada delante de Dios! Porque lo que Su Majestad no acabó conmigo en tanta multitud de años como ha que comencé a tener oración y me comenzó a hacer mercedes, acaba con ellas en tres meses -y aun con alguna en tres días-, con hacerlas muchas menos que a mí, aunque bien las paga Su Majestad. A buen seguro que no están descontentas por lo que por El han hecho.

12. Para esto querría yo se nos acordase de los muchos años a los que los tenemos de profesión y las personas que los tienen de oración, y no para fatigar a los que en poco tiempo van más adelante, con hacerlos tornar atrás para que anden a nuestro paso; y a los que vuelan como águilas con las mercedes que les hace Dios, quererlos hacer andar como pollo trabado; sino que pongamos los ojos en Su Majestad y, si los viéremos con humildad, darles la rienda; que el Señor que los hace tantas mercedes no los dejará despeñar. Fíanse ellos mismos de Dios, que esto les aprovecha la verdad que conocen de la fe, ¿y no los fiaremos nosotros, sino que queremos medirlos por nuestra medida conforme a nuestros bajos ánimos? No así, sino que, si no alcanzamos sus grandes efectos y determinaciones, porque sin experiencia se pueden mal entender, humillémonos y no los condenemos; que, con parecer que miramos su provecho, nos le quitamos a nosotros y perdemos esta ocasión que el Señor pone para humillarnos y para que entendamos lo que nos falta, y cuán más desasidas y llegadas a Dios deben estar estas almas que las nuestras, pues tanto Su Majestad se llega a ellas.

13. No entiendo otra cosa ni la querría entender, sino que oración de poco tiempo que hace efectos muy grandes, que luego se entienden (que es imposible que los haya, para dejarlo

todo sólo por contentar a Dios, sin gran fuerza de amor), yo la querría más.que la de muchos años, que nunca acabó de determinarse más al postrero que al primero a hacer cosa que sea nada por Dios, salvo si unas cositas menudas como sal, que no tienen peso ni tomo –que parece un pájaro se las llevara en el pico–, no tenemos por gran efecto y mortificación; que de algunas cosas hacemos caso, que hacemos por el Señor, que es lástima las entendamos, aunque se hiciesen muchas.

Yo soy ésta, y olvidaré las mercedes a cada paso. No digo yo que no las tendrá Su Majestad en mucho, según es bueno; mas querría yo no hacer caso de ellas, ni ver que las hago, pues no son nada. Mas perdonadme, Señor mío, y no me culpéis, que con algo me tengo de consolar, pues no os sirvo en nada, que si en cosas grandes os sirviera, no hiciera caso de las nonadas.

¡Bienaventuradas las personas que os sirven con obras grandes! Si con haberlas yo envidia y desearlo se me toma en cuenta, no quedaría muy atrás en contentaros; mas no valgo nada, Señor mío. Ponedme Vos el valor, pues tanto me amáis.

14. Acaecióme un día de estos que con traer un Breve de Roma para no poder tener renta este monasterio, se acabó del todo, que paréceme ha costado algún trabajo. Estando consolada de verlo así concluido y pensando los que había tenido y alabando al Señor que en algo se había querido servir de mí, comencé a pensar las cosas que había pasado. Y es así que en cada una de las que parecía eran algo, que yo había hecho, hallaba tantas faltas e imperfecciones, y a veces poco ánimo, y muchas poca fe; porque hasta ahora, que todo lo veo cumplido cuanto el Señor me dijo de esta casa se había de hacer, nunca determinadamente lo acababa de creer, ni tampoco lo podía dudar. No sé cómo era esto. Es que muchas veces, por una parte me parecía imposible, por otra no lo podía dudar, digo creer que no se había de hacer. En fin, hallé lo bueno haberlo el Señor hecho todo de su parte, y lo malo yo; y así dejé de pensar en ello, y no querría se me acordase por no tropezar con tantas faltas mías. Bendito sea El, que de todas saca bien, cuando es servido, amén.

15. Pues digo que es peligroso ir tasando los años que se han tenido de oración, que aunque haya humildad, parece puede quedar un no sé qué de parecer se merece algo por lo servido. No digo yo que no lo merecen y les será bien pagado; mas

cualquier espiritual que le parezca que por muchos años que haya tenido oración merece estos regalos de espíritu, tengo yo por cierto que no.subirá a la cumbre de él. ¿No es harto que haya merecido le tenga Dios de su mano para no le hacer las ofensas que antes que tuviese oración le hacía, sino que le ponga pleito por sus dineros, como dicen? No me parece profunda humildad. Ya puede ser lo sea; mas yo por atrevimiento lo tengo; pues yo, con tener poca humildad, no me parece jamás he osado. Ya puede ser que, como nunca he servido, no he pedido; por ventura si lo hubiera hecho, quisiera más que todos me lo pagara el Señor.

16. No digo yo que no va creciendo un alma y que no se lo dará Dios, si la oración ha sido humilde; mas que se olviden estos años, que es todo asco cuanto podemos hacer, en comparación de una gota de sangre de las que el Señor por nosotros derramó. Y si con servir más quedamos más deudores, ¿qué es esto que pedimos, pues si pagamos un maravedí de la deuda, nos tornan a dar mil ducados? Que, por amor de Dios, dejemos estos juicios, que son suyos. Estas comparaciones siempre son malas, aun en cosas de acá; pues ¿qué será en lo que sólo Dios sabe? Y lo mostró bien Su Majestad cuando pagó tanto a los postreros como a los primeros.

17. Es en tantas veces las que he escrito estas tres hojas y en tantos días - porque he tenido y tengo, como he dicho, poco lugar-, que se me había olvidado lo que comencé a decir, que era esta visión: Vime estando en oración en un gran campo a solas. En rededor de mí mucha gente de diferentes maneras que me tenían rodeada.

Todas me parece tenían armas en las manos para ofenderme: unas, lanzas; otras, espadas; otras, dagas y otras, estoques muy largos. En fin, yo no podía salir por ninguna parte sin que me pusiese a peligro de muerte, y sola, sin persona que hallase de mi parte. Estando mi espíritu en esta aflicción, que no sabía qué me hacer, alcé los ojos al cielo, y vi a Cristo, no en el cielo, sino bien alto de mí en el aire, que tendía la mano hacia mí, y desde allí me favorecía de manera que yo no temía toda la otra gente, ni ellos, aunque querían, me podían hacer daño.

18. Parece sin fruto esta visión, y hame hecho grandísimo provecho, porque se me dio a entender lo que significaba. Y poco después me vi casi en aquella batería y conocí ser aquella

visión un retrato del mundo, que cuanto hay en él parece tiene armas para ofender a la triste alma. Dejemos los que no sirven mucho al Señor, y honras y haciendas y deleites y otras cosas semejantes, que está claro que, cuando no se cata, se ve enredada, al menos procuran todas estas cosas enredar; mas amigos, parientes y, lo que más me espanta, personas muy buenas, de todo me vi después tan apretada, pensando ellos que hacían bien, que yo no sabía cómo me defender ni qué hacer.

19. ¡Oh, válgame Dios! si dijese de las maneras y diferencias de trabajos que en este tiempo tuve, aun después de lo que atrás queda dicho, ¡cómo sería harto aviso para del todo aborrecerlo todo!

Fue la mayor persecución -me parece- de las que he pasado. Digo que me vi a veces de todas partes tan apretada, que sólo hallaba remedio en alzar los ojos al cielo y llamar a Dios. Acordábame bien de lo que había visto en esta visión. E hízome harto gran provecho para no confiar mucho de nadie, porque no le hay que sea estable sino Dios. Siempre en estos trabajos grandes me enviaba el Señor, como me lo mostró, una persona de su parte que me diese la mano, como me lo había mostrado en esta visión, sin ir asida a nada más de a contentar al Señor; que ha sido para sustentar esa poquita de virtud que yo tenía en desearos servir. ¡Seáis bendito por siempre!

20. Estando una vez muy inquieta y alborotada, sin poder recogerme, y en batalla y contienda, yéndoseme el pensamiento a cosas que no eran perfectas -aún no me parece estaba con el desasimiento que suelo-, como me vi así tan ruin, tenía miedo si las mercedes que el Señor me había hecho eran ilusiones. Estaba, en fin, con una oscuridad grande de alma. Estando con esta pena, comenzóme a hablar el Señor y díjome que no me fatigase, que en verme así entendería la miseria que era, si El se apartaba de mí, y que no había seguridad mientras vivíamos en esta carne. Dióseme a entender cuán bien empleada es esta guerra y contienda por tal premio, y parecióme tenía lástima el Señor de los que vivimos en el mundo. Mas que no pensase yo me tenía olvidada, que jamás me dejaría, mas que era menester hiciese yo lo que es en mí. Esto me dijo el Señor con una piedad y regalo, y con otras palabras en que me hizo harta merced, que no hay para qué decirlas.

21. Estas me dice Su Majestad muchas veces, mostrándome gran amor: Ya eres mía y Yo soy tuyo.

Las que yo siempre tengo costumbre de decir, y a mi parecer las digo con verdad, son: ¿Qué se me da, Señor, a mí de mí, sino de Vos? Son para mí estas palabras y regalos tan grandísima confusión, cuando me acuerdo la que soy, que como he dicho creo otras veces y ahora lo digo algunas a mi confesor, más ánimo me parece es menester para recibir estas mercedes, que para pasar grandísimos trabajos. Cuando pasa, estoy casi olvidada de mis obras, sino un representárseme que soy ruin, sin discurso de entendimiento, que también me parece a veces sobrenatural.

22. Viénenme algunas veces unas ansias de comulgar tan grandes, que no sé si se podría encarecer. Acaecióme una mañana que llovía tanto, que no parece hacía para salir de casa. Estando yo fuera de ella, yo estaba ya tan fuera de mí con aquel deseo, que aunque me pusieran lanzas a los pechos, me parece entrara por ellas, cuánto más agua. Como llegué a la iglesia, diome un arrobamiento grande: parecióme vi abrir los cielos, no una entrada como otras veces he visto. Representóseme el trono que dije a vuestra merced he visto otras veces, y otro encima de él, adonde por una noticia que no sé decir, aunque no lo vi, entendí estar la Divinidad. Parecíame sostenerle unos animales; a mí me parece he oído una figura de estos animales; pensé si eran los evangelistas. Mas cómo estaba el trono, ni qué estaba en él, no lo vi, sino muy gran multitud de ángeles. Pareciéronme sin comparación con muy mayor hermosura que los que en el cielo he visto. He pensado si son serafines o querubines, porque son muy diferentes en la gloria, que parecía tener inflamamiento: es grande la diferencia, como he dicho. Y la gloria que entonces en mí sentí no se puede escribir ni aun decir, ni la podrá pensar quien no hubiere pasado por esto.

Entendí estar allí todo junto lo que se puede desear, y no vi nada. Dijéronme, y no sé quién, que lo que allí podía hacer era entender que no podía entender nada, y mirar lo nonada que era todo en comparación de aquello. Es así que se afrentaba después mi alma de ver que pueda parar en ninguna cosa criada, cuánto más aficionarse a ella, porque todo me parecía un hormiguero.

23. Comulgué y estuve en la misa, que no sé cómo pude estar. Parecióme había sido muy breve espacio. Espantéme cuando dio el reloj y vi que eran dos horas las que había estado en aquel arrobamiento y gloria. Espantábame después, cómo en llegando a este fuego, que parece viene de arriba, de verdadero amor de Dios (porque aunque más lo quiera y procure y me deshaga por ello, si no es cuando Su Majestad quiere, como he dicho otras veces, no soy parte para tener una centella de él), parece que consume el hombre viejo de faltas y tibieza y miseria; y a manera de como hace el ave fénix -según he leído- y de la misma ceniza, después que se quema, sale otra, así queda hecha otra el alma después con diferentes deseos y fortaleza grande. No parece es la que antes, sino que comienza con nueva puridad el camino del Señor.

Suplicando yo a Su Majestad fuese así, y que de nuevo comenzase a servirle, me dijo: Buena comparación has hecho; mira no se te olvide para procurar mejorarte siempre.

24. Estando una vez con la misma duda que poco ha dije, si eran estas visiones de Dios, me apareció el Señor y me dijo con rigor: ¡Oh hijos de los hombres! ¿Hasta cuándo seréis duros de corazón? Que una cosa examinase bien en mí: si del todo estaba dada por suya, o no; que si lo estaba y lo era, que creyese no me dejaría perder.

Yo me fatigué mucho de aquella exclamación. Con gran ternura y regalo me tornó a decir que no me fatigase, que ya sabía que por mí no faltaría de ponerme a todo lo que fuese su servicio; que se haría todo lo que yo quería (y así se hizo lo que entonces le suplicaba); que mirase el amor que se iba aumentando en mí cada día para amarle, que en esto vería no ser demonio; que no pensase que consentía Dios tuviese tanta parte el demonio en las almas de sus siervos y que te pudiese dar la claridad de entendimiento y quietud que tienes. Diome a entender que habiéndome dicho tantas personas, y tales, que era Dios, que haría mal en no creerlo.

25. Estando una vez rezando el salmo de Quicumque vult, se me dio a entender la manera cómo era un solo Dios y tres Personas tan claro, que yo me espanté y consolé mucho. Hízome grandísimo provecho para conocer más la grandeza de Dios y sus maravillas, y para cuando pienso o se trata de la Santísima

Trinidad, parece entiendo cómo puede ser, y esme mucho contento.

26. Un día de la Asunción de la Reina de los Angeles y Señora nuestra, me quiso el Señor hacer esta merced, que en un arrobamiento se me representó su subida al cielo, y la alegría y solemnidad con que fue recibida y el lugar adonde está. Decir cómo fue esto, yo no sabría. Fue grandísima la gloria que mi espíritu tuvo de ver tanta gloria. Quedé con grandes efectos, y aprovechóme para desear más pasar grandes trabajos, y quedóme gran deseo de servir a esta Señora, pues tanto mereció.

27. Estando en un Colegio de la Compañía de Jesús, y estando comulgando los hermanos de aquella casa, vi un palio muy rico sobre sus cabezas. Esto vi dos veces. Cuando otras personas comulgaban, no lo veía.

Capítulo 40

Prosigue en la misma materia de decir las grandes mercedes que el Señor la ha hecho. - De algunas se puede tomar harto buena doctrina, que éste ha sido, según ha dicho, su principal intento, después de obedecer: poner las que son para provecho de las almas. - Con este capítulo se acaba el discurso de su vida que escribió. - Sea para gloria del Seño

1. Estando una vez en oración, era tanto el deleite que en mí sentía, que, como indigna de tal bien, comencé a pensar en cómo merecía mejor estar en el lugar que yo había visto estar para mí en el infierno, que, como he dicho, nunca olvido de la manera que allí me vi.

Comenzóse con esta consideración a inflamar más mi alma, y vínome un arrebatamiento de espíritu de suerte que yo no lo sé decir. Parecióme estar metido y lleno de aquella majestad que he entendido otras veces. En esta majestad se me dio a entender una verdad, que es cumplimiento de todas las verdades. No sé yo decir cómo, porque no vi nada.

Dijéronme, sin ver quién, mas bien entendí ser la misma Verdad: No es poco esto que hago por ti, que una de las cosas es en que mucho me debes. Porque todo el daño que viene al mundo es no conocer las verdades de la Escritura con clara verdad. No faltará una tilde de ella.

A mí me pareció que siempre yo había creído esto, y que todos los fieles lo creían. Díjome: ¡Ay, hija, qué pocos me aman de verdad! que si me amasen, no les encubriría Yo mis secretos. ¿Sabes qué es amarme con verdad? Entender que todo es mentira lo que no es agradable a mí. Con claridad verás esto que ahora no entiendes, en lo que aprovecha a tu alma.

2. Y así lo he visto, sea el Señor alabado, que después acá tanta vanidad y mentira me parece lo que yo no veo va guiado al servicio de Dios, que no lo sabría yo decir como lo entiendo, y la lástima que me hacen los que veo con la oscuridad que están en esta verdad, y con esto otras ganancias que aquí diré y muchas no sabré decir.

Díjome aquí el Señor una particular palabra de grandísimo favor. Yo no sé cómo esto fue, porque no vi nada; mas quedé de una suerte que tampoco sé decir, con grandísima fortaleza, y muy de veras para cumplir con todas mis fuerzas la más pequeña parte de la Escritura divina. Paréceme que ninguna cosa se me pondría delante que no pasase por esto.

3. Quedóme una verdad de esta divina Verdad que se me representó, sin saber cómo ni qué, esculpida, que me hace tener un nuevo acatamiento a Dios, porque da noticia de su majestad y poder, de una manera que no se puede decir. Sé entender que es una gran cosa.

Quedóme muy gran gana de no hablar sino cosas muy verdaderas, que vayan adelante de lo que acá se trata en el mundo, y así comencé a tener pena de vivir en él. Dejóme con gran ternura y regalo y humildad. Paréceme que, sin entender cómo, me dio el Señor aquí mucho. No me quedó ninguna sospecha de que era ilusión. No vi nada, mas entendí el gran bien que hay en no hacer caso de cosas que no sea para llegarnos más a Dios, y así entendí qué cosa es andar un alma en verdad delante de la misma Verdad.

Esto que entendí, es darme el Señor a entender que es la misma Verdad.

4. Todo lo que he dicho entendí hablándome algunas veces, y otras sin hablarme, con más claridad algunas cosas que las que por palabra se me decían. Entendí grandísimas verdades sobre esta Verdad, más que si muchos letrados me lo hubieran enseñado. Paréceme que en ninguna manera me pudiera imprimir así, ni tan claramente se me diera a entender la vanidad de este mundo. Esta verdad que digo se me dio a entender, es en sí misma verdad, y es sin principio ni fin, y todas las demás verdades dependen de esta verdad, como todos los demás amores de este amor, y todas las demás grandezas de esta grandeza,

aunque esto va dicho oscuro para la claridad con que a mí el Señor quiso se me diese a entender. ¡Y cómo se parece el poder de esta Majestad, pues en.tan breve tiempo deja tan gran ganancia y tales cosas imprimidas en el alma!

¡Oh Grandeza y Majestad mía! ¿Qué hacéis, Señor mío todopoderoso? ¡Mirad a quién hacéis tan soberanas mercedes! ¿No os acordáis que ha sido esta alma un abismo de mentiras y piélago de vanidades y todo por mi culpa, que con haberme Vos dado natural de aborrecer el mentir, yo misma me hice tratar en muchas cosas mentira? ¿Cómo se sufre, Dios mío, cómo se compadece tan gran favor y merced, a quien tan mal os lo ha merecido?

5. Estando una vez en las Horas con todas, de presto se recogió mi alma, y parecióme ser como un espejo claro toda, sin haber espaldas ni lados ni alto ni bajo que no estuviese toda clara, y en el centro de ella se me representó Cristo nuestro Señor, como le suelo ver. Parecíame en todas las partes de mi alma le veía claro como en un espejo, y también este espejo -yo no sé decir cómo- se esculpía todo en el mismo Señor por una comunicación que yo no sabré decir, muy amorosa.

Sé que me fue esta visión de gran provecho, cada vez que se me acuerda, en especial cuando acabo de comulgar. Dióseme a entender que estar un alma en pecado mortal es cubrirse este espejo de gran niebla y quedar muy negro, y así no se puede representar ni ver este Señor, aunque esté siempre presente dándonos el ser. Y que los herejes es como si el espejo fuese quebrado, que es muy peor que oscurecido. Es muy diferente el cómo se ve, a decirse, porque se puede mal dar a entender. Mas hame hecho mucho provecho y gran lástima de las veces que con mis culpas oscurecí mi alma para no ver este Señor.

6. Paréceme provechosa esta visión para personas de recogimiento, para enseñarse a considerar al Señor en lo muy interior de su alma, que es consideración que más se apega, y muy más fructuosa que fuera de sí -como otras veces he dicho- y en algunos libros de oración está escrito, adónde se ha de buscar a Dios. En especial lo dice el glorioso San Agustín, que ni en las plazas, ni en los contentos ni por ninguna parte que le buscaba, le hallaba como dentro de sí. Y esto es muy claro ser mejor. Y no es menester ir al cielo, ni más lejos que a nosotros

mismos, porque es cansar el espíritu y distraer el alma y no con tanto fruto.

7. Una cosa quiero avisar aquí, porque si alguno la tuviere; que acaece en gran arrobamiento que, pasado aquel rato que el alma está en unión (que del todo tiene absortas las potencias, y esto dura poco, como he dicho), quedarse el alma recogida y aun en lo exterior no poder tornar en sí, mas quedan las dos potencias, memoria y entendimiento, casi con frenesí, muy desatinadas. Esto digo que acaece alguna vez, en especial a los principios. Pienso si procede de que no puede sufrir nuestra flaqueza natural tanta fuerza de espíritu, y enflaquece la imaginación. Tendría por bueno que se forzasen a dejar por entonces la oración y la cobrasen en otro tiempo aquel que pierden, que no sea junto, porque podrá venir a mucho mal. Y de esto hay experiencia y de cuán acertado es mirar lo que puede nuestra salud.

8. En todo es menester experiencia y maestro, porque, llegada el alma a estos términos, muchas cosas se ofrecerán que es menester con quién tratarlo. Y si buscado no le hallare, el Señor no le faltará, pues no me ha faltado a mí, siendo la que soy. Porque creo hay pocos que hayan llegado a la experiencia de tantas cosas; y si no la hay, es por demás dar remedio sin inquietar y afligir. Mas esto también tomará el Señor en cuenta, y por esto es mejor tratarlo (como ya he dicho otras veces y aun todo lo que ahora digo, sino que no se me acuerda bien y veo importa mucho), en especial si son mujeres, con su confesor, y que sea tal; y hay muchas más que hombres a quien el Señor hace estas mercedes, y esto oí al santo Fray Pedro de Alcántara (y también lo he visto yo), que decía aprovechaban mucho más en este camino que hombres, y daba de ello excelentes razones, que no hay para qué las decir aquí, todas en favor de las mujeres.

9. Estando una vez en oración, se me representó muy en breve (sin ver cosa formada, mas fue una representación con toda claridad), cómo se ven en Dios todas las cosas y cómo las tiene todas en Sí. Saber escribir esto, yo no lo sé, mas quedó muy imprimido en mi alma, y es una de las grandes mercedes que el Señor me ha hecho y de las que más me han hecho confundir y avergonzar, acordándome de los pecados que he hecho.

Creo, si el Señor fuera servido viera esto en otro tiempo y si lo viesen los que le ofenden, que no tendrían corazón ni atrevimiento para hacerlo. Parecióme, ya digo sin poder afirmarme en que vi nada, mas algo se debe ver, pues yo podré poner esta comparación, sino que es por modo tan sutil y delicado, que el.entendimiento no lo debe alcanzar, o yo no me sé entender en estas visiones, que no parecen imaginarias, y en algunas algo de esto debe haber; sino que, como son en arrobamiento, las potencias no lo saben después formar como allí el Señor se lo representa y quiere que lo gocen.

10. Digamos ser la Divinidad como un muy claro diamante, muy mayor que todo el mundo, o espejo, a manera de lo que dije del alma en estotra visión, salvo que es por tan más subida manera, que yo no lo sabré encarecer; y que todo lo que hacemos se ve en ese diamante, siendo de manera que él encierra todo en sí, porque no hay nada que salga fuera de esta grandeza. Cosa espantosa me fue en tan breve espacio ver tantas cosas juntas aquí en este claro diamante, y lastimosísima, cada vez que se me acuerda, ver que cosas tan feas se representaban en aquella limpieza de claridad, como eran mis pecados. Y es así que, cuando se me acuerda, yo no sé cómo lo puedo llevar, y así quedé entonces tan avergonzada, que no sabía, me parece, adónde me meter.

¡Oh, quién pudiese dar a entender esto a los que muy deshonestos y feos pecados hacen, para que se acuerden que no son ocultos, y que con razón los siente Dios, pues tan presentes a la Majestad pasan, y tan desacatadamente nos habemos delante de El! Vi cuán bien se merece el infierno por una sola culpa mortal, porque no se puede entender cuán gravísima cosa es hacerla delante de tan gran Majestad, y qué tan fuera de quien El es son cosas semejantes. Y así se ve más su misericordia, pues entendiendo nosotros todo esto, nos sufre.

11. Hame hecho considerar si una cosa como ésta así deja espantada el alma, ¿qué será el día del juicio cuando esta Majestad claramente se nos mostrará, y veremos las ofensas que hemos hecho? ¡Oh, válgame Dios, qué ceguera es ésta que yo he traído! Muchas veces me he espantado en esto que he escrito. Y no se espante vuestra merced sino cómo vivo viendo estas cosas y mirándome a mí. ¡Sea bendito por siempre quien tanto me ha sufrido!

12. Estando una vez en oración con mucho recogimiento y suavidad y quietud, parecíame estar rodeada de ángeles y muy cerca de Dios. Comencé a suplicar a Su Majestad por la Iglesia. Dióseme a entender el gran provecho que había de hacer una Orden en los tiempos postreros, y con la fortaleza que los de ella han de sustentar la fe.

13. Estando una vez rezando cerca del Santísimo Sacramento, aparecióme un santo cuya Orden ha estado algo caída. Tenía en las manos un libro grande. Abrióle y díjome que leyese una letras que eran grandes y muy legibles y decían así: En los tiempos advenideros florecerá esta Orden; habrá muchos mártires.

14. Otra vez, estando en Maitines en el coro, se me representaron y pusieron delante seis o siete -me parece serían- de esta Orden, con espadas en las manos. Pienso que se da en esto a entender han de defender la fe. Porque otra vez, estando en oración, se arrebató mi espíritu: parecióme estar en un gran campo, adonde se combatían muchos, y éstos de esta Orden peleaban con gran hervor. Tenían los rostros hermosos y muy encendidos, y echaban muchos en el suelo vencidos, otros mataban. Parecíame esta batalla contra los herejes.

15. A este glorioso Santo he visto algunas veces, y me ha dicho algunas cosas y agradecídome la oración que hago por su Orden y prometido de encomendarme al Señor. No señalo las Ordenes (si el Señor es servido se sepa, las declarará), porque no se agravien otras. Mas cada Orden había de procurar, o cada uno de ellas por sí, que por sus medios hiciese el Señor tan dichosa su Orden que, en tan gran necesidad como ahora tiene la Iglesia, le sirviesen. ¡Dichosas vidas que en esto se acabaren!

16. Rogóme una persona una vez que suplicase a Dios le diese a entender si sería servicio suyo tomar un obispado. Díjome el Señor, acabando de comulgar: Cuando entendiere con toda verdad y claridad que el verdadero señorío es no poseer nada, entonces le podrá tomar; dando a entender que ha de estar muy fuera de desearlo ni quererlo quien hubiere de tener prelacías, o al menos de procurarlas.

17. Estas mercedes y otras muchas ha hecho el Señor y hace muy continuo a esta pecadora, que me parece no hay para qué las decir; pues por lo dicho se puede entender mi alma, y el

espíritu que me ha dado el Señor. Sea bendito por siempre, que tanto cuidado ha tenido de mí.

18. Díjome una vez, consolándome, que no me fatigase (esto con mucho amor), que en esta vida no podíamos estar siempre en un ser; que unas veces tendría hervor y otras estaría sin él; unas con desasosiegos y otras con quietud y tentaciones, mas que esperase en El y no temiese.

19. Estaba un día pensando si era asimiento darme contento estar con las personas que trato mi alma y tenerlos amor, y a los que yo veo muy siervos de Dios, que me consolaba con ellos. Me dijo que si un enfermo que estaba en peligro de muerte le parece le da salud un médico, que no era virtud dejárselo de agradecer y no le amar; que qué hubiera hecho si no fuera por estas personas; que la conversación de los buenos no dañaba, mas que siempre fuesen mis palabras pesadas y santas, y que no los dejase de tratar, que antes sería provecho que daño. Consolóme mucho esto, porque algunas veces, pareciéndome asimiento, quería del todo no tratarlos.

Siempre en todas las cosas me aconsejaba este Señor, hasta decirme cómo me había de haber con los flacos y con algunas personas. Jamás se descuida de mí.

20. Algunas veces estoy fatigada de verme para tan poco en su servicio y de ver que por fuerza he de ocupar el tiempo en cuerpo tan flaco y ruin como el mío más de lo que yo querría. Estaba una vez en oración y vino la hora de ir a dormir, y yo estaba con hartos dolores y había de tener el vómito ordinario. Como me vi tan atada de mí y el espíritu por otra parte queriendo tiempo para sí, vime tan fatigada, que comencé a llorar mucho y a afligirme.

Esto no es sola una vez, sino -como digo- muchas, que me parece me daba un enojo contra mí misma, que en forma por entonces me aborrezco. Mas lo continuo es entender de mí que no me tengo aborrecida, ni falto a lo que veo me es necesario. Y plega al Señor que no tome muchas más de lo que es menester, que sí debo hacer.

Esta que digo, estando en esta pena, me apareció el Señor y regaló mucho, y me dijo que hiciese yo estas cosas por amor de El y lo pasase, que era menester ahora mi vida. Y así me parece que nunca me vi en pena después que estoy determinada a servir con todas mis fuerzas a este Señor y consolador mío, que, aunque me dejaba un poco padecer, no me consolaba de manera que no hago

nada en desear trabajos.

Y así ahora no me parece hay para qué vivir sino para esto, y lo que más de voluntad pido a Dios. Dígole algunas veces con toda ella: «Señor, o morir o padecer; no os pido otra cosa para mí». Dame consuelo oír el reloj, porque me parece me allego un poquito más para ver a Dios de que veo ser pasada aquella hora de la vida.

21. Otras veces estoy de manera, que ni siento vivir ni me parece he gana de morir, sino con una tibieza y oscuridad en todo, como he dicho que tengo muchas veces, de grandes trabajos, y con haber querido el Señor se sepan en público estas mercedes que Su Majestad me hace, como me lo dijo algunos años ha, que lo habían de ser, que me fatigué yo harto, y hasta ahora no he pasado poco, como vuestra merced sabe, porque cada uno lo toma como le parece; consuelo me ha sido no ser por mi culpa. Porque en no lo decir sino a mis confesores o a personas que sabía de ellos lo sabían, he tenido gran aviso y extremo; y no por humildad, sino porque, como he dicho, aun a los mismos confesores me daba pena decirlo.

Ahora ya, gloria a Dios, aunque mucho me murmuran, y con buen celo, y otros temen tratar conmigo y aun confesarme, y otros me dicen hartas cosas, como entiendo que por este medio ha querido el Señor remediar muchas almas (porque lo he visto claro, y me acuerdo de lo mucho que por una sola pasara el Señor), muy poco se me da de todo.

No sé si es parte para esto haberme Su Majestad metido en este rinconcito tan encerrado, y adonde ya, como cosa muerta, pensé no hubiera más memoria de mí. Mas no ha sido tanto como yo quisiera, que forzado he de hablar algunas personas. Mas, como no estoy adonde me vean, parece ya fue el Señor servido echarme a un puerto, que espero en Su Majestad será seguro, por estar ya fuera de mundo y entre poca y santa compañía. Miro como desde lo alto, y dáseme ya bien poco de que digan, ni se sepa. En más tendría se aprovechase un tantito un alma, que todo lo que de mí se puede decir. Que después que estoy aquí, ha sido el Señor servido que todos mis deseos paren en esto; y hame dado una manera de sueño en la vida, que casi siempre me parece estoy soñando lo que veo; ni contento ni pena, que sea mucha, no la veo en mí. Si alguna me dan algunas cosas, pasa con tanta brevedad, que yo me maravillo, y deja el sentimiento como una cosa que soñó.

Y esto es entera verdad, que aunque después yo quiera holgarme de aquel contento o pesarme de aquella pena, no es en mi mano, sino como lo sería a una persona discreta tener pena o gloria de un sueño que soñó. Porque ya mi alma la despertó el Señor de aquello que, por no estar yo mortificada ni muerta a las cosas del mundo, me había hecho sentimiento, y no quiere Su Majestad que se torne a cegar.

23. De esta manera vivo ahora, señor y padre mío. Suplique vuestra merced a Dios, o me lleve consigo, o me dé cómo le sirva. Plega a Su Majestad esto que aquí va escrito haga a vuestra merced algún provecho, que, por el poco lugar, ha sido con trabajo; mas dichoso sería el trabajo, si he acertado a decir algo que sola una vez se alabe por ello el Señor, que con esto me daría por pagada, aunque vuestra merced luego lo queme.

24. No querría fuese sin que lo viesen las tres personas que vuestra merced sabe, pues son y han sido confesores míos. Porque, si va mal, es bien pierdan la buena opinión que tienen de mí; si va bien, son buenos y letrados, sé que verán de dónde viene y alabarán a quien lo ha dicho por mí.

Su Majestad tenga siempre a vuestra merced de su mano y le haga tan gran santo, que con su espíritu y luz alumbre esta miserable, poco humilde y muy atrevida, que se ha osado determinar a escribir cosas tan subidas. Plega al Señor no haya en ello errado, teniendo intención y deseo de acertar y obedecer, y que por mí se alabase en algo el Señor, que es lo que ha muchos años que le suplico. Y como me faltan para esto las obras, heme atrevido a concertar esta mi desbaratada vida, aunque no gastando en ello más cuidado ni tiempo de lo que ha sido menester para escribirla, sino poniendo lo que ha pasado por mí con toda la llaneza y verdad que yo he podido.

Plega al Señor, pues es poderoso y si quiere puede, quiera que en todo acierte yo a hacer su voluntad, y no permita se pierda esta alma que con tantos artificios y maneras y tantas veces ha sacado Su Majestad del infierno y traído a Sí. Amén.

Epílogo

Jhs

1. El Espíritu Santo sea siempre con vuestra merced, amén. No sería malo encarecer a vuestra merced este servicio, por obligarle a tener mucho cuidado de encomendarme a nuestro Señor, que según lo que he pasado en verme escrita y traer a la memoria tantas miserias mías, bien podría; aunque con verdad puedo decir que he sentido más en escribir las mercedes que el Señor me ha hecho, que las ofensas que yo a Su Majestad.

2. Yo he hecho lo que vuestra merced me mandó en alargarme, a condición que vuestra merced haga lo que me prometió en romper lo que mal le pareciere. No había acabado de leerlo después de escrito, cuando vuestra merced envía por él. Puede ser vayan algunas cosas mal declaradas y otras puestas dos veces; porque ha sido tan poco el tiempo que he tenido, que no podía tornar a ver lo que escribía. Suplico a vuestra merced lo enmiende y mande trasladar, si se ha de llevar al Padre Maestro Avila, porque podría ser conocer alguien la letra. Yo deseo harto se dé orden en cómo lo vea, pues con ese intento lo comencé a escribir. Porque, como a él le parezca voy por buen camino, quedaré muy consolada, que ya no me queda más para hacer lo que es en mí. En todo haga vuestra merced como le pareciere y ve está obligado a quien así le fía su alma.

3. La de vuestra merced encomendaré yo toda mi vida a nuestro Señor. Por eso, dese prisa a servir a Su Majestad para hacerme a mí merced, pues verá vuestra merced, por lo que aquí va, cuán bien se emplea en darse todo -como vuestra merced lo ha comenzado- a quien tan sin tasa se nos da.

4. Sea bendito por siempre, que yo espero en su misericordia nos veremos adonde más claramente vuestra merced y yo veamos las grandes que ha hecho con nosotros, y para siempre jamás le alabemos, amén.

Acabóse este libro en junio, año de 1562.

Made in United States
Orlando, FL
18 January 2022